日本の植民地政策とわが家の歴史

広瀬　隆

八月書館

日本の植民地政策とわが家の歴史——目次

第2部――133

第3部――239

明治初期の日本の植民地政策から、この物語を始める。この話は、これまで小生が書籍にたびたび記述してきた日本史である。ところが、本書がこれまでの自著とまったく違うのは、同じ物語の絨毯(じゅうたん)の上に、第2章から、ある日いきなり〝私の曾祖父〟が登場して、わが家の祖先が朝鮮で屈指の大富豪にのぼりつめ、**日本の植民地政策を動かす飛車角**のごとき重要な駒になってゆくのである。つまり、その富豪の家に呱々(ここ)の声をあげた私自身が、日本の植民地政策の犯罪者的な系譜から出た人間だという、読者が卒倒するような実話である。

だからと言って、小生がわが家の罪業(ざいごう)を隠そうと思ったことは、天に誓って金輪際ない。何度か、出版社にこの大変な事実を伝えて、小生の出自を書籍に記述したいと相談してきたが、これまで、その秘密のファミリー・ヒストリーを書籍に記述する機会がなかった。しかし面汚(つらよご)しな秘密だからと言って、もはや語らずにはいられない心境に達したので、読者も覚悟して、富豪の家に生まれたその人間が、いかにして今日まで読者と共に活動する役割を演じてきたか、この奇想天外な「**広瀬隆の人生の一部始終**」に耳を傾けて戴きたい。

無駄話は無用なので、早速、私の先祖が登場する**直前の舞台**からこの史実の幕をあげよう。序幕となるのは日清戦争・日露戦争である。この大戦争の実情は、最近刊の集英社文庫『日本近現代史入門』に百倍もくわしく記述しておいたが、そこに登場する人脈が、小生の先祖を直接あやつった悪党どもである。したがって、同書と重複するが、この連中のシルエットだけは再び本書冒頭の第1章に紹介しておく必要がある。読者は、わが家がどのように彼ら悪党どもと共に活動したか、歴史の真意をそこに見破りながら、読み進めて戴ければ幸いである。では……

第1部

本書の韓国語／朝鮮語の読みのカタカナ表記について

——２００２年に、韓国語のローマ字表記方法が変更され、それが韓国政府観光公社などの日本語表記にも一斉に反映されて、出版物での表記法が変ってきたため、韓国語の地名・人名・用語の読みのカタカナ表記は、過去と同じではなく、韓国人のあいだでも多様になっている。したがって、正しい読みを決めかねる場合が少なくない。

釜山の読みが「プサン」から現在「ブサン Busan」に変ったことは、本書の歴史的な記述にそぐわないので、本書では、以前から慣用的に使われてきた「プサン」の読みを採用し、そのほか、韓国でベストセラーとなった『朝鮮王朝実録』を参照するなど、記述内容に則した読みを、主観的に用いたことをお断りしておく。

——広瀬隆

第1章　日本の商人が軍隊を引き連れて朝鮮半島に進出し、日清・日露戦争を起こす

1882年（明治15年）、日本は当時、漢城（ハンソン）または漢陽（ハニャン）と呼ばれた朝鮮の都、のちの京城、現在のソウルに勢力拡大の足がかりを築こうとしていた。この明治初期の日本人は、まだ1600年の関ヶ原の合戦に臨んだ武将のように振る舞えば、地球上に自分の威光を掲げることが叶うと信じるほど、世界情勢に無知で幼稚な世間知らずの生き物であった。そのせいで、「ヨーロッパ・アメリカの全世界の列強」が目の前に立ちはだかっている影も目に入らず、手のつけようがない荒くれ者ぶりを見せ始めた。

それが、この年7月23日に、朝鮮で反日暴動の壬午事変を引き起こすことになったのである。というのは、朝鮮国内で栽培されていた米と大豆が、日本に向けて大量に輸出されるようになって、日本人の商人がそれを買い占めたため、朝鮮国内で米不足が起こったのだ。米がなくなったのではなく、商人の強欲さのために米価が値上がりして起こったための米不足なのである。そこにつけこんで、濡れ手に粟の甘い汁を吸ったのが、日本人だけでなく、朝鮮の役人であった。彼らが日本の商人と結託して商品を横流しして、袖の下とピンハネをくり返したのだから、朝鮮の民衆はたまったものではなかった。昼日中からこのような不届き者が横行するようになったため、貧しい民の生活が圧迫され、その日の食べ物にも困窮するほどになっていった。

そもそもは、この6年前の1876年2月26日、つまり明治9年に、薩摩藩の黒田清隆と、長

州藩の井上馨が、正・副の朝鮮派遣代表（特命全権弁理大臣）となって、軍艦で朝鮮に乗りこんだのがいけなかった。江戸時代にアメリカのペリー提督が黒船に乗って浦賀にやってきて、日本を威圧した時をソックリまねて、この薩摩・長州という田舎海賊の親分二人が、「朝鮮は鎖国をやめろ。開国しなければ軍事攻撃をはじめるぞ」と威嚇し、強制的開国を要求して始まったのだから、まだまだ日本と朝鮮の貿易は、スタートしてほどない時期である。その時、朝鮮王朝の実権を握っていたのは、朝鮮国王の妃で、日本人が「びんぴ」と呼んでいた閔妃（正式名・明成皇后）であり、開国要求を突きつけられた彼女の一派は、やむなく中国の清王朝に隷属する関係を断って、日本に対して江華（カンファ）府で開国通商条約を結んだのである。こうして朝鮮が、鎖国をやめさせられたわけである。

かくして「日朝修好条規」と呼ばれる江華島条約を締結した朝鮮は、朝鮮半島南端の貿易港・釜山（プサン）を開港し、続いて1880年に日本海側の港・元山（現・北朝鮮領）、さらに1883年に首都西方の仁川という三港の開港と使用を日本に認め、それまで海辺の小さな漁村にすぎなかった元山に、日本人居留地が開設されたのである。朝鮮は、自分が植民地化される第一歩を印したとも気づかず、日本の中で最も傲慢な薩摩・長州の言いなりになったのだ。

ただし、こうして明治時代のほんの初めに幕を開いた日本人商人による商いは、江戸時代とさして変らなかった。釜山の至近距離にあって、朝鮮と親交してきた長崎県対馬と、九州出身の零細商人によるものであった。ところが次第に、朝鮮半島から金を獲得しようとする強欲な第一銀行の頭取・渋沢栄一の号令で、本物の政商が乗り出してくると、朝鮮の貨幣を整理する必要があるという訳の分らない口実を並べて、朝鮮における税関業務まで、日本の銀行が差配して、彼らバンカーが大々的な経済侵略の尖兵に化けたのである。

ついに、このような日本の横暴さに我慢できなくなった朝鮮兵が、日朝貿易開始から6年後の1882年7月23日に決起したのだ！　〝みずのえ午の年〟に起こったので「壬午事変」と呼ばれたこの朝鮮軍人の反乱は、冒頭述べたように朝鮮国内の米不足と米価の暴騰が引き金となって、日本に黙従して開港を認めた閔妃一族の重臣を朝鮮兵が殺して勃発した。さらにこの朝鮮の愛国兵士団は、日本人の軍事教官たちを殺害し、それまでに鬱積してきた怒りがこの兵士たちを日本公使館の襲撃に向かわせた。その雄姿を見た朝鮮人の民衆のあいだでも、平然と経済支配を広げる日本人に対する暴動が誘発され、それが要所から要港へと、みるみる拡大していった。

この朝鮮兵の反乱を日本軍が鎮圧できないのを見た閔妃が手を拱くうち、彼女はやむなく、古代から朝鮮を支配してきた大親分の中国に、再び朝鮮に戻って貰おうと、清朝に援軍を求めた。すると、待ってましたとばかり、若き軍人・袁世凱率いる清国軍が乗り出してきて、たちまち朝鮮兵の反乱を鎮圧してしまったのである。この時から、閔妃は頼りない日本を切り捨てることに決意した。つまり清朝・西太后と、朝鮮李朝・閔妃、どちらも女帝が手を結んだのである。

その結果、朝鮮市場に、再び清国商人がどっと入りこんできた。しかし日本人商人は、朝鮮から追い出されたわけではないので、それまで羽を伸ばしていた日本人商人と中国人が、朝鮮市場で激しく競争をくり広げることになった。この様子を見ていた日本の明治政府は、強欲を絵にかいたような長州閥の初代参謀総長・山縣有朋が、陸軍と海軍を拡張させるために軍事費の増額を要求し、「朝鮮の利権を確保するためには、戦争準備が焦眉の急である」ことを強調し、清国との戦争の構えに入った。慶應義塾の福沢諭吉も、壬午事変後ただちに、「日本人は重税その他あらゆる犠牲に耐えて軍備拡張に全力をあげ、清国との戦争に備えるべきである」と声を張り上げ、山縣有朋と歩調を合わせて軍国主義を煽った。

朝鮮では、日本人商人による穀物の買い占めがあまりにひどいため、1889年（明治22年）には、穀物不足に悩む朝鮮東北部の咸鏡道（ハムギョンド）の地方行政官が、地元民のために、日本への穀物の輸出を禁止する防穀令を出さなければならなかった。すると日本政府は、それによって日本人商人が損害を受けたとして、筋違いの賠償を要求し、土佐藩出身の朝鮮弁理公使・大石正巳が朝鮮政府を武力で威嚇し、1893年（明治26年）には朝鮮に賠償金を支払わせ、防穀令の解除を約束させてしまったのだ。

かくして、あさましくも日本と清国が朝鮮の利権をめぐって争い、ついに朝鮮を戦場にして、1894年（明治27年）8月1日に、長州閥の伊藤博文内閣が、清国に宣戦布告してはじまったのが、**日清戦争**であった。

最終的には、9ヶ月間にわたる日清戦争に日本が勝利し、翌年1895年の4月17日に下関条約が結ばれると、ここで、敗れた清国が渋々、朝鮮独立を認めた。

だからといって勿論、日本が朝鮮を中国から独立させた、というわけではない。日清戦争時に朝鮮を闊歩する日本の騎兵連隊の次頁の写真（図1）が実証する通り、朝鮮半島から中国を追い払った日本が、武力で朝鮮を自分ひとりの所有物にしたのである。

日清戦争に莫大な戦費をつぎこんだ日本は、日本側全権大使の総理大臣・伊藤博文と外務大臣・陸奥宗光が、敗戦国・清に「賠償金2億両を日本に支払え。台湾と遼東半島を日本の領土にせよ」と求めて下関条約に調印させた。遼東半島とは、中国東北部で朝鮮半島の西に位置して、半島南端に商業交通の要衝である旅順と大連を持ち、のちに日本の侵略部隊となる満州国関東軍を生み出す関東州のことであった。こうして１９４５年まで実に50年間にわたって、日本は台湾を植民地統治することになったのである。

敗れた清国は、そのように巨額の賠償金を支払うことができなかったので、ロシアに仲介を頼むと、そこにつけこんだロシアがフランス・ドイツと組んで、三国干渉で遼東半島を日本から取り返し、中国に返還させたのである。さらにそれを、ロシアが租借する意向で、交通大臣セルゲイ・ウィッテが、中国東北部すなわち満州を横断する鉄道（東清鉄道）をウラジオストックまで建設する敷設権を認めさせた。こうしてロシアの大都市モスクワから極東のウラジオストックまで、ユーラシア大陸を横断する９２００キロ、ほぼ1万キロという長大なシベリア鉄道が中国を突っ切るように建設されることになった。よって今度、日本は、アジアに進出する意図を露骨にするロシア帝国と、朝鮮・中国の利権を争う

図1　1894-1895年の日清戦争中に、朝鮮を闊歩する日本の騎兵連隊。
（ullstein bild/時事通信フォト）

立場に追いこまれたのである。

戦争というものは、一旦手を染めると、勝つか負けるかに関わらず、果てしない断崖を転がり落ちるように、国家を衰亡させる麻薬である。日清戦争によって列強の一員に成り上がろうと、もがき始めたばかりの未熟な日本人は、まだその戦争の原則に気づいていなかった。

１８９５年に下関条約を結んでから４ヶ月半後の９月１日、朝鮮駐在日本公使・三浦梧楼が漢城に着任した。この男は、山口県萩市に長州藩士・五十部吉平の次男に生まれ、三浦道庵の養子となって奇兵隊に入隊したので、この時代に最も増長していた長州藩出身者である。翌月10月８日に、三浦が首謀者となって、日本兵が朝鮮王朝の王宮・景福宮に乱入して、朝鮮王・高宗（こうそう）の妃・閔妃を虐殺し、死体に石油をかけて痕跡さえ残さず焼却するという狂気の行動におよんだ。この時、歌人・与謝野鉄幹が事件に連座して広島に護送された史実などを見る限り、膨大な数の日本人が、ロシアと密着する朝鮮の王妃を虐殺する所業に関わったことが分る。

こうなると、王妃という「国母」を惨殺された朝鮮人の激怒に燃えた抗日活動は、この年から、それまでの朝鮮国内の思想的・政治的分裂を一陣の清風が吹き払って一掃し、朝鮮民族が一体となって日本に歯向かう精神へと昇華されてゆき、その中から朝鮮の独立をめざす「義兵」が生まれた。

２年後の１８９７年10月12日、王妃を失って傷心の朝鮮李王朝の第26代国王・高宗が、国号を大韓帝国（テハンジェグク）、略号「韓国」と改称して、初代皇帝を名乗った。本書では、同じ朝鮮半島の国について、これから「朝鮮」と「韓国」という二つの国名が頻繁に出てくるので、その違いを説明しておく。「朝鮮」という国名は、そもそも１３９２年に高麗の武将・李成桂

（イ・ソンゲ）が、自ら王＝太祖に即位して李王朝を成立させた時、中国の明王朝の承認のもとに属国の形で発足した国名であった。それが2年前（１８９５年）の下関条約で清王朝・中国が朝鮮の独立を認めたので、朝鮮が正式に中国の属国でなくなり、朝鮮の皇帝が統治する大韓帝国、略号「韓国」と改称したのがこの時であった。高宗皇帝の在位はこの日から１９０７年7月20日まで、ほぼ10年間であった。

一方この頃、日本が支配したのは朝鮮だけではなく、日清戦争で獲得した日本の新植民地・台湾があった。ところが台湾における抗日運動があまりにすさまじいので、１８９８年（明治31年）3月に台湾現地に赴任した台湾総督の長州閥・児玉源太郎と、民生局長の後藤新平が、11月5日に「匪徒刑罰令」を制定し、抗日運動の首謀者だけでなく、計画に参加した者などをすべて死刑と定め、未遂であってもほとんどを死罪にできるようにした。実際の匪徒は、台湾侵略者の日本人だったが、翌年から5年間に日本によって処刑された台湾原住民は、実に3万２０００人にも達したのである。

こうしてますます獰猛な狼となった日本政府は、長州閥の山縣有朋内閣が日本国内の動乱もおさえる必要を感じて、１９００年3月10日に、治安警察法を公布した。すなわち、政治結社を禁止し、集会・示威運動・労働運動・農民運動を規制できるよう、すべての国民を自在に戦争に駆り出せる手筈を整えてから、朝鮮半島からロシアの追い出しに乗り出した。一方、翌１９０１年に、渋沢栄一と大倉喜八郎らの資本家が、日清戦争の戦果を実らせるために〝朝鮮の首都・京城と、日本との貿易港・釜山間を結ぶ鉄道〟の京釜鉄道会社を設立し、建設に着手した。

こうして政府と資本家が戦争準備を整えた日本の連合艦隊は、中国から朝鮮にかけての大きな利権を獲得するため、長崎県の佐世保を出港。１９０４年（明治37年）２月８日に旅順のロシア艦隊を夜襲攻撃して、２月10日に長州閥・桂太郎内閣がロシアに対して宣戦布告した。こうして勃発したのが、**日露戦争**であった。総理大臣・桂太郎、大蔵大臣・曾禰荒助、陸軍大臣・寺内正毅、満州軍総参謀長・児玉源太郎の長州閥四人組が、ヨーロッパ・アメリカ列強との先陣争いに名乗りをあげ、日露戦争の戦端を開いて、日本人を地獄の戦闘に引きずりこんだ。

日露両軍が１００万の兵士をくり出して殺し合いを展開した時、その戦場となったのは、ロシアでも日本でもなく中国東北部（満州）であり、満州民族の生活の地であった。日本軍とロシア軍は、中国人の民家を根こそぎ壊して塹壕の支柱に使い、あるだけの樹木を切り倒して大自然を荒廃させ、何百と数えた村落を徹底的に破壊しつくした。かくて日本軍とロシア軍の野蛮な殺戮のために生きられなくなった住民がどっと難民となって、避難民が１００万人以上に達した。日露両軍は、中国人男子を見つけると、強制的に軍用労働者に徴用し、中国人から馬車などの家財を取りあげた。日本軍は、ロシア軍に協力する中国人の首を切り落として、殺戮の限りをつくした。

この殺人戦争を讃美して、満州を植民地化した日本人の犯罪をまったく「なかった」ことにしたのが、司馬遼太郎のデタラメ小説『坂の上の雲』である。司馬遼太郎というのは、まったくおそろしい男であり、「日清戦争・日露戦争までの日本はよかった」と言って、日本の朝鮮・満州侵略を讃えてきたのである。「日清戦争と日露戦争は、中国やロシアを倒すための戦争ではなく、日本が朝鮮と満州を侵略するためにおこなった戦争である」という史実を認識している日本人が一体何人いるだろうか、と私は読者に尋ねたい。この日露戦争中の１９０５年に、日本で流行した歌「戦友」は、哀愁たっぷりに歌いあげた。

♪ここはお国を何百里　離れて遠き満洲の　赤い夕日に照らされて　友は野末（のずえ）の石の下♪

これを耳にして、日本人はそこが地の果てに広がる荒漠たる不毛の大地と想像し、戦後もそれを歌い継いで感傷にひたった。そうして、満州で交通を保護するために組織されていた現地自衛団を満州馬賊と呼んで、あたかも山賊・盗賊の類に擬し、満州に渡る者を大陸浪人と嘲弄した。夏目漱石をはじめ、日本人作家の手になる膨大な書き物が、そうした寓話を創りあげた。実に、日露戦争によって満州を荒廃させたのが、日本政府と軍人だったという事実をかたわらに隠してだ。

日露戦争中には、日本に抵抗する多くの朝鮮人を日本軍が処刑しまくった（図2）。

こうして翌年1905年の9月5日まで、1年7ヶ月にわたる日露戦争が続いた。

その間、開戦半年後の1904年8月22日に、日本は戦争渦中で戦争の目的とする作業に入り、韓国と**「日韓協約」**を締結した。「韓国政府は日本政府が推薦

図2　日露戦争で日本軍に抵抗して処刑された朝鮮人。

する財政顧問と外交顧問を任用しなければならない」、また「外国との条約締結や特権譲与については日本政府と事前協議しなければならない」という条文を定めて、韓国／朝鮮を完全なる支配下に置いたのである。つまり日本の侵略は、満州より先に、朝鮮半島でおこなわれたのだ。これは、のちに「第1次」と数えられる日韓協約の初手であり、この一方的な協約により、目賀田種太郎が韓国の財務顧問に就いたが、目賀田の息子は、朝鮮進出の先陣を切った大倉財閥の大倉喜八郎の孫娘と結婚する仲にあった。かくて目賀田は、渋沢栄一頭取が率いる第一銀行の韓国総支店を朝鮮の中央銀行として、韓国政府に認めさせた。**これらの人脈が、のちに「わが家の先祖」と関連を持つようになる。**

1905年元旦、渋沢栄一と大倉喜八郎らの京釜鉄道が全線開通した。翌年に首都・京城から満州に向けて、中国と朝鮮の国境・新義州まで縦走する京義鉄道が開通すると、京釜鉄道と京義鉄道、この2つの幹線鉄道路線が、日本と朝鮮、さらに満州の満鉄とを軍事的・経済的に結ぶ重要幹線となった（31頁・図6参照）。

こうして日露戦争の戦火がまだ続いていた1905年7月29日のことだったが、アメリカ合衆国セオドア・ルーズヴェルト大統領のもとで特使となったウィリアム・タフト陸軍長官（のちの大統領）が、アメリカの植民地フィリピンを訪問の途中に来日し、日本の内閣総理大臣（兼、臨時外務大臣）であった桂太郎と、「桂・タフト覚書」を交わして、実に奇っ怪な日米の密約が結ばれた。「アメリカがフィリピンを支配し、日本が朝鮮を支配することを、互いが認め合う」という、帝国主義者同士の悪辣な協定であった。アメリカが、韓国（大韓帝国）に対する日本の保護監査権、つまり実質的な統治権を承認するというのだから、〝**桂・タフト密約**〟は、尋常な協定ではない。ロシアとの戦闘中に、日本による朝鮮植民地化を、列強が保証したことになる。この時期のアメリカは、自国の利権を中米のキューバやパナマに急拡大していたので、日本の野心を自国のアジア侵略に利用したのだ。

それからほどなく、１９０５年（明治38年）9月5日（アメリカ時間9月4日）、アメリカ東部のニューハンプシャー州ポーツマスで、日本全権代表・小村寿太郎と、ロシア全権代表セルゲイ・ウィッテ（元蔵相）のあいだで日露講和条約が調印された。日本が日露戦争に勝利したのだ。日露戦争で１００万人以上の兵を動員した日本の損害は、農村から駆り出された軍人8万人の命が失われ、負傷者を合わせると24万人近くが犠牲になった。実はこの時期、ロシア軍は、軍事的にはまだ戦闘を続ける余力を充分に持っていたが、この年1月22日に首都ペテルブルクで民衆の革命蜂起が起こり、それをロマノフ帝政が弾圧した「血の日曜日事件」によって国内が揺らいでいたこともあって、ロシアは戦争に幕を引いたのである。

一方、すでに日本軍は、艦船90隻以上を失い、弾薬が底をつき、疲れ果てて敗北直前だったが、そのようなロシアの国内事情のために、形ばかりロシアに勝利したのであった。日露講和ポーツマス条約の骨子は、ロシアが日本の朝鮮半島における優越権を認め、帝政ロシアが清国との条約によって保有していた「南満州」の権益がそっくり日本に譲渡され、日本は旅順・大連の租借権と、南満州の長春〜旅順間の７００キロの鉄道と5つの支線を獲得し、さらに沿線の炭鉱の採掘権をロシアから引き継ぎ、南樺太を獲得する、という内容であった。

中国の清朝政府は、１９００年に東清鉄道建設におけるロシアの横暴に怒って、義和団の乱から北清事変を起こしながら、全世界の列強「連合」相手の戦争に敗れる道をたどってきたため、日露戦争中にはロシアを切り捨てて中立を守り、むしろ日本がロシアを叩くことに内心で期待していた。結果、アジアの小国・日本が世界の大国ロシアを打ち負かしたため、日露戦争における日本勝利という結果は、ヨーロッパ列強の侵略に苦しむ中国民衆を喜ばせ、そればかりか、アジア諸国の人びとを驚かせ、狂喜させた。ところがその喜びは、束の間であった。

戦争が終ってみると、ポーツマス条約3ヶ月後に日本の外相・小村寿太郎（こむらじゅたろう）が首都・北京にやってきて、当然の権利であるかのように、「ロシアは、中国の権益をわが日本に譲った。貴国も、日本への引き継ぎを認めよ」と言い放ち、中国は満州の権益を日本に譲渡する条約に強引に調印させられてしまったのである。アジアの民衆にとっては、どちらを向いても獰猛な野獣ばかりで、憤懣やるかたない状態であった。戦後に初代インド首相となるネールが、この時代を回顧して、「(日露戦争における)日本の勝利はアジアの民衆に民族独立への大きな希望を与えた。しかし気づいてみると、それは、飢えた狼をもう一匹増やしただけであった」と、アジア民衆の日本に対する怒りの気持を代弁していた。

日露戦争勝利直後の1905年11月17日に、日本が韓国と「韓国保護条約」を締結し、この**第2次日韓協約**によって、「韓国政府の外交問題は、日本の外務省が処理する。日本政府代表として、京城（ソウル）に統監府を設置する」ということを約束させ、露骨な朝鮮の植民地化が成し遂げられた。

その結果、朝鮮各地に激烈な反日暴動が発生した。激怒して独立をめざす朝鮮人「義兵」の抗日活動が本格化して全国的に拡大したのである。彼らに対して日本人は、「義兵討伐」の無差別殺戮をおこない、焦土作戦によって朝鮮の村々を焼き払い、日本に協力する朝鮮人を集め、日本軍部がこれら朝鮮人の売国奴を集めて「義兵討伐の自衛団・一進会」を育成して対処したのだ。
この時点で日本は、台湾、南満州、南樺太を領有し、朝鮮（韓国）も事実上の支配下に置いたのであった。さて、これで、小生の先祖が登場する舞台が整えられた。

第2章　わが家の野々村家が朝鮮に渡る

このような日露戦争後の時代だったが、関西で貿易業界の重鎮となっていた野々村藤助が、この時代に朝鮮に渡った。実は、この野々村藤助が、筆者である私・広瀬隆の母方の曾祖父であった。だが、私自身は、この男の顔を一度も見たことがない。日露戦争後の余波を受けて、藤助から経営を任されていた婿養子2人が事業切り抜けに失敗したため、野々村藤助が朝鮮に渡って、首都・京城に「京城写真館」の営業を開始したのである。ここから本書は、わが家の歴史と日本史が、重なり合って進むことになる。

わが家の祖先の写真館が営業を始めた場所は、京城と釜山を結ぶ京釜鉄道の南大門（ナムデムン）駅から、南大門の石門をくぐって、200メートルほど先の南大門通りの東側だったので、首都のど真ん中に居を構えたことになる。

野々村藤助が「京城写真館」を開いて、スタジオ写真撮影によって客に写真を販売する事業を始めたのには、理由があった。当時まだ写真というものが珍しい文化だった時代に、野々村一族は日本でも図抜けた写真撮影の才を持っていたからである。

野々村藤助は、上田家の長男として生まれ、野々村家に婿養子として入った男であった。実弟の上田貞治郎は、明治時代の写真業のパイオニアである小西六写真（現コニカミノルタ）の始祖・杉浦六右衛門の協力で、写真材料と写真機を商う上田写真機店を開業し、大阪有数の写真機店として明治時代の「日本四大写真材料商」と称せられ、のちの富士写真フイルムの有力卸商店となったほど、写真業界の重鎮であった。さらに下の弟・上田竹翁が、日本人最初の本格的な新訳和英辞書の編纂者という西洋文化の先駆者で、『寫眞術百科大辞典』を著した写真研究家であり、『藝術冩眞』の主幹や、コダック研究会幹事をつとめ、写真機の万能露出計を考案した人物であった。したがって、上田家（野々村家）は写真技術については、長崎が生んだ日本の写真術の最初の開祖である上野彦馬とも深い縁があり、彦馬の次の時代を担う日本の写真業界の先駆者であった。

もう一人の末弟・上田恒三郎は、青木家に養子に入って青木恒三郎と名乗り、青木嵩山堂という出版業社を経営していた。そして、幸田露伴の『五重塔』を出版しながら、中国からの書籍を輸入販売し、大阪の繁華街・心斎橋筋に広大な店舗を構え、東京日本橋の白木屋前に支店を出して、出版業界でも重きをなしていた。

このような日露戦争後の時代、朝鮮における侵略者・日本人の悪事は、枚挙に遑がないが、この時代に朝鮮に渡った日本人がすべて悪人だったというわけではない。日露戦争に勝利した翌年の1906年に、日本人のキリスト教徒・枡富安左衛門は、朝鮮南西部へ行き、土地を購入して農業を経営しながら、湖から農業用水を確保し、当時朝鮮の農業を脅かしていた旱魃や洪水の被害防止に成果をあげたとされる。また湖からの水流を利用して発電し、この地域に電灯をともすことに成功したほか、植林事業などに取り組み、近隣の朝鮮住民から尊敬の念を集めた。

当時の朝鮮には、370万人の就学年齢の児童がいたが、私塾を含めても全児童の5%の就学率しかなかったため、読み書きができない子供が大半であった。そこで枡富は、私立学校を朝鮮に建設し、この学校では児童全員に教科書やノート、鉛筆などを無料で提供して、授業料も無料にした。朝鮮の村人たちはこうした枡富の教育への熱意と、すぐれた教育内容を伝え聞いて、進んで子供たちを学堂へ通わせるようになった。加えて枡富は、事業で得た収益を基金にして、1918年から小学校と高校を設立した。その時代からほぼ80年を経た1995年12月15日に、金泳三（キムヨンサム）大統領の韓国政府が、枡富安左衛門が1934年に死去するまで日本の植民地時代に学校教育に多大な尽力をした事績を讃えて、国民勲章を授与したほどだから、この偉人伝は手前味噌ではなく、間違いのない史実であった。日本政府は朝鮮侵略に熱中したが、一方でこのようにすぐれた日本人もいたのである。そうなると、わが家の先祖がどちらであったかが気にかかる。

枡富安左衛門が朝鮮に渡った1906年の2月1日に、西園寺公望（さいおんじきんもち）内閣が、京城に統監府を設置する統監府設置令を発し、伊藤博文（ひろぶみ）を初代統監に任命した。この日に日露戦争勝利の落とし子である統監府が開庁し、3月2日に伊藤博文が統監に着任したのである（次頁・図3）。伊藤博文は、日清戦争を開戦し、「第2次日韓協約」を韓国に強要して締結した総理大臣であり、この統監職が、のちに朝鮮全土をくまなく統治した悪名高い朝鮮総督の前身であった（以下その「朝鮮総督」と区別するため、本書では「統監」を「韓国統監」と書く）。そして4月17日には、韓国統監が保安規則を定め、朝鮮人が日本人の命令に従うよう罰則を科したのである。そしてこれ以後、日本政府は日本人の韓国への移民を奨励し、韓国熱を煽った。

それに乗せられたかどうか知らぬが、１９０７年に18歳の野々村謙三が、父・野々村藤助の手助けをするため、卒業を目前にした慶應義塾を退学し、２月４日に山口県の下関から釜山までの関釜連絡船で朝鮮に渡った。釜山からは京釜鉄道に乗って、２月６日に京城の南大門駅に到着した。この男・野々村謙三が、私・広瀬隆の母方の祖父、つまり小生を産んだ母親の父である。こうして初代韓国統監・伊藤博文が１９０６年3月2日に着任して、１９０９年6月14日まで3年以上、統監をつとめ、第1次・第2次の日韓協約によって朝鮮を支配したのだ。

私の祖父が戦後に口述筆記で書き残した『野々村謙三・思ひ出の記』という自伝がある。それを読むと、「朝鮮は日韓協約によって日本の保護下にある独立した韓国政府の統治下にあり、伊藤博文公が韓国統監として日本を代表して指導していた」と、当時の事情を記述している。つまり日本が１９４５年に無条件降伏

図3　1906年に初代韓国統監に着任した伊藤博文が、独裁者としての権限を振るい始めた。

した敗戦後になっても、私の祖父は、当時の朝鮮が日本の植民地支配下にあったという事実をまったく無視している。「朝鮮は日韓協約によって日本の保護下にある」とは、どういう意味であろう。「独立した韓国政府」とは、どういう意味であろう。「日韓協約によって」と書いている以上、日本が韓国を完全に支配していたおそるべき植民地統治の実態を知っていたはずであるのに。

　この野々村謙三なる人物は、このあと朝鮮の首都・京城で、商工会議所議員にトップ当選するほどの男であり、私が小中学校時代に覚えている限り、きわめて記憶力にすぐれ、寺社仏閣の由来について語らせれば博覧強記、何でも知り尽くしているような知識人であった。したがって、ここに書いていることはわが家の先祖の記録というだけではない。そうした事情から推察するに、朝鮮に渡ったこの時代の日本人の大多数は、今日のわれわれが歴史の事実から学んで知っている基本的な人間の良識というものを、まったく持ち合わせていなかったのである。つまり戦争によって他国を植民地にすることが侵略行為であり、子供でも「侵略は犯罪行為である」と分るはずだが、その行為に対して抱くべき意識を教えられないと、人間はこれほどの無知になってしまう生き物なのである。それでも、『野々村謙三・思ひ出の記』は、祖父が戦後に書いた記録であり、その時には、日本の軍国主義が払拭され、民主主義の何たるかぐらいは、われわれ子供でさえ、すべての日本人が知っていたはずである。

　一方に枡富安左衛門のような人間もいれば、他方に伊藤博文や桂太郎、渋沢栄一、大倉喜八郎、山縣有朋、福沢諭吉、目賀田種太郎たちの侵略主義者がゾロゾロいたことの理非ぐらいは、戦後に識別してもらわなければならない。しかし小生がこれを記述している今の時代に、「日本の最高額紙幣の肖像が福沢諭吉から渋沢栄一に移行する」のだから、読者にも、日本国民の一人として、この歴史には一半の責任を感じてもらいたいと願う。

この時から、野々村謙三は、父・藤助のもとで京城写真館での写真修行に励むことになった。

韓国皇帝・高宗は、日本人の強圧的な態度を嫌悪し、我慢ならなくなったので、日露戦争終了から2年後の1907年6月に、オランダのハーグで開かれた第2回「万国平和会議」に、韓国／朝鮮独立を訴える特使を派遣する計画を立てた。特使2人を派遣した高宗は、その会議で韓国の外交権回復を訴えようとし、その一方で日露戦争の敗戦国ロシアの皇帝ニコライ2世にも親書を送って、朝鮮の特使活動を支援するように要請した。が、韓国特使は会議への参加を列強から拒絶され、イギリスと日本から妨害されて、高宗の密使計画は水泡に帰した。それはそうであろう。桂・タフト密約が示した通り、列強が植民地帝国主義でスクラムを組んでいるのだから、朝鮮人の意見に耳を傾ける国際会議などは、この世にあり得なかったのだ。

このハーグ密使事件の失敗によって、恥をかかされた韓国皇帝・高宗が、日本の圧力を受けた朝鮮人売国奴・李完用（イ・ワニョン）らに迫られて、1907年7月20日には、強制的に退位させられて、息子に皇帝を譲位した。そして、高宗と、暗殺された正室・閔妃のあいだの息子・純宗（スンジョン）が、高宗に代って2代目韓国皇帝に即位し、3年後の1910年に韓国が日本に併合されるまで、李氏朝鮮王朝から通算して第27代目の君主をつとめた。異母弟の李垠（り・ぎん）を皇太子とした皇帝・純宗は、以後、これといった政治的能力を発揮できないまま日本によって軍隊を解散させられ、司法権を奪われるなど、あらゆる侮辱を受けることになった。

私の祖父・野々村謙三の当時の写真（次頁・図4）は、流石に首都随一の写真館の経営者らしく立派そうな姿で、美術館に飾ってもふさわしいように見えるが、写真の左肩には「韓国皇帝陛下（純宗）即位記念」のスタンプが押されている。

ハーグ密使事件と高宗譲位事件直後の1907年7月24日に、図に乗った長州閥の韓国統監・伊藤博文（ひろぶみ）が「**第3次日韓協約**」を締結した。次々と結んでは朝鮮人を追い詰めるこの協約により、韓国の内政も日本人統監の指導下に置き、大審院長と大審院検事総長などの司法権力（裁判権）を日本人が握ったのである。そして各部の次官などに日本人を採用させ、**韓国軍隊を解散する**ことを規定したのである。こうして、韓国軍に代って日本の軍隊が大々的に韓国に派遣され、各地に旅団司令部が置かれていった。これによって、朝鮮人の武力がゼロになり、日本軍と日本人警察がとって代った武力支配であるから、それまでの朝鮮とは事情が一変したのである。

この時期に、朝鮮における日本人の人口が激増し、日本人小学校

図４　祖父・野々村謙三——写真の左肩に「韓国皇帝陛下（純宗）即位記念」のスタンプが押されている。

も激増して、中学校、高等女学校が生まれていった。しかし日本人の横暴さは、武力を振りかざす軍隊と警察だけでなく、一般民衆においても目に余るものがあり、韓国の国民が抱く反日感情はますます激化して、学校の日本人教師はいつ襲われるかと戦々兢々として、サーベルを吊って登校するような有り様であった。

そして1907年12月5日には、韓国皇太子・李垠（り・ぎん）が韓国統監・伊藤博文によって日本に拉致され、留学させられたのである。皇帝・純宗の異母弟で、英親王と呼ばれた皇太子・李垠が、可哀相に11歳の時、漢城（漢陽）すなわち日本統治下の京城（現ソウル）を発ち、明治天皇一族の有栖川宮熾仁親王、陸軍大将・桂太郎（日露戦争時の総理大臣）、海軍大将・東郷平八郎、曾禰荒助（2代目韓国統監）らの一行と共に、〝人質〟として日本に拉致され、留学させられた時の写真（図5）が、これである。李垠の生母は高宗の側室・厳妃（オムビ）であった。この皇太子が、のちに私の祖父と出

図5　1907年、11歳の幼い皇太子・李垠が伊藤博文に拉致されて、日本に強制留学させられた。

会うことになる。

この頃は、明治時代が終りに近づいていた明治41年だったが、１９０８年４月５日、野々村謙三が数え年17歳の中林孝子と、韓国統監府がある倭城台近くのキリスト教の京城教会で結婚した。この倭城台という地名は、倭国（日本）の城という意味だから、日本人の韓国統監が朝鮮の「城主」であった。

孝子の父・中林思孝は、広瀬隆の母方のもう一人の曾祖父にあたるが、履歴を聞く限り、相当に問題の人物である。中林思孝は千葉県君津郡の士族の出身で、１８７４年（明治７年）に東京の大学南校（東大の前身）を卒業した男で、日露戦争時と日韓併合時（１９１０年）の外相・小村寿太郎と同期であった。のち、イギリス東洋艦隊の軍艦に乗りこんで朝鮮沿岸の測量に従事した中林思孝は、さらに韓国政府の委嘱を受けて、総税務司の下で、要港の釜山・仁川などの税務事務に従事することになった。当時の朝鮮は、日本製品に関税をかけられない不平等条約を日本と結ばされていたので、税務官・中林思孝は当然そうした問題に関与していたと考えられる。

こうして朝鮮支配の能力を発揮し始めた中林思孝は、京城に近い貿易港・仁川で〝**総督級の船長**〟になったとある。この時代に世界中の広大な植民地を誇った大英帝国では、インド総督、香港総督、オーストラリア総督などが植民地最大の権力者だったのだから、中林思孝が〝総督級の船長〟と言われたのは、相当な大物権力者だったということになる。

彼の仕事が何であったかを推測すると、日清戦争時代に、日本軍は民間船を借り上げて兵馬の運送にあたらせ、船主は莫大な利益をあげていたので、船長だった中林思孝は軍部と密着していたはずである。日清戦争渦中の１８９４～１８９５年頃、中林思孝は、光州（クァンジュ）の北にある群山（クンサン）港（31頁地図・図6参照）の開港時に税関長として赴任し、府政から裁判まで一任されたというから、絶大な権力を握ったと考えられる。群山（クンサン）には、日清戦争後の1898年5月に列強各国の治外法権の居留地である「共同租界（そかい）」が設定され、1900年に領事館の分館が設置されていた。そして日清戦争によって、朝鮮にいた多くの日本人が焼け太りで成金となった時代に、中林思孝も群山市内に多数の土地を購入し、市街が発展後に、その土地が彼の大きな資産となった。とりわけ群山は、米の集散地として栄え、「米の群山（クンサン）」と呼ばれる朝鮮一の米の日本貿易港であった（32頁・図7）。加えて韓国政府はその頃、外国人への土地の売却を禁じていたので、日本人がどのようにして土地を入手したかといえば、売り主からの売り渡し証文を受け取るだけで、役所には届けないという内密の方法で土地を手に入れたのである。

さらに1904年1月から京釜鉄道の建設が始まると、群山は京釜鉄道中央部の工事材料の供給基地に指定され、群山税関長・中林思孝の指揮下で、鉄道人夫の食糧をすべて供給した。

実はこの群山（クンサン）付近には、明治維新後から朝鮮貿易の草分けとなった大倉財閥創始者の大倉喜八郎が、日露戦争開戦前年の1903年11月に、2500町歩（750万坪）の広大な大倉農場を創設して、息子の大倉米吉がその一部を経営し、一部を東洋拓殖（たくしょく）に売って利益を得ていた。

この東洋拓殖は、朝鮮最大の植民地侵略企業で、のちにくわしく述べるが、朝鮮人から土地を巻き上げるために設立された国策会社であった。そしておそらく（おそらくという修飾語をつけて表現しなければならないのがまことに無念だが）、後述するように、私の祖父・野々村謙三が東洋拓殖の大株主か何かの地位を利用して、莫大な不動産をその組織にかかえていたに違いないと、私はにらんでいるのである。それが、そもそも、私が「わが家の祖先にまつわる出来事」を

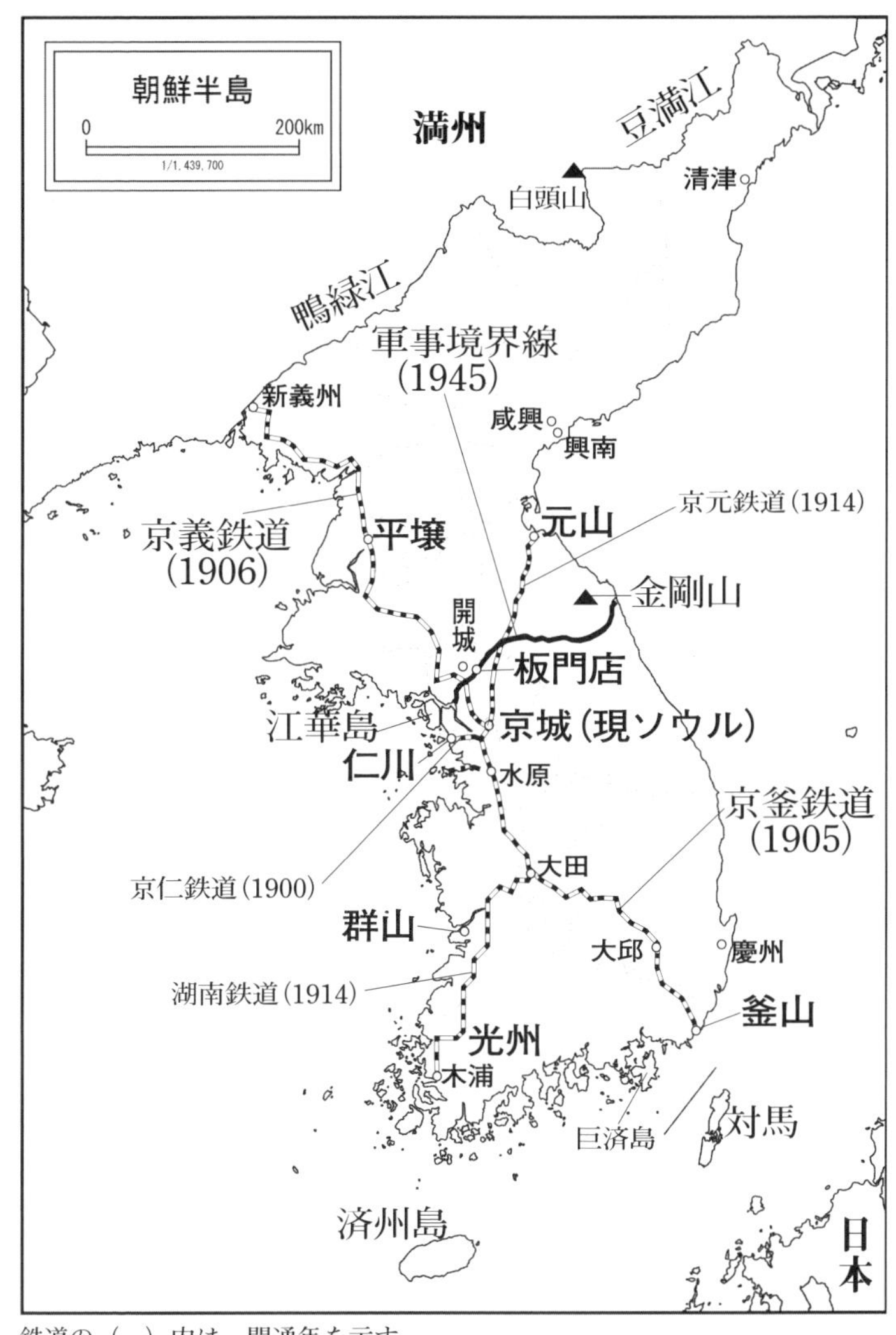

鉄道の（　）内は、開通年を示す。

図6　朝鮮半島地図

記録しようとして、本書の執筆に船出した最大の動機なのである。

　このように本書では、わが家の祖先について、人が聞けばまったく好ましくない、ある種の〝罪業〟のような史実を以下に数々記述するが、しかし「わが家にまつわる罪業」を暴くことが本書の目的ではない。この世に起こった、そうした動かしようもない家族の史実を、ほかの人に知られることを恥じる、それが人間の最も犯しやすい間違いなのである。私自身、最初は本書を内容そのままに、『わが家の罪業』という書名にする予定で書き始めたが、途中で書名を『日本の植民地政策とわが家の歴史』に変更した理由は、そこにある。

　当時のわが家の人間——野々村謙三の家族——は、実は、朝鮮において何ひとつ罪の意識を持たずに行動していたし、日本人が朝鮮を植民地とした行為を、悪事だったと語った言葉を、戦後に私がこの親戚たちから聞いたことは一度もない。戦後に苦労して生きた野々村家の人間たちは、みな心やさしい、愛すべき人たちであった。野々村家は、広島に投下された原爆によって4人が即死

図7　曾祖父・中林思孝が広大な土地を購入した群山で、東洋拓殖工場前に積まれた山のような米袋。

した戦争被害者でもあった。日本全国に神戸女学院など「日本で最も愛される洋館」を数えきれないほど建てた著名なアメリカ人建築家ウィリアム・ヴォーリズの右腕だった吉田悦蔵もまた野々村一族であった。こう書けば、「いや、お前の先祖は朝鮮で法外な富を築いたのだから、自分の一家の罪をごまかすために、当時の〝日本の植民地侵略〟という国策に責任を転嫁しているのだ」という意見が出ることは百も承知している。それは、正しい意見であるかも知れない。

　ところが、ここに記述していることは、野々村家だけの話ではなく、ほとんどすべての日本人の家族を調べれば、誰にも共通する歴史だということが、くわしく史実を調べ、書いている途中で分ってきたのである。読者が「潔癖なわが家は違う。無実だ」と信じているなら、あなたの先祖がそれを隠して、語らなかっただけだ、ということに気づくほうが賢明であろう。勿論、当時を生きた日本人は、それぞれ個人が、加害者側であったり、被害者側であったり、その「加害」と「被害」の程度も、みなそれぞれが違っていただろう。しかしそれは、大同小異というものだ。日本人が、集団として植民地統治という誤った道に踏みこんだ史実を、のちの世代のわれわれが、強く認識できればよいと願っている。なぜなら、この時代の大日本帝国による軍事侵略は、朝鮮半島だけではなかった。満州においても、フィリピンにおいても、インドネシアにおいても、台湾、ベトナム、シンガポール、マレーシア、インド、ビルマ（ミャンマー）、タイ、太平洋諸島においても、同じように展開された蛮行だからである。その日本史を読者に正しく深く理解してもらうために、書き手である私自身が、わが家の罪業と感じられることを正確に記録することにしたのである。それは、自分が決して誇りにできないことも含めて、できるだけ正直に、一家の成功も失敗も、歓喜も悲劇も、くわしく執筆することにほかならない。現在高齢になった私が、そうした事実をできる限り正確に調査してきた心境を、察していただければ幸いである。

大倉財閥に話を戻すと、日清戦争時代に朝鮮の現地通貨（韓銭）を集めて、軍用資金に供していたのが大倉組だったことが明らかにされているので、群山の税関長で地主だった私の曾祖父・中林思孝が手を組んでいた可能性が大いにある。可能性どころか、税関長が首を縦に振らなければ、このように汚れた軍用資金の流通など絶対に、金輪際、起こり得なかった。日露戦争勝利から4年後、１９０９年末の統計によると、朝鮮における日本人地主の総所有面積は6万２２６８町歩（1万８６８０坪）で、そのうち3割以上にあたる５９０９万坪がこの群山にあり、現在の北朝鮮の首都・平壌および韓国の大都市・大邱と共に、群山は朝鮮3大市場を成していた。そこの金銭の元締めポストに坐っていた男・中林思孝の娘を、野々村謙三が嫁に迎えたのだから、野々村家はスタートから朝鮮の経済侵略のキイ・ストーンを掌握したに違いなかった。また、大倉喜八郎の孫娘・大倉正子が、伊藤博文が統治した時代の先述の朝鮮経済の独裁者・目賀田種太郎の息子・目賀田重芳と結婚していたので、このグループは最高権力者の韓国統監府と一体の支配者集団を形成していたのである。

中林思孝は群山税関長を退官後、仁川に移住した。移住した正確な時期は不明だが、祖父母・野々村謙三と中林孝子の１９０８年の結婚式に、中林思孝が仁川から京城に出てきて列席した記録があるので、その前（日露戦争後）に仁川に移住したことになる。

以上のように、最初から金のにおいがぷんぷんと漂う結婚話なので、私にとっては、祖父母の野々村謙三と孝子の２人が、どのようにして結ばれたのか、金銭目当てで結ばれたのかどうか、それが最も知りたい謎であった。だが私の母（野々村家の）広瀬妙子によれば、「中林船長は仁川(インチョン)にいて、娘の孝子を京城のクリスチャンに預けて育てさせた」という。つまりキリスト教が縁で、野々村謙三と結ばれたと思われ、したがって、結婚は利権によるものではなかった、と考えられるので、ひとまず安堵した。しかしその後、野々村家は中林船長からもらった首都・京城の広大な400坪の山の手の土地に、西洋館の80坪の家を建てた、というから、野々村家に対して、中林船長が経済的に大きな支援をしたことは間違いない。

　中林船長は、正妻との間に娘・孝子（私の祖母）をもうけたので、船長の正妻は私の曾祖母にあたり、「姉川のおばあちゃん」と呼ばれていた。私が幼児期に彼女と話をした時、驚いた記憶がある。「私は小さい時に、池田屋騒動で新撰組の近藤勇を見たよ」と言っていたからだ。

　一方、中林船長は正妻のほかに、「下條(しもじょう)けい」という女性との間に2人の男子をもうけた。下條けいの弟が、読者もよくご存知の渥美清の主演映画『男はつらいよ』で、フーテンの寅さんの伯父「オイチャン役」を演じた映画俳優・下條正巳(まさみ)（1915年、釜山生まれ）で、その息子が俳優・下條アトムである。のちにこうした親戚関係を知った野々村謙三が、下條正巳を訪ねて対面したことを書き残している。下條正巳の姉けいは、野々村謙三の妻・孝子よりひと回り年下だが、孝子の継母にあたるので、年齢的にはややこしい関係にある。したがって私は、映画を介して、下條正巳の甥にあたるフーテンの寅さんとは、ごく近い親類になるわけだ。

　こうして中林思孝は、1920年代に京城にて、享年65歳で死去した。

第3章　いよいよ朝鮮を正式に植民地統治する時代に突入した

1908年12月28日、長州閥の第2次桂太郎内閣のもとで、朝鮮に移住して土地を開拓する特殊事業会社として東洋拓殖会社（通称・東拓）が京城に設立され、次頁の写真（図8）のように大きなビルが朝鮮人を威圧した。東拓は「堅実なる内地（日本人）農民を適当に分布し、其**土地の所有権を取得せしめ**、永住土着して付近鮮農（朝鮮人の農民）に農事改良の模範を示し、彼等を指導誘掖し（導き助け）て地方産業の発達に貢献せしめんとするを趣旨」とした。

分りやすく言えば、この話は満州に日本の農民を送りこんだ名高い満蒙開拓団の朝鮮版であった。日本の本土（内地）から朝鮮に日本人農民を送りこんで、彼ら日本人にみな朝鮮の土地を所有させ、永住させることによって、周囲の朝鮮人農民にすぐれた日本農業を教え広め、朝鮮全土の産業を活性化させるための会社、それが東洋拓殖である。しかしここ朝鮮は、日本ではない。そこで、「われわれ東拓が、日本人農民のために朝鮮人の土地を収奪してくる」と宣言したわけである。そうした血も涙もない行為には、またしても長州藩出身の軍人が適しているというわけで、日露戦争で男爵の爵位を与えられた山口県出身の陸軍中将・宇佐川一正が東洋拓殖のトップ、初代総裁となって音頭をとり、1909年に1万人、1910年に2万人、以後1917年まで毎年3万人、9年間で合計24万人を日本から朝鮮に移民させる大規模な計画を立て、大々的な朝鮮の土地収奪にとりかかった。実際に朝鮮移民政策が始まったのは、韓国を日本に併合した

1910年であった。

ところが、計画通りに移民した日本人はきわめて少なかった。しかも移民した日本人は、農業で苦労するより地主になったほうが簡単であると気づいて、地主となって土地収奪に精を出した。そうした日本人の収奪を東洋拓殖が主導したのである。土地調査を終了した頃には、早くも東拓が7万8000町歩以上の土地を所有したというから、2億3400万坪＝774平方キロメートル、現在の東京都の面積の35％以上を確保して、たちまち朝鮮最大の地主に成り上がった。東拓の土地収奪法は狡猾だったので、東拓に対して朝鮮人が抱いた憎悪の念はきわめて激しかった。のちに東洋拓殖などの国策会社に対する莫大な金額の有価証券を、昭和天皇家が財産として保有したので、昭和天皇が朝鮮で直接犯した罪もまたすさまじいものであった。

こうして日本人による土地所有にメドをつけた韓国統監府は、朝鮮半島の主に「北部」では、採掘される金（きん）をはじめ、石炭などの鉱山の利権獲得をめざし、「南部」では主に農地を獲得した。こうして日本人の欲がつのってゆき、「面倒だから全土を日本の支配下に置いてしまえ」という

図8　1908年、東洋拓殖が京城に設立された。

完全侵略論が日本政府の方針として打ち出された。

1909年（明治42年）3月、韓国統監・伊藤博文が「韓国併合に関する件」と題する意見書を提出し、7月6日に第2次桂太郎内閣の閣議決定を経て、明治天皇の裁可を得た。この意見書で、韓国を日本領土に組みこむ併合が決定づけられたのである。

この決定によって朝鮮人から激しい恨みを買った伊藤博文が、この年10月26日、満州のハルビン駅にて、愛国者・安重根（アンジュングン）によって射殺されたのである。暗殺現場のハルビンは当時ロシア人の支配下にあったので、安重根はロシア官憲に逮捕されて日本の関東都督府に引き渡され、翌年1910年3月26日に処刑された（図9）。

長州萩藩の吉田松陰（しょういん）からアジア侵略思想をたたきこまれた伊藤博文が、わが国最初の総理大臣と、最初の韓国統監をつとめたのが間違いで、たちまち殺され、誰からも忘れられてしまったわけである。それに対して、名家に生まれた英才・安重根は、現在も韓国の偉大な英雄として讃えられ、ソウルには彼の偉業を伝える「安重根義士記念館」が建てられている。

図9　1910年に処刑される２日前の安重根。

そのような時代の中、1909年12月に、野々村謙三・孝子の長男が朝鮮で生まれた。
謙三の父・野々村藤助は、朝鮮に渡って数年後に、京城の南山（ナムサン）の山麓に小さな土地を買っていたが、この1909年頃、そこに和風の家を建て、日本料理屋を始めた。それが日本人のあいだに好評を博して、のちに「**朝鮮の帝国ホテル**」と呼ばれる京城一流の高級料亭「白水（はくすい）」に発展した。野々村家が、とんとん拍子でビジネスに成功した様を見ると、商才があったことは確かなようだが、少し調子がよすぎるようなので、大いに疑問に思うのは、私だけではあるまい。一体、当時の野々村家の後ろ楯になっていた朝鮮支配者の日本人は誰だったのであろうか、と。

それが現在でも分らないのである（のちにこの謎を解いてみよう）。

さていよいよ、この時期に、日本政府の朝鮮「完全支配」計画は、最終段階に進められ、初代韓国統監・伊藤博文からの長州閥がずっと続いて、長州の2代目韓国統監・曾禰荒助（そねあらすけ）に代って、1910年5月30日に、長州の陸軍大臣・寺内正毅（てらうちまさたけ）が3代目韓国統監に就任した。陸軍大臣が韓国統監になったのだから、「日本の軍隊は、朝鮮侵略のために存在した」ことを意味するのだ。

1910年（明治43年）8月22日、南山（ナムサン）の韓国統監邸において、総仕上げに取りかかった統監・寺内正毅と、その言いなりに従う韓国首相・李完用（イワニョン）が代表者となって、韓国を日本に併合する**日韓併合条約を調印・締結した**のである。

日本が「韓国を併合した」とは、分りやすく言えば、長大な歴史を持つ朝鮮／韓国なる国が、この世から消えたということである。今からざっと2000年ほど前の歴史から説明すると、古代朝鮮時代に高句麗（コグリョ）（こうくり）／百済（ペクチェ）（くだら）／新羅（シルラ）（しらぎ）の三国が相争って栄枯盛衰の歴史を刻んだあと、西暦９３５年頃に高麗（こま＝こうらい）が朝鮮半島を統一した。この高麗の恭譲王の時代、１３９２年になって武官・李成桂（り・せいけい）が王位を簒奪して高麗王に即位し、新たに中国の明王朝に従属する朝鮮李王朝を建国した。それ以後５００年以上、１９１０年まで続いてきたその朝鮮王朝の国家が、日本によってこの世からかき消され、「日本の朝鮮地方」となったのだ。朝鮮人がこの時に何を思ったか、読者は想像する義務がある。

この朝鮮と、古代日本の関係は次のようであった。最新の考古学年代に基づくと、日本で紀元前にほぼ1万年間続いたのが縄文時代で、その時代までの日本人は、縄目をつけた縄文式という原始的な土器を使っていた。そうした文化文明の後進国・日本で、紀元前（ＢＣ）１０００～４００年頃に始まった弥生時代に入ると、古代中国経由で、のちに古代朝鮮の高句麗・百済・新羅の三国時代を建国する朝鮮人の知恵が日本に渡来して、良質の粘土を高熱で焼いてつくられる素焼きの土器――つまり弥生式土器が使われるようになり、彼ら朝鮮からの渡来人が日本人に初めて青銅器と鉄器を教えてくれたのである。そのおかげで、銅剣や銅鐸などのほかに、鉄器が普及することによって、日本人も鉄製の農工具の鍬・鎌・斧と、鉄剣などの武器を持てるようになったのである。原始日本人が知らなかったニワトリ・牛・馬などの家畜を連れてきたこの朝鮮半島からの渡来人は、ＢＣ９００～ＢＣ４００年頃から水田稲作による米の耕作法を伝えて、日本人に食糧増産法を教え、酒の醸造法も伝えた。それによって、日本に爆発的な人口急増が起こって、弥生時代に入ってからの人口が６００万人規模になったのである。

その後、年代には諸説あるので大体の年代で示すと、西暦２７０年には、古代朝鮮「三国」と中国からの渡来人は生糸の絹織物を産み出す養蚕技術と機織り技術を日本人に指導し、西暦

400年代には、何より重要な漢字という文字の文化を日本人に伝授して、それからほどなく西暦530年代から仏教・儒教を教え広め、日本は、ほぼこの時代に古墳が隆盛する飛鳥時代に入った。西暦610年には製紙法が教えられて、そこから日本史の記録が始まったのだ。神社と神宮および古墳という墳墓と、のちには陶磁器の製法などありとあらゆる文化・文明を伝えてくれたのが朝鮮人であった。このようにして渡来した大量の文化文明を、日本では「弥生式文化」と呼んできた。だが待てっ‼ 弥生式土器・弥生式文化の「弥生」とは、1月が「睦月」、2月が「如月」であるように、「3月」という意味である。

縄文時代のあとが、なぜ3月時代なのかって? 日清戦争開戦の10年前、1884年(明治17年)に、東京文京区本郷弥生町の貝塚で発見された土器が、それまでの縄文式土器と違って進歩したものだったので、発見された弥生町に因んで弥生式土器と呼ぶようになった。それが、弥生時代の語源である。だが、その本郷弥生町のいわれは、水戸藩の徳川斉昭が藩主に就任する前、江戸時代の文政11年(1828年)3月、つまり弥生の月に、水戸藩の駒込追分にある屋敷一帯の景色を「名にしおふ 春に向ふが岡なれば 世にたぐひなき はなの影かな」と詠んだ歌碑を屋敷内に建てたからなのである。つまり元をたどれば、この町名は、ただ3月という意味でしかない。縄文時代は、土器に縄の文様があるので、文化のひとつの特徴を示す正しい呼び方だが、これに比べて、弥生式文化の言葉が、何の意味もない不適なものであるのはなぜなのか、なぜ「朝鮮式文化」と呼ばないのだ! と、私は日本のすべての考古学者に尋ねる。

現代日本人の知識と知恵が、青銅器・鉄器、米の耕作法、生糸(絹)の養蚕と機織り、仏教・儒教、文字、製紙法、神社と神宮および古墳、陶磁器の製法まで、ありとあらゆる知識と知恵を朝鮮人から教えてもらった渡来文明であることを「隠す」ために、弥生式文化と呼んでいるわけだ。本来は、中国の漢民族と、朝鮮の韓族からの渡来文化時代なので「漢韓時代」、または中国・韓国からの「中韓渡来時代・中韓渡来文化」と呼ぶべきであろう。日本の国学者や考古学者、文化人類学者が日本人の誇りを失っていないことを祈るが、中国・韓国からすべての基本的文化を教えてもらったことを恥じるなら、せめて「渡来文化時代」と呼ぶべきであろう。ところが、渡来文化と呼べば、『古事記』・『日本書紀』に記述され、国学者が日本国家の起源と敬う神話が史実でないことになるので、その結果、渡来人に発祥した伊勢神宮に祀られている神々が、他民族を祀ったものだという当たり前の事実がバレてしまう。この**神話から生まれた神社・神宮と、飛鳥時代の古墳もまた朝鮮渡来文化だ**という驚くべき事実は、のちに朝鮮に「朝鮮神社」と「朝鮮神宮」が建設された経過の項（64頁以下）で、くわしく述べる。

この日清戦争・日露戦争に勝利した明治時代の日本人にとって、神話の上で神武天皇以来続いてきた、万世一系の明治天皇を柱とした皇室の存在意義が失われることは、朝鮮を侵略統治する日本が文化的に朝鮮より下位にあると宣言するに等しく、深刻重大だったので、何の意味もない「弥生」という言葉を見つけ出し、土器を発見した地名のこじつけにこだわったわけである。以来日本人は、考古学という人文科学を論ずる資格を失ったまま、現在に至っているのである。

それが、日本史と日本文化を生み出した先駆者・朝鮮という国家を、この世から抹消したこの１９１０年の韓国併合という恥ずかしい珍事の真相であったのだ。

１９１０年8月22日の韓国併合調印から１週間後の8月29日、日本への併合を内外に発表し、皇帝が統治する韓国が消滅して、国名が朝鮮に戻ったので、「韓国統監府」に代って、「朝鮮総督府」が設置された。この時、皇帝・純宗の第二夫人である純貞孝皇后（尹妃）は、韓国の国権が日本に強奪されようとした時、屛風のうしろで御前会議を立ち聞きし、親日派の朝鮮人売国奴・李完用らが皇帝・純宗に併合条約に捺印するよう強要すると、それを阻止しようと韓服のスカート（チマ）の中に、皇帝の印鑑である玉璽を隠して渡そうとしなかった。しかし伯父の尹徳栄に無理やり奪われて玉璽が押されてしまい、日韓併合条約が皇帝によっても認証されたということになったのである。この玉璽事件の史実から、日韓併合とは、まさにそうした玉璽が強制的に押された国際条約であったことが分る。ところが、日本政府は今もってこの朝鮮の植民地化を「韓国皇帝の求めに応じて、明治天皇がそれに応えて朝鮮／韓国を日本に併合した条約だ」と、言い張っているのだ。「植民地にされる国が、大国に向かって奴隷化を願い出た」などというバカげた歴史があるはずはない、のにである。

まさか、と思うだろうが、日本政府とは、２０１９〜２０２０年現在もそのように、小学生でも言わない大嘘を、平気で、公式見解として外務省官僚が、総理大臣が、外務大臣が、官房長官が語っている国である。勿論、そのようにバカげたことを主張しているのは、日本の国民ではない。ただし、日本政府がそのように主張していることを、大半の日本国民が知らないことは事実である。そこまでで驚くのはまだ早い。さらに一層驚かされるのは、大手テレビ局・新聞社の記者たちの誰一人として、その歴史について「その見解は、おかしいではないか」と日本政府に質問して糺すこともなく、「それが日本政府の見解である」と、報道して恥じないのだ。

なお、この史実に関連して、現在の韓国人が「売国奴」や「親日派」という言葉で、自国の人間を批判することがある。それを聞いた日本人が、「親日派」は「日本人と親しい韓国人」を指す言葉だと誤解して違和感を覚えることがあるが、韓国で使われる「親日派」の言葉は、「日本人と親しい」という意味で使われることはない。今述べているこの１９１０年に、親日派の朝鮮人売国奴・李完用（イワニョン）らが皇帝・純宗に併合条約に捺印するよう強要して朝鮮半島を日本の植民地にしたことを、「それは朝鮮人／韓国人が望んだことだ」と馬鹿げた主張を展開する現代韓国人に投げかける蔑称である。また、その１９１０年の日韓併合以後、朝鮮総督府の日本人の手先の警察官や憲兵などになった親日朝鮮人が、同胞の朝鮮人を苦しめた行為を、その子孫がまったく反省しない現代韓国人に対して使われる蔑称である。

日韓併合条約の調印者だった韓国側売国奴の首相・李完用（イワニョン）がどうなったかといえば、日本政府から侯爵の爵位を与えられ、死亡時の１９２６年には、〝日本の資産家リスト〟に彼の名が掲載され、〝朝鮮の内閣総理大臣〟の肩書で資産１００万円、朝鮮の大富豪となっているのだ。つまり朝鮮民族の独立を妨害して私腹を肥やした人間を指す言葉が、「親日派」の意味なのである。

これは、ドイツで「ヒットラーは正しかった」と主張するドイツ人に対して、「いい加減にしろ、ネオナチめ」と、ドイツ国民が怒って、ネオナチに対して現在でも追及の手をゆるめないのと同じ、当たり前の批判用語である。ところがドイツと違って、現在でも、「植民地支配した犯罪史実を、日本政府が認めない態度」を支持して暴言を吐く韓国人が絶えない。なぜかといえば、日本の植民地統治時代の「売国奴」や「親日派」の人脈が、１９４５年の日本降伏後にどうなったかと言えば、朝鮮半島に乗りこんできた米軍が、東西冷戦で「共産主義者と対立する勢力」として韓国の「親日派」を引き立てたため、本来は断罪されるべき売国奴が戦後の韓国指導部を支配するようになったからである。そのうちの一人が、元日本軍から大統領となって１９６５年に日韓基本条約を結んだ朴正熙（パクチョンヒ）であった（95～96頁）。後述する朝鮮人の強制連行被害労働者（日本で「徴用工」と呼ぶ被害者）に対する**日本の賠償責任**をうやむやにしたのがその朴大統領なので、彼らを「売国親日派」と呼ぶわけである。つまり韓国内で、日本の植民地統治から解放後も権力層を形成した彼らが、政界、軍部、財界、学界、メディアまで牛耳り、アメリカ一辺倒の反共国家をつくって、南北朝鮮分断体制と開発独裁を支えてきた。それが「親日派」であり、彼らが今もなお、既得権益層を形成して、（日本のテレビ報道界がその歴史的な意味も知らずに）「韓国保守層」と呼んでいる人種であり、２０２０年現在の保守政党は〝未来統合党〟である。

　ほとんどの日本国民もまた、このような日本政府の歴史認識を、一片も知らないほど間が抜けている。その日本人全体の無知に対して、良識を持ち、韓国保守政党を嫌う**進歩的な韓国の国民**は驚きあきれているのだ。２０１９年8月に日韓関係が悪化して、韓国内で日本製品ボイコット運動が広まった時、韓国の国営衛星放送局アリラン・テレビなどさまざまな大手テレビ局から、私は取材を受けて、こう説明した。

「大半の日本人は、韓国人の敵ではありません。日本人は、南北朝鮮の平和を破壊しようと必死の軍国主義者・安倍晋三を嫌っています。２０１９年7月21日の参議院議員選挙で、安倍晋三の自民党の支持率（絶対得票率）はたった18・9パーセントでしかなかった。つまり8割は自民党に投票していないのです。〝安倍晋三が嫌いな日本人〟と韓国人が手を組んで、日本製品ボイコットではなく、〝軍国主義者・安倍晋三ボイコット運動〟を広めるべきでしょう。日本人が歴史を知らないことは確かに大問題ですが、その最大の原因は、日本のテレビ報道界が〝韓国人が持っている常識〟をまったく伝えないからです。そのため日本製品ボイコット運動が起こっても、ほとんどの日本人はその本当の意味を理解できないのです」

日本のテレビ報道界の全員が小学生の知性レベルにとどまるほどひどいにしても、では日本国民はその状況に甘んじていいのだろうか？　まともなコメンテイターが一人もいないこのテレビ報道界を生み出し、テレビ番組を見ているのも、われわれ日本国民であり、私を狼狽（ろうばい）させるほどの民族であることを、はて、本書の読者は、どう思われるのであろうか？　その日本人が、歴史の基礎知識を持ってくれなければ困るので、私は本書を執筆しているのである。

さてもう一度、話を日韓併合時代に戻すと、こうして1910年10月1日に、韓国統監府の跡地に朝鮮総督府が設置されて、国号の「韓国（大韓帝国）」が再び「朝鮮」に戻され、韓国統監を朝鮮総督と改称したわけである。山口県長州閥の日本政府・伊藤博文が始めた日本の植民地統治なので、長州閥の桂太郎内閣を代表し、長州閥の韓国統監・寺内正毅が韓国併合を強行する日韓条約に調印し、植民地化を完了したということになる。

さてその条約の調印日のことである。朝鮮の首都で京城写真館を経営していた私の祖父・野々村謙三が、初代朝鮮総督・寺内正毅に依頼されて、「韓国併合の祝賀会」を撮影しているのである。朝鮮総督から絶大な信頼を得ていたというだけで恥ずかしいことだが、野々村謙三当人がこう書いている。

――総督官邸から夜分急に出張撮影の注文があり、寺内正毅はじめ京城の高官が一室に集まって、「今晩は大変記念すべき宵（よい）であるから注意して撮ってくれ」とのことで、フラッシュ撮影した。それがのちに日韓併合という重大事の記念撮影であることが分って驚いた。――

とある。残念ながら、肝心の記念写真が、私の母のアルバムには見つからないのであるが、その夜の光景が目に浮かぶようなおそろしい記述である。外務省かNHKかどこかに、私の祖父が撮影したその重大写真が残っているはずだが。

こうして日本によって大韓帝国がこの世から消滅されたため、純宗は皇帝の座を失い、無力の王へと降格された。日本政府は、朝鮮王宮・昌徳宮にいる彼のことを李王と呼び、王に該当する待遇を受けるように計らった。のちにこれと同じ手法で、満州国皇帝・愛新覚羅溥儀に「自分は実権者だ」と錯覚させることになる。その予行演習であった。

昌徳宮の仁政殿で、李王と並んで朝鮮総督・寺内正毅が撮影されている下の写真(図10)は、東京都杉並区高井戸図書館所蔵の寺内正毅の伝記『元帥寺内伯爵傳』に掲載されていたもので、写真に「牛込図書館」の

図10　1910年の日韓併合時における、昌徳宮・仁政殿における記念写真(中央前列に李王と並んで朝鮮総督・寺内正毅がいる)。

朱印が押されていた。これも私の祖父・野々村謙三が撮影した写真である可能性が高い。
そこで「牛込図書館」を調べると、当時は東京市牛込区の市ケ谷山伏町10番地の尋常小学校（現在の新宿区立市谷小学校）内にあった図書館だったが、現在この図書館は存在していないことが判明したので、残念ながら、写真の出典を調べることができなかった。

正確な日付で記録すると、併合を発表した1910年8月29日に、「韓国」の国号を「朝鮮」と改称し、韓国統監府に代って朝鮮総督府を設置する法令を公布して、南山の中腹の倭城台に朝鮮総督府を設置し、10月1日に寺内正毅が初代朝鮮総督に就任した。『韓国映画で学ぶ韓国の社会と歴史』（キネマ旬報社）によると、彼らが拠点としたのは、南山の北麓、チンコゲ（雨天時にぬかるむ峠）と呼ばれた場所であった。ここに統監府➡総督府、憲兵隊司令部を置いて、この一帯を日本人の居住区とし、さらに南大門外の京城駅周辺から首都を流れる大河・漢江に向かう龍山一帯に日本人区域を拡大していった。

京城府の人口は、この1910年代には朝鮮人が18万人前後、日本人は5万5000人から6万人程度であった。漢江の支流・清渓川から南側は、黄金町、本町、明治町、旭町といったように日本式の町名に変える一方、清渓川の北側は、安国洞、仁寺洞、寛勲洞などと旧来の名称が使用され、そちらが朝鮮人の居住区であった。この2つの区域には、居住人口の密度や居住空間の広さ、道路舗装や上水道、し尿処理などさまざまな面で格差が存在し、その格差は次第に拡大していったという。

朝鮮の首都・漢城（漢陽）は以前から日本人によって京城と呼ばれていたが、この韓国併合時から正式に京城府と改称されて、李王朝が消滅させられ、併合と同時に朝鮮の王宮・景福宮に、写真（図11）のように日本の国旗が掲げられたのである。

朝鮮の王宮に日の丸だ！

日本の皇居に、ほかの国の国旗がこのように飾られて翻（ひるがえ）れば、日本人は何を感じるかねえ。右翼も左翼もなく、「そりゃあ変だ」と思うよな。

そして朝鮮の国語が、朝鮮語に代って日本語となり、朝鮮語の雑誌や新聞が廃刊にされて、日本人が朝鮮人の言論の自由を完全に圧殺していったわけである。このあとは、土地の略奪を専門にする前述の東洋拓殖が、次々と土地の収奪を本格化し、警察と憲兵による武断政治によって、拷問を日常的に使用する虐殺・弾圧統治が大々的にスタートした。寺内総督は、その後の6年以上、憲兵政治を朝鮮半島全土に強行し、「専制至らざるはなく、半島の住民を恐怖に戦慄させ、その怨嗟（えんさ）の声は全道に満ちた」とされる恐怖政治をおこなって、この功により伯爵に昇格し、第1次世界大戦中の1916年10月9日に総理大臣に就任するのである。

この時期に、日本本土の国内では、在日朝鮮人が1000人にも満たなかった。

図11　1910年、韓国を日本に併合し、朝鮮王宮・景福宮に日章旗が掲げられた。

一方、この時期の朝鮮在住の日本人の数は、下のグラフ（図12）の通り1910年にほぼ17万人だったが、1914年末には29万人に、1919年末に34万人以上へと激増していった。

韓国併合翌年の1911年7月にキリスト教伝道のため朝鮮に派遣された渡瀬常吉がおそろしい言葉を残していた。――「もし朝鮮民族が日本国民たるの自覚を持つことを拒み、永く反抗的精神状態を有しているならば、その不幸は一通りではない。進歩もなく、発達もなく、したがって希望もなく、自暴自棄あるのみである」と。

朝鮮民族に向かって、「日本国民たる自覚を持て」とは、いかなる意味であろうか。これほど愚劣で、民族差別意識が強かったのが、朝鮮にいた日本人キリスト教徒であった。こうしたキリスト教徒の朝鮮伝道を資金的に支えたのが、朝鮮総督・寺内正毅、1914年当時の総理大臣・大隈重信、「朝鮮の中央銀行」となった第一銀行頭取・渋沢栄一であった。

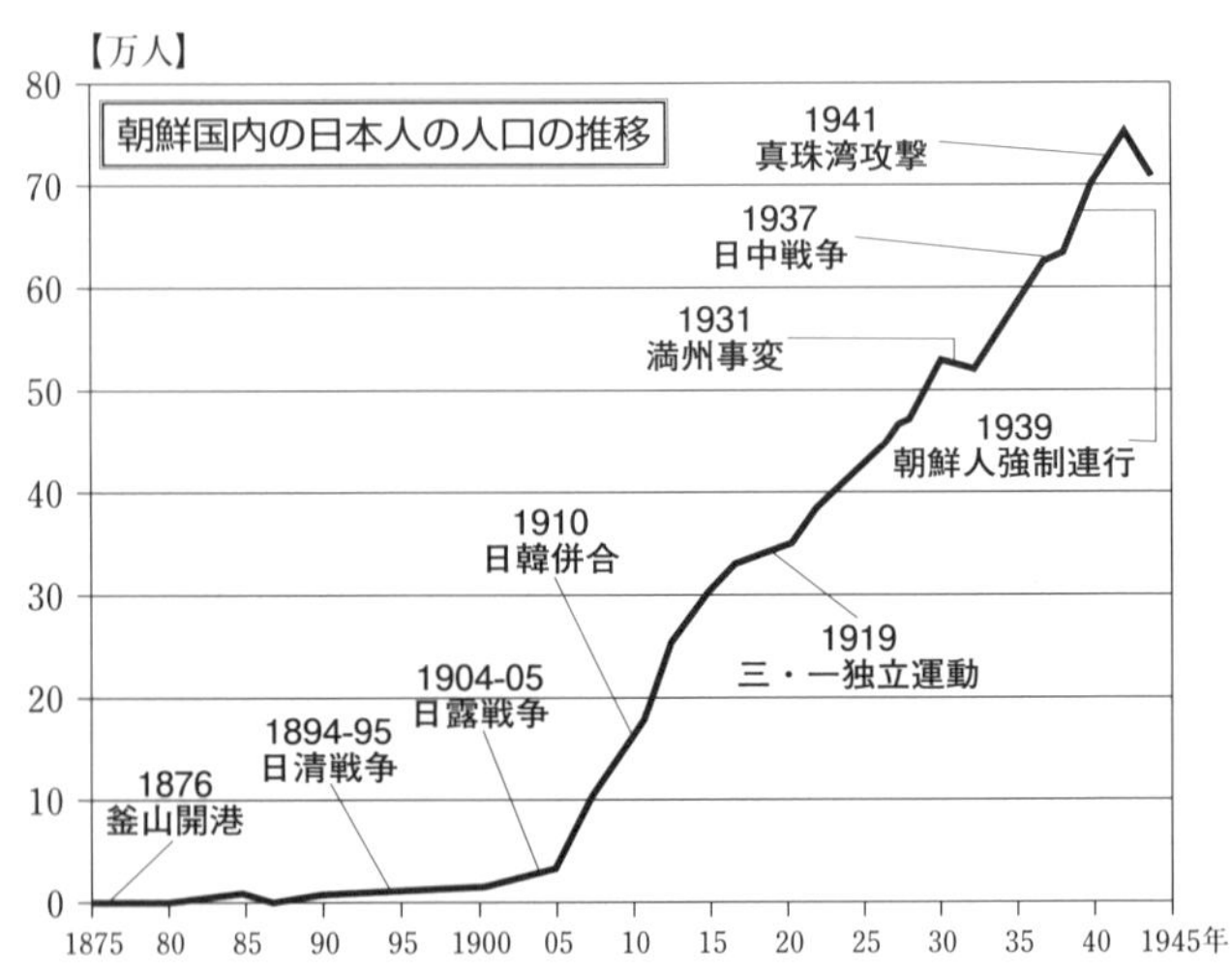

図12　朝鮮に住む日本人の数の変化。『植民地朝鮮の日本人』（高崎宗司著、岩波新書）を元に作図。

私より6歳年上の従兄・野々村耀は、朝鮮の京城生まれで、戦後に同志社大学を卒業後にキリスト教の牧師となった。しかし彼はのちに、戦時中のキリスト教会のこのような言動に反省が見られないことに反発して牧師を辞職した人なので事情にくわしい。彼によれば、「キリスト教」の朝鮮伝道と総督府の関連にのめりこんだのは〝組合教会〟（同志社系）で、祖父・野々村謙三はこの教派に属していた。一方、フランスの神学者ジャン・カルヴァンが創始したプロテスタントの〝長老教会〟系は、日本基督教会という教派が代表的だが、日本の神社参拝に反対していた。そして戦時中に天皇制に反対した教派は弾圧されたという。のちに日本のすべての教派が合同させられて、現在の〝日本基督教団〟が生まれたので、クリスチャンといっても、ひとくくりにはできないが……

１９１１年9月24日、野々村謙三・孝子に、長女が生まれ、１９１４年に次女が生まれた。この2人は、私の伯母で、心のやさしいおばちゃんには、戦後に大変にかわいがってもらった。

そして同時代の１９１４年（大正3年）12月2日に、私の父・広瀬三郎が石川県金沢市茶木町（現・中央通町）の犀川神社近く、大河・犀川沿いの片町で、宮大工・廣瀬外次郎・ハツの三男として生まれた。廣瀬外次郎は屋号・広岡屋佐助を称し、京都の鞍馬山の山門である南大門を造営した宮大工の名工であった。ところが、その工費を明治政府が支払わなかったので、妻（広瀬隆の祖母ハツ）が明治政府を訴えて支払わせたというから、ハツは相当に頼もしい硬骨の人であったようだ。外次郎は、京都の今宮神社の拝殿（次頁・図13）も造営した。三郎の長兄は大工、次兄は多才な芸人で、姉が藤蔭流の日本舞踊の師匠をつとめる美人であったことを覚えている。

続いて1916年、野々村謙三・孝子に、次男が生まれ、1917年（大正6年）6月8日、三女・野々村妙子（たえこ）が生まれた。この妙子が私の母親であり、戸籍簿による住所では、朝鮮の京城府（現ソウル）、南大門通りの南米倉町に生まれた、とある。この年は、ロシア革命が勃発した時代で、まだ第1次世界大戦中であった。そして1918年11月11日に第1次世界大戦が幕を閉じた。

その翌年のことだが、日本人によって退位させられていた初代韓国皇帝・高宗（コジョン）が1919年1月21日に急死した。ずっと日本に抗（あらが）い続けた前皇帝の突然の急死は、「日本人による毒殺だ」という噂が朝鮮人のあいだに広く信じられ、たちまちのうちに怒りが沸騰した。実際、閔妃（ミンビ）虐殺事件の記憶がよみがえれば、それが単なる噂であるはずはなかった。

かくしてその年1919年3月1日に、歴史的な朝鮮〝**3・1独立運動**〟が起こったのは、当然といえば当然の出来事であった。崩御した高宗の葬儀の2日前にあたるこの日に、葬儀を利用

図13　1908年（明治41年）頃、父方の祖父である宮大工・廣瀬外次郎が京都に造営した今宮神社の上棟式。

して、京城や平壌（ピョンヤン）などの朝鮮人が「朝鮮独立宣言」を発表し、5月までのほぼ3ヶ月間にわたって、京城では延べ60万人が反日デモに参加したのである（図14）。植民地支配に抵抗する朝鮮人の激烈な民衆運動は、大都市から朝鮮全土のすみずみまで拡大し、3月1日から5月末までの3ヶ月間に参加者が200万人を超え

図14　1919年3月1日の首都・京城における3・1独立運動のデモの光景。

た。それが激しければ激しいほど、日本の憲兵隊による弾圧の虐殺もまた激しかった。原敬内閣は、日本から軍隊を派遣して徹底的に朝鮮人を弾圧・虐殺し、長州藩の支藩・岩国藩出身の朝鮮総督・長谷川好道の号令のもとで、朝鮮人逮捕者が5万人近くに達した。

死者　　7509人
負傷者　1万5961人
逮捕者　4万6948人、

という途方もない犠牲者を出した。これら犠牲者の数字は、『朝鮮独立運動の血史 1』（平凡社東洋文庫、1972年8月10日初版）に収録されているもので、同書は1920年12月に上海の維新社で発行され、中国文で書かれた朴殷植の原著書を、姜徳相が全訳した内容であり、朝鮮各地の被害者数が全土にわたって詳細に記録され、それを合計したものであるから、きわめて信頼性が高い（「3・1独立運動」の3月1日は、現在の韓国で〝実質的な建国記念日〟として国民の祝日となっている）。

当時の虐殺について、『日本植民地探訪』（大江志乃夫著、新潮選書）から引用する。

――3・1独立運動事件の最も非道な武力弾圧が京畿道水原郡の弾圧であった。4月15日午後、本土からの増援部隊である広島の歩兵11連隊の中尉、有田俊夫の率いる一隊が水原郡堤岩里にあらわれ、村民に諭示することがあると称して、住民三十余人を教会に集合させ、教会の扉や窓を外から閉ざして銃撃を加え、火を放った。脱出した者は射殺され、消火に駆けつけたものも殺された。教会堂内で発見された遺体は22体、教会の庭で殺された遺体が6体、これらはすべて日本軍の手で焼却された。

日清戦争開戦の直前に最初の武力行使として朝鮮王宮を占領し、国王と王妃を捕えたのも広島の部隊であった。日清戦争後の閔妃暗殺事件に出動した部隊も広島の部隊であった。3・1独立運動事件で最も残虐な武力弾圧とされる堤岩里事件もまた広島の部隊が手を下したものであった。その広島で、強制連行や徴用を含めての原爆に被爆した韓国・朝鮮人の数は3~4万人といわれる。広島が日本陸軍の唯一の軍港として最大の侵略基地であったことのあらわれであるが、朝鮮植民地支配と広島との歴史的かかわりは大きい。——

これは、アメリカ最初の原爆が投下される標的に広島が選ばれたことを考える時に、気がかりな事実である。下の写真(図15)は朝鮮「3・1独立運動」で処刑される朝鮮人である。

この時、朝鮮「3・1独立運動」を支持し、日本の植民地支配を非難したまともな日本人は、柳宗悦(やなぎむねよし)と吉野作造であった。東京に生まれた柳宗悦は、1910年に文芸誌『白樺』創刊時に同人として参加し、1913年に

図15　1919年3月1日の3・1独立運動で日本の官憲に処刑される朝鮮人。
(近現代PL/アフロ)

東京帝国大学を卒業し、アルト歌手の中島兼子と結婚、兼子は軍歌を歌うことを拒否した。柳宗悦が初めて朝鮮に旅行したのは1916年で、その時から柳は朝鮮美術に傾倒し、1919年に「3・1独立運動」が勃発すると、独立運動に共感を示して論説『朝鮮人を想ふ』を発表し、日本人の非道さを堂々と訴えた。1924年には京城（ソウル）に朝鮮民族美術館を設立し、以後、美術工芸の研究所を中心に活躍した。吉野作造は、誰もが知る大正デモクラシーの主導者であった。ところが朝鮮在住の日本人のあいだに、柳宗悦や吉野作造に共鳴する声は起こらなかった。これほどの大騒乱が起こりながら、『野々村謙三・思ひ出の記』には、「3・1独立運動」のことが一字一句も、まったく記述されていない。これほどの大騒動を知らないはずはあるまいに……

このようなところに野々村謙三の思想が示されているが、彼の信条は、彼が尊敬した母校・慶應義塾の創立者・福沢諭吉のアジア人蔑視に根源があったと思われる。『一万円札が泣いている――福澤諭吉の本性』（久慈力著、第三書館）によれば、下記が福沢諭吉の言葉である。「支那人の懦弱無気力（＝中国人は進取の気象がない）」、「支那人は無学の国民」、「支那人は儒教主義に飽満にして腐敗」、「清人（＝中国人）、徳を修めず、知をみがかず、世間知らずの高枕、なおも懲ざる無智の民、理もなきことに兵端を妄りに開く」、「朝鮮人は唯頑固の固まり」、「朝鮮人は軟弱無廉恥の国民」、「朝鮮人は頑迷倨傲（おごりたかぶる）」、「朝鮮人の無気力無定見」などとあり、中国人・朝鮮人を卑下するおそるべき文言が連ねられている。だが、これらの言葉が最もふさわしいのは、当時の日本人であった。

さらにまた、野々村謙三が慶應義塾時代の学生寮の室長が、津田信吾であり、津田はのちに鐘淵紡績の社長となって君臨し、鐘紡を新興軍需コンツェルンに育てて日本のアジア大侵略をリードした男だったことは、私の著書『日本近現代史入門』（集英社インターナショナル、集英社文庫）にくわしく記述してある。だが、『野々村謙三・思ひ出の記』で、野々村謙三は戦後にも津田信吾を讃えているのである。ここに記述している福沢諭吉批判と津田信吾批判は、私が慶應のライバルだった早稲田大学の出身であることとは、まったく無関係である。私が直接に交流してきた現在の慶應義塾大学生の反骨精神豊かな校風は讃えるべきものであり、現代の早大生と慶大生それぞれ個人の人格は、千差万別であることを断っておく。

3・1独立運動があった年の夏に朝鮮に着任した朝鮮総督・斎藤実は、「文化統治」を標榜して、それまでのような軍事色の強い統治から、民政への転換を図った。彼は朝鮮語の新聞として朝鮮日報と東亜日報の刊行を許容したり、朝鮮の民族資本の活動の幅を広げたりするなど、朝鮮の民族性に対して一定の配慮を見せた。しかし、その一方で「朝鮮を日本本土（内地）に同化」するいわゆる「一視同仁」政策が推進されることになり、憲兵による警察体制が通常の警察制度に置き換えられながら、拷問を駆使する特高や密偵などが増員され、朝鮮人社会への監視体制がむしろ強化されていったのである。

前掲の『韓国映画で学ぶ韓国の社会と歴史』に、この時代のことが以上のようにくわしく紹介されている。自分の祖先が当時の京城に住んでいた人は、同書から、次のように日本人との生活空間が分離されていた朝鮮人が、どのように困窮にあえいだかを知っておくことが大切である。

韓国併合前年の1909年に、主として日本人の教育を目的として京城中学が置かれ、1918

年には龍山(ヨンサン)中学も設置されたが、朝鮮人の入学者は特権的な階層の子弟などに限られていた。第一高等女学校などについても同様であった。朝鮮人の教育は、延禧(ヨニ)専門学校（現・延世(ヨンセ)大学校）や普成(ボソン)専門学校（現・高麗(コリョ)大学校）、梨花(イファ)女子専門学校（現・梨花女子大学）などが担っていた。1924年に京城帝国大学が設置され、予科に続いて学部が設置され、昌慶苑(チャンギョンウォン)の東側の東崇洞(トンスンドン)にキャンパスが置かれたが、ここでも朝鮮人学生は少数にとどまった、という。

1920年（大正9年）4月28日――韓国併合から10年後――朝鮮李王朝の皇太子・李垠(イウン)（り・ぎん）に、昭和天皇一族の梨本宮方子(なしもとのみやまさこ)が政略結婚を強いられて嫁いだ。この夫妻は、初子・晋(しん)をもうけたのちに、私の母の写真アルバムに登場することになる。

さてわが家の野々村家は、この時代の中で、どのように生活していたかというと、1921年10月4日、京城で写真館を開いてパイオニア的な事業に成功した初代・野々村家の朝鮮開拓者・藤助(とうすけ)が死去した。盛大な彼の葬儀の模様は『野々村謙三・思ひ出の記』に次のように描写されている。

――この時は、父・野々村藤助が経営した「**朝鮮の帝国ホテル**」と呼ばれた京城一流の高級料亭「白水(はくすい)」の全盛時代で、楼上にある100畳の大広間で通夜がおこなわれた。親類縁者のほか花柳界(かりゅうかい)の面々が大勢詰めかけて、霊前は、さながら徹夜の宴(うたげ)の如き光景を展開した。この白水に、裏千家の家元たちが訪れてお茶仲間のサークルをつくっていた。野々村藤助は西大門外の広済院の墓地に葬られた。――

この一文から、野々村家が相当に羽振りのよかったことが窺われるが、京城の料亭・白水（次頁・図16）と野々村家の邸宅はすぐそばにあった。

この時期の1920年に、野々村謙三の三男が生まれ、1921年に四女が生まれ、野々村家は男女7人の兄弟姉妹となった（次頁・図17）。

そして1923年頃、私の母・妙子が京城の小学校に入学した。それは、日本人学校の南大門小学校であった（61頁の地図・図18）。この学校の後輩が、作家の梶山季之（としゆき）と、五木寛之（いつきひろゆき）であった。

この時期に野々村謙三は、写真業界の最先端をゆく小西六系列の、一族である上田カメラ店と取引きしながら京城写真館を経営していたので、そこに内外の著名人の多くが来訪した。

母・妙子の回顧――「野々村謙三が経営する「京城写真館」は、南大門通りに面していて、まだ一般の人はカメラを持っていない時代だったので、かなりの写客があって繁盛した。入口に洋風の広い待合応接室があり、その奥が、天井の高いスタジオ（撮影室）で、20～30畳ぐらいの広さがあった。天窓があり、緞帳（どんちょう）のようなロールに背景が何本も巻いてあ

図16　写真の白い点線内が、野々村家が経営し、「朝鮮の帝国ホテル」と呼ばれていた京城一流の高級料亭「白水」で、その右上に野々村家の邸宅があった。写真の角に斜めの白線が入っているので絵ハガキかも知れない。

り、客の要望によって外国の風景であったり、桜の庭だったり、それを背景に撮影するので面白いものであった。雨の日は客も来ないので、大勢の子供がここで大騒ぎした。この写真場スタジオで、兄姉たちが今のバドミントンのようなテニスをして遊んでいたことを覚えている。」

野々村家は屋内でテニスができるような広大な家だったようだ。

写客には、日本の洋画家の先駆者である大画家の藤島武二(ふじしまたけじ)氏もいて、「朝鮮服姿で撮影後に、藤島画伯が野々村謙三のデッサン画を描いた」という。不思議な縁だが、藤島武二氏の孫・藤島昭武(あきたけ)氏が、野々村謙三の孫である小生の講演会にしばしば来場するので、この件について尋ねてみた。「藤島さんと私は、祖父の代からお互いに知己だったようです。藤島さんのお宅に、朝鮮服姿の藤島武二さんの写真が残っていれば、それは私の祖父が撮影したものだということになります」と藤島昭武氏に伝えると、「残念ながら、祖父は東京大空襲に遭ってほとんどを焼失したので、そのよ

図17　1930年の夏休み、京城旭町の自宅庭における野々村一家。

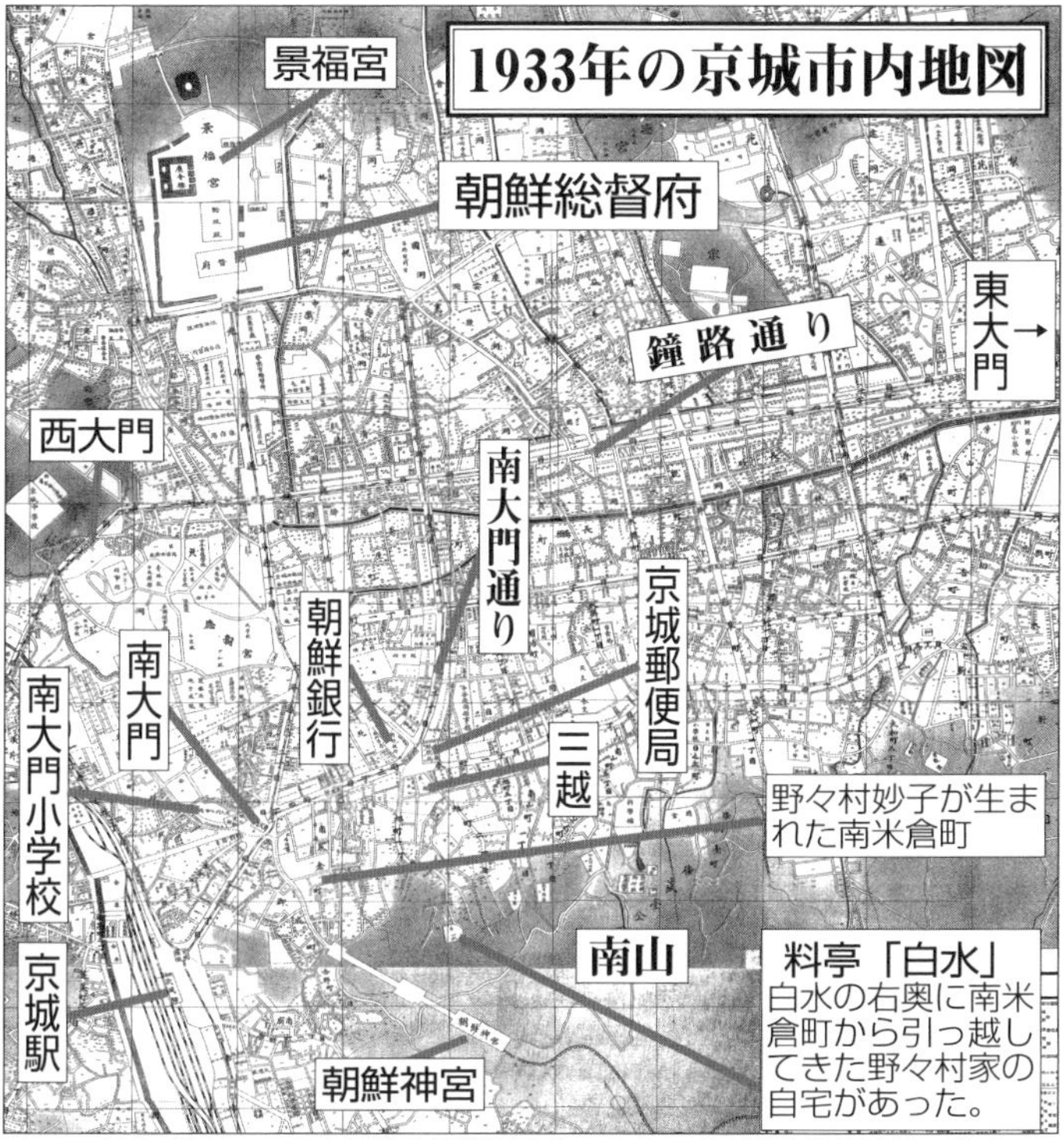

1933年の京城市内地図
景福宮
朝鮮総督府
鐘路通り
東大門→
西大門
南大門通り
京城郵便局
朝鮮銀行
南大門
南大門小学校
三越
野々村妙子が生まれた南米倉町
南山
料亭「白水」
白水の右奥に南米倉町から引っ越してきた野々村家の自宅があった。
京城駅
朝鮮神宮

図18　京城の地図──東京経済大学学術機関リポジトリ「京城精密図」を元に作成。

(朝鮮神宮)

南山
母・妙子による手書き地図と説明
南山には日本人が建てた朝鮮神宮が中腹にあり、立派な参道が市内へとつながっていた。そこから階段をおりると家があり、わが家は下から上がってくると一番奥の約400坪の山の斜面もある土地に西洋風の家を建てていた。

(現・青瓦台)

(野々村宅)

(教会)

(京城駅)

(郵便局)

(南大門小学校)

(南大門市場)

(南大門)

(朝鮮銀行)

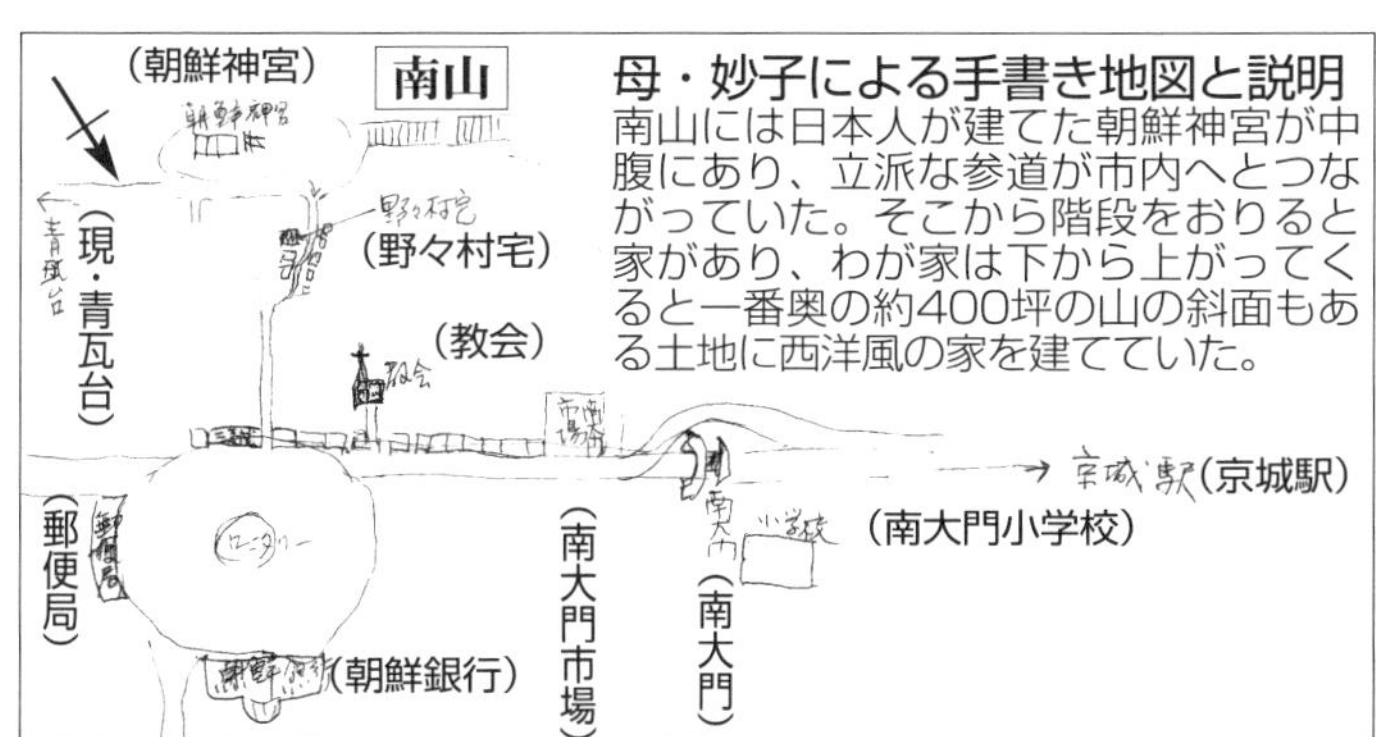

うな写真は残っていないようですが、探してみます」との返事であった。しばらくすると、「日経新聞社が1967年に発刊した画集に、祖父の朝鮮での写真がありました。1913年（大正2年）12月、京城にて、という写真が見つかりました」と、藤島昭武氏からその画集のコピー（図19）が送られてきた。

この時期に、野々村謙三は写真館のほかに、自動車を副業とするようになった。京城に初めて支店を開いた大倉財閥の日本自動車株式会社からオープンカー2台を購入して車庫を建て、京城で最初のハイヤー（送迎用の配車ビジネス）を創業したのである。当時はタクシーがない時代だったので、花柳界などの注文があって繁盛し、謙三は自動車を増やす必要に迫られ、父・野々村藤助の金融制度をまねて資金を調達して増車した。

図19　1913年、朝鮮京城で朝鮮服を着ている藤島武二画伯（写真中央）。日経新聞社が1967年に発刊した画集より（藤島昭武氏提供）。

1922年4月23日、李垠（イウン）と梨本宮方子（なしもとのみやまさこ）の朝鮮皇太子夫妻が東京を出立し、山口県の下関を発って、4月26日に朝鮮に到着した。幼い時に伊藤博文に拉致（らち）されて日本に強制留学させられた悲劇の皇太子（28頁の写真）が、里帰りしたのである。4月28日に、昌徳宮（チャンドックン）の大造殿（デジョジョン）で、朝鮮での結婚式と披露式にあたる「覲見（きんけん）の儀」がおこなわれ、祝儀の日に、梨本宮方子は、李王朝の

図20　李垠と梨本宮方子の朝鮮皇太子夫妻を、祖父・野々村謙三が記念撮影した写真。皇太子に抱かれているのが怪死直前の愛児・晋――母のアルバムより。

宮中大礼服にあたる「翟衣（ちょくい）」を着て裳を付け、頭には金かんざしで大髪を結った髷をかぶって、式場に臨んだ、という記録がある。裳とは、平安時代以来の女房の装束で、最上衣の唐衣の腰から下の後方にまとった服のことである。

3時間の式のあと記念撮影した――これを、**京城写真館を経営していた祖父・野々村謙三が撮影した**のが、母のアルバムにあった前頁の写真（図20）である。

ところが5月8日に、日本に戻るための別れの晩餐会がおこなわれた夜に、この写真で李垠皇太子に抱かれた幼い晋の容態が急変した。そして5月11日、生後9ヶ月足らずで急死したのである。死因は、公式には「急性消化不良だった」と言われて処理されたが、実際は日本人による毒殺説が濃厚であった。葬儀がおこなわれた後、5月18日に、悲しみにうちひしがれた皇太子夫妻は京城を出発し、5月30日に東京に帰着した。したがって祖父が撮影したこの写真は、皇太子の息子が〝毒殺される〟前の最後の姿として、歴史的に重要なものと思われる。

1925年7月18日、京城の南山西麓に、1912年から十余年の歳月をかけて、天照大神と明治天皇を祀った「朝鮮神社」の新たな殿舎が建てられて完成した。これが10月15日に官幣大社「朝鮮神宮」と改称され、日本の天皇制国家の象徴として存在するようになり、学校からの参拝が義務付けられ、朝鮮人に日本の神社への参拝を強要するようになったのだ（次頁・図21）。

ところが、**日本で祀られる神道の「神社」と「神宮」の起源は、古代朝鮮三国時代の一国・新羅から日本に輸入された朝鮮文化であった**のだから不思議な話だ。現代日本人の大半は、その歴史的ないわれを知らずに神社や神宮に参拝しているので、**朝鮮から渡来した神社や神宮の由来**を、

図21　(上)1925年に朝鮮神社の新殿舎が完成し、「朝鮮神宮」と改称された。
(下)朝鮮神宮に強制的に参拝させられる朝鮮人学生たち。

ここに記述しておく必要があるだろう。

日本全国にある「神社」と「神宮」を生んだ『古事記』と『日本書紀』に書かれている天皇家誕生の神話は、こうである。――天上の神々である天つ神から「日本の国土を創れ」と命ぜられた伊邪那岐命（伊弉諾尊、伊射奈芸ノ命）が日本の国を創ったところから、日本創世の物語が始まる。その建国者・伊邪那岐命の娘が、天照大神であった。天照大神は、三重県の**伊勢神宮**の内宮（皇大神宮）に祀られている日本の天皇家の先祖、つまり皇祖神である。そして、ここ朝鮮神宮で祀られた女神もまた天照大神であった。

この天照大神の弟が男神・素戔嗚尊（須佐之男命）であった。彼が、天照大神の支配する神々の天上の国・高天原で暴虐をつくしたため、太陽の神である天照大神がおそれて天の岩戸に隠れてしまったので、世の中が真っ暗闇になった。こうした暴虐行為のため、素戔嗚尊は高天原を追放され、出雲国（島根県）に渡って八岐大蛇を退治し、朝鮮の新羅に渡って船材の樹木を持ち帰り、植林を教えた――というのが日本の神話である。

島根県の出雲から出たこの素戔嗚尊を祀る神社が、地元の**出雲大社**をはじめとして日本に1万社以上あるが、その最初の神は、新羅系の朝鮮渡来人である韓鍛冶と呼ばれる鍛冶師の一団が日本にやってきて、彼らが土地を探して西出雲を開拓し、そこに祀った神だったことが明らかにされているのである。この朝鮮人の鉄工鍛冶が鉄器を作るため砂鉄を探し求めた結果、出雲に大量の砂鉄を発見して、日本伝統のたたら製鉄が生まれ、島根県の出雲地方で発展したことは、多くの人が知っているだろう。すでに40頁に述べた通り、弥生時代に朝鮮人が日本人に初めて鉄器文化を教え伝えたのだから、これは神話ではなく、史実であり、その史実が日本の神話に取り入れられたわけである。このような史実を裏付ける証拠は、以下の内容を含めて、『古代朝鮮と日本文化』（講談社学術文庫、1986年9月10日初版）などの金達寿（ダルス）の著書にくわしく立証されている。しかし金達寿が在日韓国人であることから、以上のことは「韓国人による我田引水の勝手な解釈である」と、日本の右翼や国学者から反論が出るだろう。ところが、金達寿の著書に書かれている内容は、すべて日本人の学者の記述や論考を証拠立てて引用して書かれているので、その反論は成立しないのである。

また、古代中国で漢が滅亡後の三国時代、魏・呉・蜀が鼎立した西暦220〜280年の時代に書かれた通称『魏志倭人伝』がある。正確には中国の史書『三国志』の『魏志』「東夷伝」の中の「倭人の条」のことだが、そこに出てくる倭国（日本の国）の一つ、伊都國とは、九州の博多湾の糸島水道に上陸した新羅系の渡来朝鮮人である天日槍（天之日矛）がつくった国である。この天日槍とは、個人ではなく、青銅器・鉄器文化を日本にもたらし、矛や剣を神として祀った集団で、つまり朝鮮渡来人グループであった。考古学的には、伊都國は、現在の福岡県西北部の糸島市付近にあったという説が有力である。この天日槍集団こそが、天照大神から初代天皇・神武天皇に続く天孫降臨伝説の天孫族、つまり現代に続く天皇家を生み出し、**日本に神社や神宮をもたらした集団**であることが明らかにされている。『日本書記』などの神話では、素戔嗚尊たちが〝三種の神器〟をもたらしたとある。その神器は勿論、もともと朝鮮人が祀った宝物であり、それが代々の天皇家に受け継がれ、2019年の新天皇即位の礼でも仰々しく使われたわけである。したがって、以上のような物語に登場する一連の神話の天孫族は、考古学的には朝鮮人の天日槍グループから生まれたことが明らかなのである。

朝鮮を植民地とした日本人が、朝鮮に起源を持つ朝鮮神宮を、65頁の写真のように朝鮮人に参拝するよう強要したというのは、まるで喜劇のような笑い話だったわけである。この考古学的な史実に対して、「朝鮮／韓国には、神社や神宮が存在しないのはおかしいではないか」という反論があるだろうが、朝鮮／韓国では、仏教が入ってから神社や神宮が否定されたので、日本のように神社や神宮が残ることはなく、消されてしまい、それを伝える宗教は霊感師（占い師）のような形で生き延びるようになった。これに対して日本人の信仰は異なる。八百万の神、つまり風神様・雷神様・水神様、何の神でも祀り、「神様・仏様」と言って神道と仏教を一緒に拝むメチャクチャな信仰なので、かなり多くの人はおまじないや星占いの原始宗教とさして違わない。現代日本人は正月に「神社」と「仏閣」の両方に参拝するし、神社で結婚式を挙げ、お寺で葬式をする。はっきり言えば、古来から自由気ままな宗教観で生きてきた日本人は順応性が高く、クリスマスまで祝うのだから、今や宗教的な意味の信仰心は薄いと言っても、言い過ぎではない。

　このような渡来文化について、最もよく知り尽くしているのは、実はわれわれではない。天皇家の儀礼や事務の諸事を管轄する「宮内庁」が知っているのである。神話時代の天皇家の初代・神武天皇は、『古事記』と『日本書紀』に書かれている神話なので、架空の寓話にすぎないことは、われわれ現代人の常識である。建国記念日を真面目に祝う現代日本人は、まずいないだろう。

　ところが一方、しばしば「神話ではなく、実在が確認される最古の天皇は、第16代の仁徳天皇であろう」との推論が考古学界では語られる。だが、仁徳天皇の在位が西暦313～399年、つまり86年間も在位したというから、それも神話にすぎないとすぐに分るというのに、その仁徳天皇の墓陵とされる日本最大の古墳が、大阪府堺市堺区大仙町にある大仙陵古墳（大山古墳）

なのである。そしてこれは「天皇の墓、すなわち天皇陵である」と言われながら、滑稽な話だが、実際にはそこに誰が葬られているかまったく分っていない古墳なのだ。

　また同様に、大阪府羽曳野市の誉田にある誉田御廟山古墳は、第15代の応神天皇の墓だから「応神天皇陵古墳」と呼ばれているが、いま述べた当てにならない仁徳天皇の一代前の天皇である。この応神天皇の時期は日本にようやく文字が伝来し、日本史が生まれる前の時代なので、誰の墓かということなど、皆目分るはずがない。ところがこうした応神天皇・仁徳天皇の「天皇陵古墳」を含む大阪府南部にまたがる百舌鳥・古市古墳群が、われわれの目の前で２０１９年7月6日に、ユネスコの世界遺産に登録されたのだ。そのため、考古学界が「誰が埋葬されているか分らない古墳を〝天皇陵古墳〟として登録することには問題がある」と登録名称の変更を申し出ながら、変更されずにそのまま登録されてしまったのである。吹き出すようなそんな話は、論争するまでもなく、古墳の発掘調査をすれば、誰が埋葬されているかを、すぐに確認できるではないか。

　ところが宮内庁は、これらの通称〝天皇陵古墳〟への研究者の立入りと発掘調査を厳に禁止しているのだ。なぜ考古学的な調査をさせないか、って？　それはつまり、発掘して出土するものが、間違いなく渡来した朝鮮由来のものだと分っているためで、発掘した瞬間に「日本の天皇家」なる歴史的な伝統威信がガラガラと完全に崩壊するからである。21世紀の日本は、現在も、考古学や文化人類学より、古代原始人の神話を優先する霊感師が動かす滑稽な国家なのである。そうして２０１９年に新元号〝令和〟を制定し、テレビ・新聞が大騒ぎして喜んできたのだ。

　どこぞの国の総理大臣が鼻高々に、「〝令和〟は万葉集に由来するので初めて日本の古典に基づく元号だ」と言ったらしいが、そもそも、その万葉集の原典は、岩波書店が出版した『新日本古典文学大系』の『萬葉集一』の注釈によれば、中国の詩文集『文選』に含まれた後漢の人、張衡の詩が本来の出典なので、中国、つまり外国の古典に由来しているんだぜ、おい、聞いているかい？　安倍晋三君。

なぜこんな当たり前の史実を、日本のテレビ・新聞お抱えの知識人が指摘できないのかねえ。見物人が２００万〜３００万人も集まる東京・浅草神社のお祭りが三社様とも呼ばれているのは、その総鎮守である土師直中知、檜前浜成、檜前武成の三人を祀るからである。この土師の姓が朝鮮百済系の人々が称した姓であることはよく知られる通り、これら三社の神はいずれも古代朝鮮から渡来した神様である。そこに祀られている神様が朝鮮のものだと知らずに集まる日本人観光客は、大変に面白い民族だと思う。ここ浅草では、ブラジルのサンバ・カーニヴァルもおこなわれて、大勢の観光客が集まることを考えると、三社様もサンバも、日本人にとっては同じなのか？　はて、神社とは何だろう。

こうして京城に朝鮮神宮が創建された時代の１９２５年頃、大倉財閥から知恵をもらった野々村謙三の自動車事業が軌道に乗ったので、彼は18年間続けてきた京城写真館を廃業して、南大門通りの自宅から、旭町1丁目に新築の家を建てて、野々村家がそこに引っ越した。

母・妙子の回顧――「道路拡張のため家がこわされるので、祖父の中林船長よりもらった４００坪の山の手の土地に西洋館の80坪の家を建てた。南山には、日本人が建てたかなり立派な朝鮮神宮が中腹にあり、立派な参道が市内へつながっていたが、私が１９８０年ごろに訪れた時には、一帯の様子がすっかり変っていた（61頁の図18の地図参照）。

そこから段々を下りると野々村家があり、下から上ってくると一番上の奥、約400坪の土地が山の斜面にあって、そこに野々村家の西洋風の家が建てられた。当時としては珍しい水洗便所、セントラル・ヒーティング付きの80坪位の家だった。酒もたばこも飲まず、教会へ行くクリスチャンで、絵に描いたような紳士だったのが、父・野々村謙三である。そのため野々村家は近所から浮き上がって、酒飲みの客人など寄りつかなかったが、7人の子供との大所帯でいつも賑やかだった。」

朝鮮人が貧困に苦しんでいたこの時代に、セントラル・ヒーティング付きの80坪の家に住んでいた野々村家は、どうしてそれほど豊かな天上の生活を送っていたのだろうか。こうした祖父の財産についての疑問を母に尋ねると、母は怒り出すので、どうしてもそれ以上のくわしいことは聞き出せなかった。母は、自分の父を尊敬していたようなので、私が抱く疑念をまったく受け付けず、私がこの時代の野々村家の悪口などひと言でも言おうものなら、大変な剣幕で喧嘩になったものである。この母は戦後に、外国人に対して日本語を教える教師となり、アメリカのGHQ占領軍がおこなった赤狩り政策やベトナム戦争の非道さに怒り、植民地主義を嫌うという点で、私から見てかなり進歩的で、まともな人間であったのに。

かくして、南大門通りの朝鮮銀行広場に面した長谷川町の一角に、野々村謙三が「京城タクシー」の営業所を開設した。彼はタクシーとハイヤーのほか、京城遊覧バスを創始し、「朝鮮と満州で最初の観光バス」を走らせ、ガイドには、日本人学校を卒業した朝鮮少女を案内説明役に仕込んで、流暢（りゅうちょう）な日本語と、瀟洒（しょうしゃ）な朝鮮服で、南山の朝鮮神宮や3つの王宮などの名勝地を新造のバスで案内させたという。朝鮮神宮を参拝させる観光バスだから、私から見れば朝鮮総督府の手先となった巧みな事業である。つまり日本の植民地統治というのは、朝鮮総督府と軍人と憲兵たちが武力を振るう恐怖政治だけでなく、民間の富裕な日本人のこうした財力によって支えられた事業であったことが、京城一の裕福さを誇ったわが家の祖先の生活から窺い知ることができる。

こうして祖父の事業は、写真館を廃業して自動車業に転業した結果、京城の観光客に喜ばれて大繁盛した。

母・妙子の回顧――「そのころ日本の内地では、東北などの農家から口減らしのため大勢の女の子が都会へ女中さんとして働きに来て、普通の家にも女中さんが一人いるような時代だった。野々村家の女中さんはその頃、日本人ではなく大抵朝鮮人で、若い人も含めて「オモニ」と呼ばれる女の人がいつも2人以上いて、一日中働いてくれた。初めは日本語が分らないが、すぐ覚えてくれるので、私たちが朝鮮語を覚える機会を失ったことを、今でも残念だったと思う。また、忠実な初老の朝鮮人のおじさんが、いわゆる下男のようにして、よくお使いに行ったり、外回りの仕事など何でも引き受けて働いてくれた。

京城市の人口は約20万位だったようで、市の水道、下水、ガスも完備して、結構文化的な生活ができた。また治安もよく、夜遅く十時頃一人で女の子が歩いても全然不安はなかった。これは日本人の警察が厳しくて、特に朝鮮人に対して弾圧していたからでしょう。

住居・職業も、大半は日本人と日本の機関が占め、朝鮮の人は北の方の区域＝鍾路（チョンノ）方面に追いやられて暮らしていたようだった。教育機関は、小学校も中学校も、京城帝国大学も完備した町となった。大学には、東京の東大や、京都の京大など立派な先生方が来られた。」

同時期に、貧しい広瀬三郎が１９２５年頃、石川県の金沢から東京に出て、仕事をはじめたとされる。が、１９２５年であればまだ10歳の小学生ぐらいなので、この年代は不確かである。いずれにしても父はかなり若くして東京に出ると、銀座近くの建築事務所につとめて、本格的に建築の設計を学びはじめたようである。

韓国併合から16年後の１９２６年1月6日に、それまで南山(ナムサン)中腹の倭城台(わじょうだい)にあった朝鮮総督府に代って、首都の朝鮮王朝の王宮・景福宮（キョンボックン）の正門・光化門(こうかもん)（カンファムン）を撤去して、景福宮の勤政殿（クンジョンジョン）の目の前をふさぐように、5階建ての巨大な日本の朝鮮総督府の新庁舎が竣工したのである（61頁・図18の地図の最上部）。

光化門広場は、現在の韓国の首都ソウルで、最大の観光地である。

足掛け10年の歳月と総工費６４０万円という巨費が投じられて建設されたこの建物は、１９４５年に日本の敗戦後も、韓国の国立中央博物館として利用されてきた。ソウル・オリンピックの翌年、１９８９年頃に、私が初めて韓国を訪れた時には、この建物が昔のまま残っていたので、内部に入った瞬間、総督府のあまりの立派さ、巨大さに驚いた。しかし、この〝日本人の悪事を象徴する総督府〟を残すか、それとも韓国／朝鮮人の国辱(こくじょく)として解体すべきかが韓国民のあいだで議論された結果、金泳三(キムヨンサム)大統領時代の１９９５年8月15日（日本降伏から半世紀後、光復節50周年記念日）に解体が始まり、撤去されて、完全に取り壊されたのである。

それにしても、朝鮮王宮の前に、日本の植民地統治の象徴となる巨大建造物を建てて、75頁の図22の写真（上）のように王宮を見えなくした日本人の神経は、異常としか言いようがない。何という傲慢さであろうか。1945年に日本占領に乗りこんできたアメリカのGHQの軍隊でさえ、皇居の前にそれをふさぐように巨大なアメリカのビルを建てるという無礼なことはしなかった。また、そのように巨大な朝鮮総督府の建造作業を黙って見ていた京城在住の民間の日本人民衆の神経も、現代のわれわれから見ると異常としか言いようがないが、当時の朝鮮にいた日本人は、無神経にも「日本人が朝鮮人を統治することは当たり前」と思って生きていたのである。

新しい朝鮮総督府の竣工から2年後の1928年当時、朝鮮に在留する日本人は50万人、朝鮮民族2400万人という比率であった。この少人数の日本人が、50倍近い数の〝怒れる朝鮮人〟を支配するには、よほどの武力弾圧がなければならなかったはずだ。

このような日本人に対する怒りは、3・1独立運動から10年後に再び爆発することになった。1929年11月から、朝鮮南西部の光州(クァンジュ)で、朝鮮人学生と日本人学生の乱闘事件が起こり、日本の官憲が朝鮮人学生を弾圧したため、全土で朝鮮人の学生と知識人が憤激して、194の朝鮮人学校の学生が参加する大々的なデモ行進がおこなわれた。首都・京城では、日本軍と警察隊が出動して朝鮮人の鎮圧に乗り出し、全土で流血の騒乱に至り、この「光州抗日学生運動事件」は4ヶ月後の1930年2月まで続き、1919年の「3・1独立運動」に次ぐ大事件となった。

その1930年、野々村家の三女・野々村妙子が、日本に上京して自由学園に入学した。

母・妙子の回顧――「まだ何も分らない小学6年生の終りになって、親が私を東京の自由学園に入れると決めて、2月ごろ上京した。父母は婦人之友社のものをよく読んでいて、羽仁(はに)もと子先生の新しい教育に娘を託そうと、その前年に姉を入学させ、三女の私も入れた。」

図22　首都の朝鮮王宮・景福宮をふさぐように1926年1月6日に竣工した日本の朝鮮総督府の新庁舎。500年続いた朝鮮の李王朝を消滅させ、王宮の前に巨大な総督府を建て、「朝鮮総督は日本の陸海軍大将とし、朝鮮における行政権と軍令権を持つ」としたのである。——下は祖父・野々村謙三が撮影した写真。

彼女たち野々村家の姉妹は、京城から鉄道で釜山に出て、関釜(かんぷ)連絡船で山口県の下関に渡り、そこから東京の自由学園の寄宿舎に住んで、日々を送るようになった。したがって日本に通う野々村家の娘たちは、大半の時間を日本で過ごしたため、朝鮮の日本人が朝鮮人に対しておこなっていた蛮行を、あまり知らずに大人になっていったと考えられる。

この時代の１９３１年9月18日、日本軍部が暴走して〝満州事変〟が起こり、ついに満州への大々的な軍事侵略支配が始まった。またそれと共に、大日本帝国は、新しく生み出した傀儡(かいらい)国家・満州国の経済を支えるため、朝鮮からの侵略作業を露骨におこなうようになった。一方、『「満州」に渡った朝鮮人たち――写真でたどる記憶と痕跡』（世織書房）という写真集によれば、この時期から非常に多くの朝鮮人が、中国国境を越えて満州に渡るようになり、１９４５年の日本敗戦時までに満州の朝鮮人は２００万人以上に達していたことが、最近の研究で分ってきたという。

ここに至るまで日本本土（内地）では、米不足が深刻化し、１９１８年（大正7年）に米騒動が起こり、この大正米騒動で、民衆30人以上が死亡した。検挙者2万５０００人以上、うち８２５３人が刑事処分を受け、騒擾(そうじょう)罪で1万人近い７７８６人が起訴され、一審判決で死刑２人、無期懲役12人を数えた。この騒動によって、１９１８年9月29日に寺内正毅首相（日韓併合をおこなった初代朝鮮総督）は責任をとって辞任に追いこまれた。

米騒動の真因は、米価ひとつの問題ではなく、明治維新を主導した日本の強欲な指導者たちが、身内の人間だけが肥えるように産業と工場を導いたことにあった。なかでも三井、三菱、住友、安田の４大財閥は、１９４５年の敗戦に至るまでに、日本の全産業を支配するまでに独占率を高めた（集英社文庫『日本近現代史入門』）。

　こうした日本内地の余波を受けた朝鮮では、内地への米の移出を増大しようと「産米増殖」が推進され、1920年から1932年までに朝鮮米の生産高が1・2倍に増えたが、日本への米の移出が2・5倍になったので、朝鮮人が食べられる米の消費量は半減した。その結果、朝鮮の農民の多くを占める小作人や小さな自作農が没落し、農地を失って追いつめられた農民は、流民となって、都市部周辺でスラムに居住して生き延びなければならない運命に落とされた。

　そして、なんとか渡航費を工面して日本に渡るか、あるいは北方の中国国境を流れる大河・豆満江（とうまんこう）や鴨緑江（おうりょくこう）を越えて中国東北部（満州）に流浪する道を選ぶしかなかったのだ。こうして土地を失った朝鮮農民が、おおぜい職を求めて日本内地に渡航した。この〝第2の在日朝鮮人急増期〟の1923年に関東大震災が起こり、地震パニックに乗じて朝鮮人虐殺事件が引き起こされたのである。

第4章　野々村家が自動車業に進出して隆盛を誇る

満州事変翌年の1932年、野々村家の長女が結婚式を挙げ、翌1933年、満州の奉天で謙三の初孫が生まれた。この一家が「日本で最も愛される洋館」を建てたアメリカ人建築家ウィリアム・ヴォーリズの右腕の一族となった。

　この1933年に、野々村謙三が、前年に大阪に本社を開設した日本ゼネラル・モーターズ

（GM）と朝鮮での販売代理店契約を結んで隆盛し、「高級タクシー・高級ハイヤー」の看板を掲げて、「京城自動車交通株式会社」を設立して大規模な自動車の販売に着手したのである。この野々村家の自動車会社は、「朝鮮にいた当時の日本人一般市民が朝鮮侵略に加担していたことを示す日本の代表的企業」として、写真付きで書籍に紹介されているが、それと同じものが、母のアルバムにあった下の写真（図23）である。

さらに謙三は長谷川町に京城で初めての第1号ビル「京城ビルディング」を建設して社長となり、GM（ゼネラル・モーターズ）の高級車を販売し、このビルの空き室を日本航空、大阪毎日新聞支局、三機工業などの支店に貸与したというから、相当な収益があっただろう。「野々村謙三は自動車100台を所有していた」と、私の母が語っていたが、それがこの時代と思われる。続いて京城モータース株式会社を設立して、大衆車の販売に注力し、自動車販売の独占企業フォード自動車としのぎを削る激しい販売競争をおこなったという。

図23　1933年、祖父・野々村謙三が設立した京城自動車交通株式会社——母のアルバムより。

この年、1933年、野々村謙三は京城商工会議所議員にトップ当選して、ついに朝鮮で屈指の富豪に登りつめ、交通部の委員に選任された。同時に北の国境を越えて、1931年の満州事変後の満州視察旅行に参加し、「満州資源に対する認識を深めた」と、書き残している。これはまさに野々村謙三が、自分がアジア侵略者であることに無頓着な心情吐露である。京城商工会議所の議員仲間と共に上海（シャンハイ）・蘇州（スーチョウ）（そしゅう）・青島（チンタオ）を視察し、台湾も視察して、「日本の海外進出のめざましい発展を実地に見た」と、野々村謙三が大日本帝国の侵略支配を誇らしく回顧しているのだ。それでいて、戦後に「日本軍部の横暴政策のために、これらの領域をむざむざ失ったことは返す返すも残念なことである」と、自分たちが京城でおこなっていた植民地支配（朝鮮侵略）を、あたかも他人事のように語っているのは、一体どのような神経なのであろうか。私は、自分の祖父をまったく理解できない。

この辺りで、私が今初めて気づいた、**野々村家の後ろ楯になっていた朝鮮支配者の日本人が大倉財閥であった**という大胆な推理を述べてもよいだろう。口述筆記で書き残された『野々村謙三・思ひ出の記』には、その事実がまったく書かれていないが、大倉財閥の動きから、朝鮮における野々村家の成功のすべてを説明できそうである。1868年に明治維新を成し遂げた「戊辰（ぼしん）戦争」で、薩摩・長州の官軍に武器を売り込んで巨財を成した大倉喜八郎（きはちろう）が背後にいたなら、朝鮮における野々村家の隆盛は至極当然のことだからである。

つまり本書第1章の冒頭に述べた通り、日本が1876年に江華島条約を締結して、朝鮮の貿易港・釜山（プサン）を開港させた時、〝維新の三傑〟大久保利通（としみち）の頼みで釜山に乗りこんで日朝貿易の先駆者となったのが、のちに財閥となる大倉喜八郎であった。彼は、翌1877年の西南戦争で陸軍用の糧食・衣服・武器弾薬など軍需品一切の輸送に従事し、この時に朝鮮で食料難が起こると、再び大久保利通の頼みで釜山に米を輸送し、１８８７年には渋沢栄一と共に土木建築業の日本土木会社を創設した（これが後に大倉土木組となり、戦後に現在の大成建設となった）。

　１８９４年に日清戦争が勃発すると、大倉喜八郎は、伊藤博文、渋沢栄一、目賀田種太郎たち、朝鮮の植民地支配者集団の中軸として大活躍した。その頃、総督級の船長だった私の曾祖父・中林思孝が、〝米の群山〟に多数の土地を購入して絶大な権力を握ると、この時代から、近くで広大な大倉農場を創設した大倉喜八郎に力を貸し、そして１９０１年には、渋沢栄一と組んだ大倉喜八郎が、〝朝鮮の首都・京城と、貿易港・釜山間を結ぶ幹線鉄道〟の京釜鉄道会社を設立したのだ。以来、１９０４年からの日露戦争でも軍の御用達商人として活躍し、中林思孝と共に京釜鉄道を開通させた大倉喜八郎は、日露戦争後の１９０８年には、**日本全国で第5位の資産を誇る大倉財閥の大富豪**になり上がった。この大倉財閥と手を組んで、朝鮮経済を掌握した中林思孝の娘と結婚したのが、私の祖父・野々村謙三であったから、大倉財閥の日本自動車株式会社から知恵をつけられてオープンカー2台を購入した時から、野々村謙三の事業は、写真館経営から、自動車事業へと大きく転換したわけである。１９２５年以後に京城タクシーを創

図24　1934年の京城にあった西大門刑務所。

始し、1933年には京城自動車交通株式会社を設立した野々村謙三が、自動車販売に着手し、京城商工会議所議員にトップ当選するまでに巨万の富を得たことになる。その間、1926年に朝鮮総督府の新庁舎を建設したのが、大倉財閥であった（75頁）。

大倉財閥を知らない若い現代人でも、その長男・大倉喜七郎（きしちろう）が帝国ホテルの会長で、ホテルオークラの建設者であったと言えば、その威光が分るであろう。つまり、私の祖父の記録には直接その名が出てこないが、「野々村家の一流料亭・白水」の成功、写真館の成功、朝鮮総督との信頼関係、自動車販売で巨富を得た経過を見てくると、一貫して、背後に大倉財閥がいたことは間違いない。この推理は、のちに野々村謙三が大久保利通邸に住むことでも明らかになる。

当時、1934年の京城にあった西大門（ソデムン）刑務所には、朝鮮総督府によって多数の**無実の朝鮮人**が投獄され、拷問を受けていた。この刑務所は、日本の植民地統治時代の韓国ドラマにしばしば登場するので、前頁の写真（図24）を見ると、胸が痛む。

その1934年、野々村謙三・孝子夫妻が豪華な朝鮮ホテル（図25）で銀婚式の宴を開いた。

図25　祖父母が銀婚式の宴を開いた豪華な朝鮮ホテル——母のアルバムより。

第5章　朝鮮人の強制連行がスタートした

1936年8月5日に、7代目朝鮮総督に南次郎が就任して、総督就任後に朝鮮人の強制連行にとりかかった。南次郎は真珠湾攻撃翌年の1942年5月29日までほぼ6年間、総督をつとめ、戦後の**東京裁判でA級戦犯として終身刑の判決を受けた男である**。彼は大分県士族の息子で、9年前の1927年から参謀本部№2の参謀次長となり、1929年に朝鮮軍司令官、続いて1931年4月から陸軍大臣になった。その年8月4日に南次郎が訓辞を公表して、「満州における軍事行動」の可能性を示唆し、自ら挑発する形で、同年9月18日の軍部の暴走・満州事変が勃発したのである。事変後も、南陸軍大臣は「懸案の満蒙（満州と蒙古の）特殊権益確保のために、政府は一大決心をなすべき時が来た」と主張して、関東軍の暴走を支援し、1933年から1935年にかけて関東軍司令官をつとめた。その後、1934年末から関東長官となって、関東軍№1の総司令官を兼任した。そうして1936年に、朝鮮総督府がこの南次郎を総督に迎えたのだから、軍部の目的は、はっきりしていた。満州と日本内地における膨大な労働力確保のために、朝鮮人をフルに動員しようという魂胆であったのだ。

朝鮮人を日本に連れていって働かせる〝強制連行〟は次のようにして始まった。1939年7月4日に平沼騏一郎内閣が「労務動員実施計画綱領」を閣議決定し、重筋力労働を必要とする内地（日本本土）の石炭……鉱山……道路やトンネル建設の土建業などの重要基幹産業部門に〝朝鮮人の労働者を移入する〟と決定し、朝鮮人を金鉱山などで重労働に駆り出そうという計画を打ち出した。

　この平沼騏一郎内閣の〝朝鮮人労働者移入〟計画を受けて、朝鮮総督の南次郎と、部下の警視総監出身の朝鮮総督府政務総監・大野緑一郎が、「朝鮮人労務者募集並渡航取扱要綱」を定めた。そして1939年9月1日に大野が朝鮮国内の各道の知事に対してこれを通達し、また総督府警務局長が各道の警察部長に通達、朝鮮総督府（図26）配下の警察力を動員して、おそるべき日本への〝強制連行〟が開始されることになったのである。

　しかし次頁の写真（図27）は、その2年前の1937年に朝鮮南西部、光州市がある全羅南道の金鉱山で酷使される朝鮮人の姿であり、朝鮮国内では、すでに以前から強制的な奴隷労働がおこなわれていたのである。

　翌1938年には、日本内地に居住する朝鮮人の人口も80万人台に達していたので、相当数の在日朝鮮人が日本の本国でも働かされていたはずである。

　こうして日本の敗戦までに、70万人を超える朝鮮人が

図26　日本の植民地統治時代の京城（ソウル）市街地の光景。写真後方に白く見える朝鮮総督府の巨大な建物が威圧している。

強制連行（徴用）されて釜山港から日本に連れ去られ、中国人もおよそ4万人が強制連行されたのである。

このような朝鮮人労働力の日本への動員が、組織的に計画されはじめたのは、前述の通り1939年以後なので、それ以降の強制連行の実態をくわしく記述している『日本植民地探訪』（大江志乃夫著、新潮選書）から引用すると、要旨は以下の通りである。

――最初1939年時点での朝鮮人労働力の内地への動員「計画」人数は8万5000人とされていた。「昭和15年度労務動員実施計画綱領」（1940年7月13日閣議決定）の労務動員計画は非常に精密で、「朝鮮に於ける一般労務者新規需要数」の概要では、朝鮮に於ける需要増加数が計14万7900人、補充要員数が計13万200人、内地移住数は男のみ8万8800人、樺太移住数も男のみ8500人、満州開拓民が計3万人で、**合計40万5400人**となっていた。

これら労務者の供給源は、男の場合「農村からの供出可能者」25万人・「農村以外からの供出可

図27　1937年に朝鮮の全羅南道の金鉱山で日本軍人に監視されながら酷使される朝鮮人労働者（AFP＝時事）。

能者」５万６６００人・「新規学校卒業者」４万２１００人・「物資動員関係等離職者」７２００人であったから、「農村からの供出可能者」が圧倒的に多い。女の場合「女子無業者」５万４９００人・「新規学校卒業者」１万４６００人で、「無業者」が圧倒的である。つまり朝鮮人労働力の主要な供給源は、男の場合農村労働力の「供出」であり、女の場合「無業者」の動員であった。ここに公然と**人間をモノ扱いする「供出」**というおそるべき言葉が使われ、その表現が「調達」ではないことに、労務動員のおそるべき強制的性格が表現されていた。――

以上は、計画された人数だが、実際に達成された実績人数は、『朝鮮人強制連行の記録』（朴慶植（パクキョンシク）著、未來社）では、１９３９～１９４５年の動員実績として「計72万４７８７人」としている。他方、日本人が調査して記述した『太平洋戦争下の労働者状態』（法政大学大原社会問題研究所編、東洋経済新報社）では１９３９～１９４５年の動員実績として「計82万２１１１人」としている。どちらが正確であるかは判定しがたいが、「供出」と「徴用（ちょうよう）」によ

図28　1939年から組織的に開始された強制連行によって、日本で重労働の鉱石運搬をさせられている朝鮮人。

る動員連行労務者数は、両者の中間をとると、ほぼ77万人程度であったと見られ、１００万人近いのだから、すさまじい人数であった（**北朝鮮による日本人拉致被害者の「数万倍」**である）。

強制連行（前頁・図28）の実態は、日本人の労務係が深夜や早暁に突如、男子のいる家の寝込みを襲い、あるいは田畑で働いている最中に、トラックを回して何気なくそれに乗せ、それら拉致（らち）被害者の集団を編成して、北海道や樺太・九州の炭坑などに送りこむという乱暴狼藉（ろうぜき）であった。

同時に朝鮮総督・南次郎は、神社参拝と、朝鮮人を日本式の名に変える創氏改名によって、昭和天皇の前にひれ伏す〝臣民〟にするという皇民化政策を強力に打ち出した。その時、朝鮮人のキリスト教徒が神社参拝の強要に激怒したため、キリスト教会は厳しい弾圧を受けた。

日本国内の在日朝鮮人は、１９１０年の日韓併合の時期に１０００人にも満たなかったが、こうして１９４１年の真珠湾攻撃による日米開戦直前には１００万人を突破し、日本の無条件降伏・敗戦時には２３６万人を数えることになったのだ。

戦時体制が長期化し、しかも日米開戦によって内地の日本人を戦場の兵力に駆り出す人数が激増していくと、日本の労働力不足はますます深刻になり、それを朝鮮人によって補うために植民地労働力の動員が図られたのである。こうした朝鮮国内での農民層の離農と流民化は、すでに１９２０年代には顕著になり始め、１９３０年代まで毎年数万名の朝鮮人が日本へ渡航することになり、１９３８年の段階で内地在住朝鮮人が80万人に達していたのはそのためである。

１９３９年からは、前述のように「募集」という形をとって内地への朝鮮人労働者の組織的送りこみが始まった。１９３９〜１９４１年に67万人（うち強制連行18万人）へと増え、朝鮮人の内地渡航者数は一気にそれまでの数倍にまで跳ね上がった。その後、「官斡旋（あっせん）」、そして戦争末期には「徴用（ちょうよう）」というかたちでの労働力の強制動員が続き、１９４５年5月には日本内地の朝鮮人は２１０万人にまで達した。

その多くは、戦時のエネルギー資源を確保するため、炭鉱に投入され、その他の鉱山や奥地の土木工事などで、過酷な奴隷労働を強いられた。そして、給与は「貯金」を強制されてしまい、日本の敗戦でその貯金が受け取れないまま、ただ働きになったケースが膨大な数にのぼった。

さらに日本軍は、１９３２年の上海事変以降、兵士の性欲を満たすための「慰安所」を設置し、軍が「特殊慰安婦」の徴集や運営に深く関与していた。この事実は、公表されている日本側の史料に見られる。そこに朝鮮人女性がいたことと、その多くが強制・甘言・拉致によるものであったことは数々の資料や証言により知られている。ところが大阪府知事・橋下徹（はしもととおる）が「従軍慰安婦を強制連行した証拠はない」という暴言を吐き、東京都知事・石原慎太郎が「従軍慰安婦は、貧しい時代には売春は利益のある商売だったから、いやいやじゃなしに選んだのだ」と言って、被害女性を売春婦呼ばわりしてきたのが、近年の恥ずべき日本なのである。

従軍慰安婦の歴史的事実は、１９９１年8月14日に高齢の韓国人女性・金学順（キム・ハクスン）さんが韓国で記者会見をおこない、「私は戦時中に日本軍によって慰安婦として強制連行され、輪姦（りんかん）された」ということを、涙ながらに証言して、明らかになった。しかしこの様子は、日本ではまったく報道されなかった。

その後、１９９１年12月6日に、彼女たち35人が日本政府に対する補償請求訴訟を起こし、初めて日本でも報道されるようになった。翌年１９９２年1月11日になって朝日新聞が一面トップで、「中央大学の吉見義明教授が防衛庁防衛研究所図書館にあった資料に、日本軍が慰安婦の徴募をおこない、慰安婦の設置・管理に直接関与していたことを示す証拠を発見した」と報道して全貌が明るみに出された。1941年の太平洋戦争以後は、主に朝鮮人女性を挺身隊の名で強制連行し、その数8万～20万人だったとされるのだ（『従軍慰安婦』吉見義明著、岩波新書）。

橋下徹や石原慎太郎は何も調べずに、「従軍慰安婦は、本人の意志で売春をした」と暴言を吐き、日本人として、恥の上塗りをする極悪人である。「陸支密大日記」に閉じ込まれていた「軍慰安所従業婦等募集に関する件」（昭和13年（1938年）3月4日、陸軍省兵務局兵務課起案、北支那方面軍及び中支那派遣軍参謀長宛）は、日本軍の関与を次のように記述している。

――「内地においてこれの従業婦等を募集するに当り、ことさらに軍部諒解などの名儀を利用し、ために軍の威信を傷つけかつ一般民の誤解を招くおそれある」から「憲兵および警察当局との連繋を密にし軍の威信保持上ならびに社会問題上遺漏なきよう配慮相成たく」と。

これでも、日本軍の関与はなかったと言い張る人間がいる。

こうした数々の事実が明らかにされて、前記の朝日新聞の一面トップ報道があった1992年1月11日には、宮沢喜一内閣官房長官・加藤紘一が日本軍の関与を認めて謝罪の談話を発表し、1月17日には、総理大臣・宮沢喜一が韓国の盧泰愚大統領に公式謝罪した。1993年8月4日には、宮沢喜一内閣が第2次調査結果を発表し、官房長官・河野洋平が「日本軍と官憲が関与した」ことと「慰安所における強制と悲惨さ」を認める談話を発表したのである。

かくして韓国だけでなく、北朝鮮、フィリピン、中国、台湾、インドネシア、オランダ各国の慰安婦被害者が謝罪と補償を求めて提訴するまでになった。というのは、これらの事実が、アメリカの公式記録（The US National Archives や Imperial War Museum）に慰安婦の写真付きで展示され、国際的な新聞インターナショナル・ヘラルド・トリビューンに掲載され、全世界が知ったからである。

知らないのは、日本の国民だけだ。従軍慰安婦が、売春だって？ 12歳、14歳のような少女まで、日本の軍人たちが輪姦（りんかん）した、それが従軍「慰安婦」と呼ばれた女性たちの悲劇であった。考えたくもないが、われわれの祖父・親の世代が二等兵に至るまでそれをやっていた。そのため戦後に、当事者の誰もが恥ずかしいので口をつぐんで、日本の報道界が沈黙を保ってきただけである。

また最終的に、戦地において日本人軍属として戦闘のなかで死んだり、志願兵となってＢ・Ｃ級戦犯として処断された韓国人／朝鮮人も少なくなかった。映画『壁あつき部屋』（監督・小林正樹、脚本・安部公房、松竹、１９５６年）は、敗戦後の１９５１年9月8日、日本の独立を認めるサンフランシスコ講和条約が締結された前後の時代に、東京巣鴨の戦犯収容所（スガモプリズン）に拘禁されていたＢ・Ｃ級戦犯（ＰＯＷ――Prisoner of War）をテーマにした映画である。日本軍は、多くの朝鮮人を軍属として徴用し、彼らの多くを俘虜（ふりょ）収容所の看守として、捕虜を虐待する業務に使った。そのため日本の敗戦後、多くの朝鮮人軍属が、俘虜を虐待したＢ・Ｃ戦犯として処刑され、あるいは無期懲役刑などの重刑に処せられたのである。

ところが一方、１９５２年4月28日、サンフランシスコ講和条約発効によって日本が独立すると、彼ら在日朝鮮人／韓国人は日本政府によって、日本国籍を一方的に剥奪されてしまった。その結果、講和条約発効後に施行された「戦傷病者・戦没者遺族等援護法」の適用について、彼らは「日本人ではない」からとして援助対象者から排除されたのだ。読者は、このダブルスタンダードの意味がお分りだろうか。当時、巣鴨プリズンには朝鮮人と台湾人もB・C級戦犯として収容されていたが、講和条約第11条は、「日本国で拘禁されている日本国民に、これらの法廷が科した刑を執行するものとする」としていた。そこで同年１９５２年6月、彼らは、「自分たちは講和条約発効と同時に日本国籍を失ったのだから、日本国民ではない。したがって身体の拘束を続けられる法的根拠がない」として人身保護法に基づく当然の釈放請求の申し立てをした。

　この問題にくわしい内田雅敏弁護士によれば、この申し立てを審理した日本の最高裁は、同年１９５２年7月30日、「戦犯者として刑が科せられた当時日本国民であり、かつ、その後、引き続き平和条約直前まで、日本国民として拘禁されていた者に対しては、日本国は平和条約第11条により刑の執行の義務を負い、平和条約発効後における国籍の喪失または変更は右義務に影響を及ぼさない」として、彼らの請求を棄却したのだ。えっ？　彼ら在日朝鮮人／韓国人を「日本軍の戦争犯罪者だった」として処罰・処刑しておきながら、援護法を適用する段になると「国籍を失ったから日本人ではない」と断ずる最高裁は、類を見ない卑劣な人間だと思わないだろうか。戦後70年以上を経過した今日においても、この日本の裁判所の二枚舌は、まったく変らず、朝鮮人の戦死者や傷痍軍人は軍人恩給の対象にもなっていない。大島渚監督が制作したドキュメント記録映画『忘れられた皇軍』には、元日本軍の在日韓国人で、手足を失ったり、失明したりした傷痍軍人が、日本政府からどれほど冷淡な扱いを受けてきたかが描かれているではないか。同じ問題は、ほかにも見られる。朝鮮人など日本植民地出身の戦死者は、現在もなお靖國神社で「護国の英霊」として、創氏改名の日本名で、東條英機らの重大戦争犯罪者と共に合祀されているのだ！　遺族から激しい抗議を受けた靖國神社は、「日本人として戦って亡くなられたから」

と言うが、援護法では「日本人でないから適用されません」と言い逃れるのだから、日本という国家は自分たちが犯した戦争犯罪について、まったく理不尽きわまりないことを平然と語り、それをテレビと新聞の報道界が黙認する。あなたたちは、それでもジャーナリストなのか？

前掲書『韓国映画で学ぶ韓国の社会と歴史』によれば、これすなわち、日本による朝鮮植民地支配は、「内鮮一体」、「一視同仁（いっしどうじん）」、「皇民化」を標榜しながら、「内＝日本」と「鮮＝朝鮮」は一体ではなく、朝鮮人は「皇民」どころか「国民」でもない扱いであった。いわば、「一体」を看板として掲げた分離・分割政策であった。そして、それが日中戦争からの戦時体制に移行する過程で、朝鮮人に「志願」や「募集」というかたちで「自発」を強要しつつ、「日本の戦争」への加担を強いていたのである。この植民地時代における朝鮮では、鉄道が敷設されたことなどの「近代化」と「進歩」、「発展」を讃美する櫻井よしこのような日本人が現在もかなりいるが、日本の植民地統治時代における朝鮮の進歩がどれほどのものだったとしても、明治時代の朝鮮侵略以来、朝鮮人自らがそれをおこなう機会を日本人が奪ってしまい、日本人が朝鮮の土地を収奪して、鉱工業資産の90パーセント以上を日本人が所有した上で、日本人が勝手にそれを成し遂げたのであるから、そうした評価はまったく見当違いのデタラメも甚だしい。アホな韓国人によって書かれた最近の書籍で、そうした日本の植民地統治を讃美する『反日種族主義』（邦訳・文藝春秋）が韓国と日本でベストセラーになったが、その中身を読めば、まともな韓国人であれば怒りをもって軽蔑する書である。すでに43頁以下に述べた通り、この悪意に満ちた著者らは、ドイツのネオナチと同じく韓国内では「親日売国奴」と呼ばれ、〝**日本の極右団体から支援を受けてきた**〟という事実が暴露され、掲載写真も記述も嘘だらけだと反証されているのである。

在日朝鮮人のほとんどは、大日本帝国の戦争遂行のために無理やり、あるいはだまされて日本に連れてこられた。さらに土地を奪われ、やむなく故国を離れたのだ。強制連行（拉致誘拐）された朝鮮人の移入先は、福岡県筑豊（ちくほう）の豊川炭鉱をはじめとして、鉱山、炭鉱、造船所、製鉄所、飛行場、ダム工事、鉄道工事、道路工事などであり、地獄の肉体労働現場に送りこまれた彼らは、タコ部屋と呼ばれる人夫部屋に押し込められ、まともな食事も与えられず、棍棒で殴られ、日本刀で脅されて働かされたので、労働者の逃亡が絶えなかった。

2018年10月30日に、ついに韓国大法院（最高裁判所）が、戦時中の日本企業に対して、強制連行労働被害者に賠償金を支払うよう命じる判決を下した。しかし日本政府（安倍晋三首相と史上最悪・最低の外相・河野太郎）が実際にあった歴史を認めずに、韓国政府に喧嘩を売り始めた。ここまでに述べたのは、その経過の基になる歴史的事実である。したがって、この件に関して、韓国人の怒りは、日本企業によって正しく賠償がおこなわれるまでおさまる道理がない。

さらに1944年8月23日に「女子挺身隊（ていしんたい）勤務令（勤労令）」が発せられてからは、満12歳以上、40歳未満の朝鮮人女子が続々と日本に連れて来られ、この5万人近くの多くが、日本軍将兵のための娼婦（従軍慰安婦）にさせられ、フィリピン戦線など南方各地の戦場にも送られたのである。

第6章　日中戦争が勃発して、日本は泥沼にはまりこんでいった

1937年5月2日に、私の母・野々村妙子が日本で自由学園を卒業した。

それからほどなく、1937年7月7日深夜、北京郊外の盧溝橋で一発の銃弾が放たれ、日本と中国の両軍が衝突して、日中戦争が戦端を開いた。この盧溝橋事件のあと、朝鮮の植民地支配政策は大きく転換して、厳重な戦時体制下での統治となった。朝鮮全土は、日本軍が支配する中国東北部・満州の軍事物資供給用の戦争基地となって、朝鮮人が兵士や労働力として大々的に動員されるようになった。さらに女・子供も慰安婦や挺身隊員として戦争に動員された。

加えて朝鮮在住の一般の民間日本人も、朝鮮総督府と一体になって、朝鮮人に対して朝鮮内の融和、皇国臣民化を叫び、日本語教育を強化し、創氏改名と、朝鮮神宮参拝を強要した。朝鮮人が白米を食べることさえできずに、粟、ひえ、麦を食べている時に、日本人はかけ離れた生活を送り、白米を食べていた。そして朝鮮の都会では、子供たちも、日本人と朝鮮人が一緒に遊ばない生活を送っていた。

そのため1937年10月2日には「皇国臣民の誓詞」なる文言が制定されて、朝鮮人に昭和天皇の臣民としての自覚を促すようになった。朝鮮総督府の売国奴の朝鮮人に、「私共は、大日本帝国の臣民であります。私共は、心を合わせて天皇陛下に忠義を尽くします」といった誓いの言葉を考案させ、大声で張り上げさせることを朝鮮総督・南次郎が決裁した。朝鮮人に強制的に誓詞を斉唱させながら、日本の皇居の方角に向かって頭を下げる皇居遥拝と、日本の神社・神宮参拝が強要されたのである。1938年に国家総動員法が施行されると、朝鮮では陸軍特別志願兵令が公布されるようになった。また、朝鮮教育令が改定されて朝鮮語の授業が必須科目から外され、1941年になると朝鮮語の授業が完全に廃止されたのだ。

1938年12月1日、広瀬隆の父・広瀬三郎（図29）が朝鮮鉄道の建築技師として朝鮮に赴き、ソウルに到着した。当時の三郎が朝鮮から郷里・金沢宛てに出したハガキの住所は、「京城府長谷川町112番地YMCAアパート」とある。そして朝鮮の首都・京城にあった朝鮮人学校の教師のサークルに野々村妙子が参加していて、そこで広瀬三郎と知り合った。

母・妙子の回顧――「1937年に自由学園を卒業した。この7年間は、自由学園の寄宿舎生活や自炊生活もして、色々あったりした。1938年には東北・秋田県の秋田生保内（田沢湖）のセツルメントに3ヶ月間奉仕に行った。1939年に幼児展を「友の会」で主催し、応援に満州の首都・新京（長春）へ行き、ハルピン見物をした。」

この時代の1938年2月〜3月にかけて、「朝鮮志願兵」制度と朝鮮教育令が実施され、**朝鮮人を大日本軍の兵士にする**ことが法令化され、

図29　1938年、23歳の時の父・広瀬三郎（東京にて）。このあと建築技師として朝鮮に赴いた。

日本帝国軍人として駆り出す制度が始まった。

のちに韓国大統領となる朴正熙（パクチョンヒ）が、血書に採用を訴える手紙を添えて大日本帝国の満州軍に志願したのは、この制度のおかげであった。彼は1940年4月に満州国の首都・新京の軍官学校2期生に選抜され、2年間の軍官学校での生活を終えてから日本の陸軍士官学校に編入され、1942年10月に陸軍士官学校57期の3学年に編入後、1944年4月に卒業した。抜群の優秀な成績で卒業した朴正熙は、見習い士官をへて1944年7月に満州熱河（ねっか）省に駐屯していた満州軍歩兵第8師団に配属され、その年、1944年12月23日、正式に大日本帝国の満州軍少尉に任官された。任官後の彼の主たる任務は、中国人民解放軍の前身である八路（はちろ）軍を討伐することにあり、当時、朴正熙（次頁・図30）は創氏改名によって高木正雄と名乗って、のちに岡本実へと日本名を変更した。この創氏改名も、次のようにちょうどこの時期にスタートした。

1939年12月26日に、朝鮮総督府が制令19号および20号を発令して、朝鮮人に新たに「氏」を創らせ、「名」を改めることを許可するものとした。この創氏改名が実質的に始動したのは、1940年2月11日からであり、8月10日までの半年で、朝鮮人の78%、1600万人が日本式の氏名に変えさせられたとされている。前掲書『韓国映画で学ぶ韓国の社会と歴史』によれば、一般にこの「創氏改名」政策は、「民族の名を奪った政策」、「日本式の名前に変えた」と理解されているが、その内実は、日本式の「イエ」制度を朝鮮に拡大するための政策であった。つまり新しい「氏」を作らせることによって、朝鮮の父系血縁原理で支えられてきた「姓」の機能を喪失させるという、朝鮮の家族・親族の構造を根底から覆すことを目的としたものであった。

この説明が何を意味したかというと、以下は私の解釈だが、大体は間違いない説明であろう。

朝鮮民族（韓民族）は、日本人と違って、自分の家族の氏族集団（一族）の始祖の発祥地を本貫（ポングヮン）と呼び、こうした先祖伝来の一族由来の家族制度を重視するのである。日本では、女性が結婚すると、たいていは夫の姓に変るが、北朝鮮／韓国では女性が男性に嫁いでも、女性の姓は自分の父親の姓を受け継いで、生まれた時と変らない。これは、自分の生まれ（本貫）を重視するからである。その本貫が、時には本人の誇りとなる。また北朝鮮／韓国は、たとえば「金」や「朴」や「李」という姓が非常に多い国なので、姓の種類が無限大というほど膨大な数にのぼる日本人から見ると、映画俳優の名前などがまぎらわしくて覚えにくいが、実はこうした韓国人の個々の姓の一つずつに本貫の区別が付いて、個人の違いを識別する手段にもなっているようである。

韓国ドラマを見ていると執拗に描かれる朝鮮／韓国の男性中心の「父系血縁」原則は、そうした本貫意識に基づいているので、私のように今日の自由社会に慣れて、根無し草の人生が好きなコスモポリタンの人間から見て、時には本貫が他人を身分差別する悪しき習慣にもなるのではな

図30　大日本帝国の軍人時代、旭日旗を背にした朴正熙（当時は日本名・高木正雄を名乗っていた）。戦後に韓国大統領となって軍事政権の独裁者となる。2017年までの大統領・朴槿恵(パク・クネ)の父。

いかという危惧もあるので、すぐれたものだとは思えない。しかし本貫は、ヨーロッパやアメリカで「自分のアイデンティティー」や「ルーツ」と呼ぶ自我意識に近いもの、あるいは日本人の持つ郷土愛と同じだと考えれば、この誇りは個々の人間にとって非常に重要だとも言えるわけである。いずれにしろ、朝鮮人にとっては、それが古代から続く空気のような慣習であったのだから、日本人が命じた創氏改名によって己の誇りを朝鮮総督府に奪われたことは、ひどい侮辱であり、深刻であったことが分る。私の母の後輩である朝鮮生まれの作家・梶山季之(としゆき)が書いた短編小説『族譜(ぞくふ)』は、創氏改名を頑強に拒む朝鮮人の大地主の族長の一家を、日本の朝鮮総督府が弾圧する物語であり、韓国映画人の手で映画化されている。「創氏改名」政策が、朝鮮人の関与なしに、他人である日本人が乗りこんできて決定され、施行されたのだから、それに対する反感はきわめて大きいものだったのである。

1940年11月10日に、総理大臣・近衛文麿(このえふみまろ)が奉祝会会長となって、『古事記』・『日本書紀』の神話を史実だとして、初代天皇の神武天皇即位を祝う「紀元2600年」奉祝会が日本および植民地全土で開催された。この皇紀2600年奉祝記念に、朝鮮では祖父・野々村謙三らが能を舞って大盛会となり、それを「一世一代の思い出だった」と回顧しているのだから、何をか言わんや、である。

そうした時期の1940年5月、私の父母となる広瀬三郎(25歳)、野々村妙子(22歳)が、京城キリスト教会で結婚した。

母・妙子の回顧――「京城キリスト教会で結婚式を挙げた。いよいよ大戦争に入っていく時期で、私たちには結婚相手となる若い青年たちがどんどん入隊していった。今考えると、世界の情勢などについて本当に理解していなかったのは、出征していく人たちに対して申し訳なかったと思う。ただ毎日毎日「大本営発表」というのをラジオで聞き、信じるしかなかった。いつも、戦果が上がっている、南京を落とした、（その後も）シンガポール、フィリピンも制圧した等という報道ばかりであった。」

新婚後の新居は、「朝鮮総督府鉄道局直営　外金剛（そとこんごう）山荘　朝鮮金剛山（こんごうざん）外金剛温井里（オンジョンリ）」であった。金剛山は、現在の北朝鮮領にあるが、古代朝鮮時代から、中国国境にある白頭山（ペクトゥサン）と共に、朝鮮民族のシンボルとして「クムガンサン」として愛されてきた霊峰で、古くからの寺もあり、現代では南北朝鮮の離散家族が再会する名山として知られている。

　朝鮮国内では、一切の公共事業が朝鮮総督府の指揮下にあったので、朝鮮総督府の鉄道局観光課に属した広瀬三郎は、金剛山を赴任地として、建築家として、主に金剛山の開発や、山小屋建設のために半年ここで暮らし、1940年7月から11月にかけて、金剛山から渓谷を見下ろす断崖の一画に石造りで瀟洒なレストハウス「金剛山朝陽瀑（ちょうようばく）茶店」（99-100頁・図31A・B）を建てた。父が、当時新聞に書いた一文には、「山小屋は登山家にとって山のオアシスであり、同時に、山という大自然の中に存すべき文化的施設である」とあり、アルバムに詳細な工事写真と設計図などが残っていて、きわめて高度で芸術的なアーチや石組みが記録されている。写真で見ると実に立派なこのレストハウスは、現在も使われているとも聞くが、未確認である。

　ここには山荘風の立派なホテルもあり、実に美しい大観光地で、北京あたりから欧米人が長期に避暑に来て賑わっていた。父母は山々に囲まれた美しい避暑地で、新婚時代を過ごし、まだま

図31-A　(上)建築中の朝陽瀑レストハウス。(下)完成した朝陽瀑レストハウス。
現在、南北朝鮮の離散家族が再会する名山の金剛山は、北朝鮮領にある（31頁の朝鮮地図参照)。

だ遊び気分だったという。

母・妙子の回顧――「この頃、優秀でいいなと思う若い男性はほとんど兵隊にとられてしまう悲しい時代だった。でも日々は一応平穏に過ぎた。そうした時に、たまたま広瀬と知り合い、開口一番「本を読みなさい」と言われた。学校時代あまり読書もできず、その中でドストエフスキーが唯一好きな文学だったので、他の世界はほとんど知らず、何を読んでいいか分らなかった私に、広瀬はバルザックに熱中していたので、『ゴリオ爺さん』はじめ次々と紹介してくれた。その頃、デートと言えば大抵京城の繁華街・鍾路（チョンノ）の方の古本屋街を歩きまわって、余りロマンティックな思い出はなく、「僕は金はないです」と言うのが広瀬の口癖で、正直で飾らないのに一寸びっくりした。そういう性格に惹かれたのかも知れない。

そして昭和15年（1940年）になって、どうしても結婚しなければ自立できないと思い、親の指図ばかり受けるのも嫌で、結婚を決意した。広瀬との結婚は、学歴や家柄など、何一つ親の意に叶うものがなかったが、信頼できる人と、人格的に本当に真面目で、建築の技術も持っているので何とかなると思い、決めた。

図31-B　金剛山朝陽レストハウスを建築中の父・三郎。

三郎のこと――人柄としては、小さい頃から貧しい中で、とてもくやしい思いをしたのであろう。何かにつけ他人を疑う気持が強く、むずかしいけれど、面白い人だと思った。ニヒリストだと自分で言っていた。イメージとしては、『罪と罰』のラスコーリニコフそっくりと思った。」

１９４０年11月26日、妙子の弟が京城で軍隊に入営した。

１９４１年2月に、広瀬三郎・妙子の長男（私の兄）が、朝鮮の京城で生まれた。

母・妙子の回顧――「結婚して急に、月給１２０円のサラリーマンの妻となって小さい財布の中から買い物したりしていたが、結構、親から独立できたことがうれしかったので、別に貧乏生活とも思わなかった。そのうち妊娠が分って赤ん坊のものを揃えるのだが、もう純綿の布など手に入らず、産着（うぶぎ）もスフ（ステーブルファイバー）入りの布で色々つくった。冬のあいだ、自分のオーバー等をほどいてベビーコートや服を整えた。靴も手作りしたが、住宅はまだ京城の親の立派な家に住んでいた。

　１９４１年（昭和16年）2月15日、産院で長男を出産した。その頃、三郎が前につとめていた東京の岸本建築社から「帰ってこないか」との便りあり。6月に東京で勤め口が見つかり、東京に行って暮らそうと日本に行った。東京郊外・保谷（ほうや）の東伏見のみすぼらしい間借り生活が始まった。広瀬は岸本建築社で設計者として働き、わずかのあいだ平穏な生活が続いた。しかし東京の食料事情は悪くなり、都内の知人たちはよく食料を貰いにきた。東京郊外の一軒家に移って、まわりは畑ばかりで、親切な農家のおばさんによく野菜を分けてもらい、わが家は食料豊富で、都心に住む人たちの配給生活よりずっと楽だった。」

こうしてその年、1941年6月に、広瀬三郎・妙子・長男が朝鮮の京城から東京に帰国し、東京府下保谷町上保谷719番地（現在の西武新宿線の田無〜東伏見付近）に住んだ。この時期、三郎は東伏見の岸本建築事務所に勤務したが、文無しで自殺願望の毎日であったという。

1941年11月、右翼の国粋党総裁・笹川良一の仲介で、戦後にロッキード事件の黒幕として有名になる児玉誉士夫が海軍航空本部嘱託となり、上海に軍需物資調達のための組織「児玉機関」を作ったのが、この時期であった。この児玉誉士夫と関係したと言われる亜細亜産業（アジア産業）が朝鮮でウランに目をつけていたが、亜細亜産業社長の右翼が矢板玄という男で、白洲次郎たちと組んで国鉄総裁・下山事件（1949年7月5日）の黒幕となった。そして矢板玄がこうした右翼集団であるとも知らずに、のちに広瀬三郎が知り合うことになる。なお、1911年生まれの児玉誉士夫は若い頃、朝鮮の京城にあった自分の姉の嫁ぎ先を訪れていた。

第7章　真珠湾攻撃に突入し、広瀬三郎がインドネシアへ、一家は再び朝鮮へ

1941年（昭和16年）12月8日、日本時間午前2時、大日本帝国軍がマレー半島に上陸開始。午前3時頃（ハワイ時間12月7日午前8時頃）、ハワイの真珠湾攻撃開始。アメリカ合衆国が日本に宣戦布告して日米の太平洋戦争に突入した。

朝鮮在住の日本人の数は、この時期がピークにあたり、75万人ぐらいで、以後は減少し始めた。

1942年5月8日、朝鮮での徴兵制が閣議決定され、1943年3月2日から朝鮮人の徴兵制が実施され、朝鮮では少年までが兵士に駆り出されるようになった（図32）。この兵士たちが、前述の『忘れられた皇軍』兵士として、悲惨な運命に投げこまれていったのである。

1942年、広瀬三郎の郷里・石川県加賀藩の藩主・前田家世嗣の前田利為（としなり）陸軍中将が召集されてインドネシアのボルネオ守備軍司令官となった。東條英機（ひでき）に批判的だったため、ボルネオ赴任になったと噂される。

日本国内は食料事情がいよいよきびしくなる中、**1943年（昭和18年）1月24日、広瀬三郎・妙子の次男として、私・広瀬隆が、東京府北多摩郡保谷（ほうや）町（東伏見）に生まれた。**

1944年3月、広瀬三郎が、前記・矢板玄（やいたくろし）を右翼とも知らずに、聖戦技術協会・亜細亜（アジア）産業の口利きで、インドネシアのジャワに技師として渡った（次頁・図33）。三郎は、若い人がみな出征していく

図32　1943年から朝鮮人の徴兵制が実施された。

中で自分も海外へ行きたいと心に決め、歌人の近藤芳美（よしみ）さんや友人の建築家などが来て、家で送別会をした。父は、郷土の前田利為の後を追って、インドネシアに行ったのかも知れない。当時の名刺の記録によると、三郎は爪哇（ジャワ）軍政監部管理チバダック製紙工場業務課長であり、この工場の担当企業である亜細亜パルプ株式会社ジャワ工場建築主任とあった。

ところが三郎は、当時の日本人としては非常に背が高く、身長170センチ以上ありながら、身体検査で「甲乙丙丁（こうおつへいてい）」の「丙（へい）」、つまり身体障害者「丁（てい）」とほとんど変らぬ骨と皮の体で、軍隊ぎらいの技術者のため、軍人に口答えして殴られる日々だったので、病弱のためインドネシアで疲弊したという。不思議な因縁だが、矢板玄（やいたくろし）が国鉄総裁・下山事件の黒幕だった一方、もう一つの国鉄三大事件・松川事件（1949年8月17日）で無実のまま被告となって死刑判決を受け、最後に最高裁判所で無罪が確定して釈放された佐藤一（はじめ）氏の家を、戦後に建てたの

図33　1944年に広瀬三郎がインドネシア・ジャワ島に赴く前の記念写真。後ろ2列目の左から3番目が三郎。背後に「アジヤ産業」の看板がある。

も父・三郎であったと聞いた記憶がある。

母・妙子の回顧――「主人をジャワに送り出して、まわりは急にさわがしくなり、アメリカ空軍Ｂ29が来襲するようになった。気の早い私はすぐ荷物をまとめて、金沢の三郎の兄を頼って疎開（避難）の決心をした。」

そして１９４４年６月～12月、母・妙子が子供２人を連れて、東京の保谷から、日本不在の三郎の郷里・金沢に疎開した。早めの疎開だったので、この年11月から始まった武蔵野の中島飛行場など東京へのアメリカ軍の空襲を免れた。

母・妙子の回顧――「隆を背負い、大荷物で金沢へ向かった。早かったのでまだ鉄道は安全に行けた。金沢に着いてみると、兄も６人の子供を抱えて日夜食料に苦しんでいる時で、もっと戦時色が強かった。当然、迷惑がられ、居心地も悪く、「友の会」の人に頼んで一軒家を探し、やっと自分たちで住みはじめた。だが、ここから食料難ですべてに苦しい生活が始まった。食料統制は地方の方が厳しかったようである。食料は配給に一日米一合、それを大きな釜に水一杯入れ、野菜くず等みんな入れて炊く湯水のようなおかゆで、親子三人いつも空腹だった。毎日いつも食べ物の調達のことばかり、この先どうなるのか不安だった。道端にこわれた下駄が落ちていると、急いで拾って胸にしまった。これで今日のかまどのたきができた、と思ってうれしかった。」

１９４４年11月24日、Ｂ29による初の東京空襲がおこなわれた。サイパン島を飛び立ったＢ29が、零戦など軍用機のトップメーカーだった中島飛行機武蔵製作所（武蔵野市）のほか、品川区、杉並区などを爆撃した。その後もＢ29が軍需工場のある工業地域を爆撃した。

母・妙子の回顧――「この冬、金沢でこの寒い時をどうしのげるかと思い、朝鮮の京城にいる両親を頼って帰鮮することにした。また荷をまとめて金沢を発つ。下関まで三郎の兄さんが送りに来てくれた。下関から釜山(プサン)に向かう関釜(かんぷ)連絡船の中でも非常避難訓練があったが、私はもうこの子たちと一緒に死んでもよいという気持で訓練にも参加しなかった。が、どうやら無事に、12月10日頃の朝、釜山に着いた。

釜山に着くと、その寒さはやはり大陸だなと思わせる痛いものであった。翌日、京城～釜山を結ぶ京釜(けいふ)線に乗った。この朝鮮の鉄道は広軌で、(京義鉄道によって)満州まで貫通していた。京城に着いた時のこまかいことは覚えていないが、親の許に帰れて本当に安心した。しかし京城も戦時下は同じで、父は沢山の土地を持ち、畑も山も所有していたが、自分の自由にならず、食料は全部統制されていて、母とリュックを背負い、一日田舎へジャガイモなどを買い出しに行ったり、食料はやはり厳しかった。私は女中のように働いた。姉と毎日一緒にいられたのはうれしかった。

父(野々村謙三)の思い違い――父にとっては、30～40年暮らし、財産も築いた朝鮮は本当に自分の国だと思い、財産のほとんどを土地等に投資していた。従って、敗戦のとき父に不動産以外なく、現金は余り持っていなかった様子」

当時の状況から考えて、野々村謙三の投資先として、最も有力なのが、東洋拓殖である。

このようにして、母が息子二人を連れて、金沢➡下関➡朝鮮の釜山経由で、京城の父・野々村謙三の実家に戻ったので、私は2歳の赤ん坊のまま、朝鮮で日本の敗戦を迎えることになった。

第8章　1945年の敗戦を迎え、三郎がインドネシアから帰国する

1945年3月10日、米軍の東京大空襲で10万人が死んだ。

1945年8月14日、日本政府がポツダム宣言受諾を連合国政府に通告し、朝鮮ではこのくわしい報告が、朝鮮総督府と朝鮮軍部に伝達された。そして翌日に昭和天皇の玉音（ぎょくおん）放送がおこなわれることも伝えられた。この時、朝鮮総督府は日本敗戦・降伏後に朝鮮人からの報復をおそれ、朝鮮総督・阿部信行（のぶゆき）が逃げ腰になり、日本人の生命財産の保護のための処理を、政務総監の遠藤柳作（りゅうさく）に任せた。この時、阿部夫人が釜山から日本へ秘かに機帆船で逃げようとしたが、沈没しそうになって釜山に引き返し、京城に戻ったことが明るみに出て、総督は官民から憤激を買った。

1945年8月15日、日本敗戦・無条件降伏（私たち一家三人は朝鮮で敗戦を迎えた）——この日が、朝鮮人にとって解放の日で、「自由の光が戻った」との意をこめて、「**光復節**（こうふくせつ）」と呼ばれるようになった。私が2歳半の赤ん坊の時に、日本が敗戦を迎えたわけである。

この日と翌16日にかけて、朝鮮総督府は政治犯と経済犯を釈放し始めた。

母・妙子の回顧——「いよいよ戦争に負け、聞き取りにくいラジオで天皇の声を聞いた時は、戦争が本当に終ったの？　というぐらい分りにくかったが、みんなが「終った！　負けた！」と言った時は本当にうれしかった。頭から重いものが取り除かれたような明るい気持だった。しかしそれからの一年余の生活は益々きびしかった。朝鮮の人々は街に出てマンセ

ー（バンザイ）、マンセーと喜びの声をあげ、日本人は家に小さくなっていた。」

翌日１９４５年8月16日から、自由になった歓喜に湧く朝鮮人は朝鮮服に着替え、にわか作りの朝鮮の国旗・太極旗を打ち振り、群をなした人たちが道路を練り歩いた（次頁・図34）。朝鮮総督府の機能が無力化しているので、有志が「日本人会」の結成を決定し、会長に朝鮮総督府殖産局長の穂積（ほづみ）真六郎が就任した。名称は、「京城　内地人　世話会」、続いて「日本人世話会」と変った。日本軍は１ヶ月間、武装解除をせず、自暴自棄になって、朝鮮にあった工場の機械を破壊したり、相変らず乱暴狼藉を働いたとされる。

9月6日から、上陸した米軍が京城に向けて進駐した。

9月8日に、アメリカの連合軍司令官ジョン・ホッジ中将が、2個師団4万５０００人の米軍兵士を率いて京城に入ると、この都市を首都を意味するソウル（Seoul）と呼び換え、南朝鮮一帯に軍政を敷いた。そしてホッジは日本人に対して「翌年１９４６年3月末までに日本に引き揚げよ」と命じた。日本軍が武装したままこれを迎え、朝鮮人に対して最後まで威圧的姿勢で臨もうとしたという。

私の従兄・野々村耀（よう）の記憶によれば、

——敗戦直後、ソウルの日本人は、暴動が起こることを心配して、夜に物音がすると、防空壕に隠れた。崖を降りて、野々村家が経営してきた料亭・白水（はくすい）の裏の山腹に掘った穴が防空壕だった。昼間、街角に日本軍が重機関銃を据えて暴動に備えたり、軽戦車が朝鮮神宮への参道を走ったりしていた。首都西方の仁川（インチョン）に米軍が上陸してバトンタッチした。祖父・野々村謙三は上の家に住んでいたが、私・野々村耀の一家は下の家に住んでいた。米軍の将校が

図34　1945年8月15日、朝鮮人が解放された喜びの日——光復節。

上の家に住みこんだので、野々村謙三は「これで安全になった」と安心していた。――

1945年9月9日、ホッジ中将が朝鮮総督府に赴き、阿部信行総督に朝鮮の統治移譲文書への署名を求め、署名後、朝鮮総督府前の広場に掲げられていた日章旗が引き降ろされた。この瞬間をもって、日本の朝鮮支配が完全に終りを告げた。

それから3ヶ月後の12月5日、祖父母の野々村謙三・孝子は無一文となって日本に帰国するため京城（ソウル）を出発した。母・妙子によれば、野々村謙三は沢山の土地を持ち、畑も山も所有して、不動産以外持っていなかったという。おそらく彼は財産を朝鮮の土地を収奪した国策会社・東洋拓殖や朝鮮殖産銀行（殖銀）などの土地に投資していたためと推測される。というのは、殖産銀行の頭取・有賀光豊（あるがみつとよ）が野々村謙三の後ろ盾・大倉家の近親者だったからである。

この日、謙三夫妻は、次女の息子・娘（私の従兄と従姉）と共に、三女・広瀬妙子の息子二人（兄と私）と共に、京城から野々村一家8人で出発した。

母・妙子の回顧――「日本敗戦後、内地へ引き揚げの話も出て、周囲の人も次々家財を始末して母国へ旅立って行ったが、父も母も、ここが自分の土地で、内地に住むところはないと思っていたので、私らはここで苦しくとも頑張っていようと言っていた。だが、社会状況をよく知る人が来て、そんな呑気（のんき）なことを言っていると引き揚げの時期を失う、早く片づけて内地へ引き揚げなさい、と言われた。今はここで日本人は決して暮らしていけないということが徐々に分ってきて、引き揚げの決心をする。

身の回りのものを一人リュック一個持てるだけのものを詰め、現金は一人最高1000円と決められていたので、あとすべての財産、家、屋敷のほか――父がお茶をやっていたので、相当のお金を注ぎ込んで李朝の茶器を何百個か分らないが古美術品を蒐集していた――そうしたものもみんな未練を残しつつ捨て置いて家を出た。

姉の娘と、隆、この二人を病人として、特別の病人列車に乗せてもらった。引き揚げの途中は、何とか無事に京城から釜山に着き、船に乗り、12月8日に一晩かかって博多の港に到着。知人の紹介で佐賀県の農家が親切に迎えて下さった。」

日本人引揚者の数は、2016年3月31日までに、南朝鮮から59万7319人、北朝鮮から32万2585人で、合計91万9904人に達した（厚生労働省統計）。この1人が私であった。

野々村謙三の一家は、世話役に、京城の自宅で警備のために雇っていた青年3人に荷物運びをさせて、引揚者に持参が許されていた1人最高額1000円だけを持って、帰国の途についた。京城を引き揚げる病人のための列車に知人の医師たちと共に乗りこめば、一般引揚者には持ちこみを禁じられている綿入れの蒲団などを持ちこめるため、「隆たち子供が肺炎である」と仮病を使って、貨車の病院列車の京釜鉄道で釜山に出て、担架に蒲団と仮病人を乗せて、無事に引き揚げた。釜山からは、病院船として用意された「白龍丸」に乗って、「隆たち」の（仮）病人だけ医師と共に一・二等船室に収容してもらい、自宅出発から3日後の12月8日に、福岡の博多港まで船底で難民として帰国した。ところがのちに、荷物運びの3人の若者のうちの1人が、一家の大事な荷物を全部持ち逃げしたことが分った。九州に着くと、みなは佐賀県東部の鳥栖で、農家で世話になり、そこが米作地帯だったので救われた。母・妙子と2人の子供の広瀬一家は、ほんのしばらくして祖父母・野々村謙三たちと別れて、金沢に引っ越し、広瀬三郎の帰国を待った。妙子の姉（私の伯母）は、子供2人と共に、佐賀で夫の引き揚げを待つことにした。

祖父母の野々村謙三・孝子は、娘の夫の郷里・広島に住めないかと思って汽車に乗ったが、広島駅から見ると、原爆のために町自体がなくなっていたので、驚いてそのまま大阪に向かった。広島原爆によって、従兄の野々村耀の身近な親戚が少なくとも4人即死していたことを私が知ったのは、これから半世紀後のことであった。そして野々村謙三・孝子は大阪から、その後、京都に移った。

年が明けて1946年2月頃に、出征していた謙三の三男が、中国大陸の中央部から長崎県の佐世保、大阪を経て帰国した。彼はマラリアに罹っていて、毎日激しい震えと発熱に悩まされていた。それでも生きて再会できたことを喜び、謙三は佐賀に残っていた娘一家を京都に迎えた。ところが孫の野々村耀が列車で発疹チフスに感染して発熱し、急ぎ京都病院の隔離病棟に一ヶ月入院しなければならなかった。

その後、野々村謙三の一家は、同志社前総長の牧野虎次の世話で、京都市寺町京極小学校前にある大久保利通の旧邸に留守居を兼ねて移り住むことができた。そもそも明治時代初期に、朝鮮への日本人の移住を主導したのが大久保利通で、その大久保に頼まれて朝鮮貿易の先陣を切った大倉喜八郎が野々村家と懇意だった因縁があって大久保邸に住んだと推測されるが、野々村謙三は、維新当時に西郷隆盛や岩倉具視らと会合して密談謀議した由緒あるその邸宅に住んだことを、感慨無量であったと誇らしげに回顧している。

私の従兄・野々村耀によれば、

――この大久保利通邸にいた時に、私の父の上官だった人が訪ねてきて、私の母に、ニューギニアで消えた父の最期について初めて話してくれた。それによれば、父がいたニューギニアの部隊では、傷病兵は部隊の足手まといになるので、部隊の中から傷病兵だけを選んで一部隊が編成された。父がその傷病兵の部隊の指揮を執って野戦病院に行くように命じられ、密林の中をさまよい、野戦病院を探して訪ね回った。ようやく野戦病院にたどりつくと、「ここには食うものはない」と言って追い出された。この隊が最後にほかの部隊とジャングルの中ですれ違ったのが2月6日頃で、これを最後に全員が消息を絶ったので、その日が父の命日になった、というような話であった。

そして野々村耀は、フィリピン戦線で日本軍の人肉食問題を取り上げた大岡昇平（おおおかしょうへい）原作の映画『野火（のび）』に、父のような兵士が飢えと病に苦しみ、あげくの果てに日本兵が日本兵を殺し、猿の肉と称して口にするすさまじい描写にショックを受けた。「そんな境遇に兵士を追いやった国が、死んだ兵士に語る言葉があるとしたら、賛美や感謝ではなく、懺悔（ざんげ）、反省しかない」と述べ、こうして亡くなった

Voice 声

戦死の父ら「英霊」と呼ぶな

無職　野々村　耀（兵庫県　76）

僕の父は、第2次世界大戦の末期にニューギニアで消えてしまった。戦死公報は届いたものの、詳しいことは分からない。母が生き残った戦友らから聞いた話によると、部隊の中から傷病兵だけ選ばれ、野戦病院に行くように命じられたとのこと。その中に父もいた。傷病兵たちは密林の中をさまよい、野戦病院にたどり着くと、「ここには食うものはない」と言って追い出された。そして1945年2月6、7日ごろを最後に全員が消息を絶ったらしい。

最近、フィリピン戦線での旧日本軍の人肉食問題を取り上げた大岡昇平原作の映画「野火」を見た。父たちのような兵士が飢えと病に苦しみ、あげくの果てに日本兵が日本兵を殺し、猿の肉と称して口にするすさまじい描写に慄然とした。はじめは父も殺され、食われたかもしれないと考えた。だが、よく考えると、父も殺し、食ったかもしれない。

そんな境遇に兵士を追いやった国が、死んだ兵士に語る言葉があるとしたら、賛美や感謝ではなく、懺悔、反省しかない。安倍晋三首相や一部の政治家は戦死した兵士たちのことを「英霊」と呼んでいるが、英霊と言ってたたえてはならない。

図35　野々村耀が2014年2月16日の朝日新聞に投稿した一文。

自分の父について、戦死した兵士を「英霊」と呼んで讃えてはならない、という一文を２０１４年2月16日の朝日新聞への投稿（前頁・図35）で書いている。

野々村謙三は、戦後、朝鮮に置いてきた財産確保のために船を雇って日本に送る手配をしたが届かず、もう一度朝鮮に戻るつもりであった、ともいう。失った大きな財産に未練があったに違いない。私は、この当時のことを深く考えたことは今まで一度もなかったが、改めて現在、彼が「朝鮮半島で屈指の大富豪に登りつめながら、全財産を失って無一文になった」心境がいかばかりであったかと推測する時、彼は朝鮮人に直接手をかけた軍人や警察官ではなく、「自分は朝鮮に貢献している実業家だ」と勘違いしていたのだから、「無一文になったのは当然の報い」という言葉を祖父に投げかけるのは酷なことかも知れない。しかし、祖父が全財産を失ったことこそが、3歳にもならぬ私の、これから述べる、その後の人生の数奇な運命の始まりであったことは、まぎれもない事実なのである。

こうして迎えた１９４６年——日本敗戦の翌年——であった。

その頃、インドネシアで現地人と親しく交わりながら建築の仕事をし、一方で日本の軍人に反抗し続けて「生意気だ」と殴られていた広瀬三郎は、終戦を迎えたのち、日本が敗戦国となったので、毎日、捕虜扱いで肉体労働をさせられ、熱射の中で倒れ、すぐに病人扱いで入院した。おかげで一番早い病院船に乗って、１９４６年6月に帰国することができたが、日本へ帰国の途中には、沈没する船を見るなど、九死に一生を得たと語っていた。

母・妙子の回顧――「ようやく金沢へ落ち着くことができたが、主人が勤めてインドネシアへ派遣したアジア産業もつぶれ、もう一年前より給料の送金もなくなり、今思い出すと、どうやって暮らしていたのだろうと思う。多少の預金もあったのかな？　お手玉を作ったり、お金になることは何でもしたが、窮乏していた。先輩と、復員してきた青年たちと20人位の合唱団をつくり、多少、歌の指導もしたりした。いつも隆をおんぶしていったが、みんなが可愛がってくださった。住居は「友の会」の人がご親切に2階を貸して下さり、ほんのしばらく心の平安を得たが、食料は貧しく、海草の真っ黒のパン等配給があったが、あまりのまずさに、うちの子が窓からポンと投げ捨てたことが忘れられない。

6月のある日、金沢のお姉さんが来て、「三郎さんが帰ってきた」とのこと。急いで外へ出ると、リュックを背負い、よれよれの三郎が帰って来た。三郎はインドネシアで終戦になり、病人扱いで入院したおかげで病院船に乗って帰国することができた。すぐ陸軍病院に入り、一ヶ月位で退院になり、何とか元気を取り戻すと、三郎は一日も早く東京へ行って何とか家族四人で暮らせるよう、仕事と住まいを見つけるよう焦って、単身、東京へ行き、三郎を追って家族三人も一文無しのまま東京へ引っ越した。一家四人は目黒に間借りし、そのあと亜細亜産業の紹介で、原宿のヤクザの親分が高級大住宅を手に入れ、原宿に2階のよい8畳を提供してくれたが、この時、三郎は矢板玄（やいたくろし）らが右翼のヤクザであることを初めて知って逃げ出し、次いで高円寺（こうえんじ）の紫屋（むらさきや）に間借りし、さらに原宿に間借りするなど、転々とした。

その頃の社会情勢は、インフレ防止のため貯金が凍結され、新円への切り替えがおこなわれ、米よこせデモが毎日頻発する日々だった。食料は、週に一、二回アメリカから援助物資が配給されるようになったが、お砂糖ばかり届いたり、小麦粉だったり。でも、金沢のおばあちゃんは「マッカさんのおかげや」とマッカーサーに感謝して喜んでいた。今まで巣鴨プリズンにいた共産党員、つまり思想犯がすべて釈放されて、ワッと社会へ出てきた。

1946〜1947年（昭和21〜22年）

あちらでもこちらでも働く者の主張が大きくなり、デモと労働争議が頻発した。電力事情は悪く、停電もたびたびあったが、電力もだんだんよくなってきた。東京は人口の流入を制限していたが、私たちも何とか東京に帰り、間借り生活が始まった。問題は住宅だった。知人を頼ってあちらに半年、こちらに半年と、無理やり間借りしていたので、すぐ次を探さなければならなかった。落ち着いて生活をしたい！　というのが切実な希望であった。」

第9章　渋谷区神山町で人間らしい生活が始まる

母・妙子の回顧――「最後に、朝日新聞社が外国人向けに発刊していた豪華本“This Is Japan（これぞ日本）”の編集者だった斎藤寅郎さんが、建築家でもあり、顔も広く、戦前から三郎の知り合いで、彼が仕事の注文をとってきて、実際には広瀬に設計・施工をさせていたので、渋谷区の豪邸街・松濤町の隣の神山町の彼の借地に、7坪の家を建てさせてもらった。

1948年12月暮に、まだ土壁も乾かないうちに引っ越した。土壁からペンペン草が生え、冬は天井から隙間風が吹きこむ家で、小さな半二階の家であったが、自分の家に住むことができ、どんなに嬉しかったか。三郎は毎晩おそくまで現場を走り回ったり、職人さんの家を回って催促したり、苦労して、疲労して帰宅した。三郎に仕事を紹介してくれた肝心の人が、金使い荒く遊びまわり、建築費までも使いこみ、それの尻ぬぐいに三郎が大変苦労していた。私は下手な洋裁でも少しずつ稼いで貯金した。

１９４９年の春、隆が渋谷区立・大向(おおむかい)小学校に入学した。

世情も少しずつおさまり、生活も少しずつ安定してきた。私はその頃、お隣の方の紹介で外国人に対する日本語の教師をすることになり、午前中は目黒のカトリック教会へアメリカ人の神父とシスター（尼僧）に教えに行った。日本語の教授の仕事は私に合っていたかも知れない。毎日、外国人の生徒さんとの会話で、かえってこちらが学ぶことが多かった。生徒はその頃、ほとんど宣教師として来日したアメリカ人が多かった。考え方、習慣の違い等、色々勉強させてもらった。」

私・広瀬隆は、３歳まで、まったく言葉を話さなかったので、母・妙子は、「この子は話せない（唖(おし)）」と思っていた。ところが、３歳になると突然に、大人と同じように話しはじめたという。戦争中は、戦火をこわがって言葉を話さなかったのかも知れない。

この頃からおぼろげながら私の記憶があり、原宿では、占領軍のＭＰ（Military Police ―― 憲兵）が銃を構えて闊歩し、われわれ子供は、原宿の麦畑に入って麦の穂を噛んで、それをチューインガム代りにしていた。神宮球場がすぐ近くにあったので、私は子供ながら野球場の外野席に一人でもぐりこんで、早慶戦の応援をした。

さて、この時期からしばらく、私が36歳になるまで、終戦後にどのような思想を身につけたか、父母の苦労を中心に、要点だけを記述する。私は36歳まで学生運動を一度も体験しないほど無難な人生だったのに、その後、突然に自分から原発反対の社会運動に飛びこむと、今日までの後半生は、いきなり日本で最も激しい社会運動の嵐に呑みこまれた。それから40年間、今日まで私が実践した社会運動は、わが国で飛び抜けて特異な性格を持っていた。その性格を最も強く特徴づけたものは、不思議なことに、終戦後のこの若い時代に体験した酪農や工場エンジニアの知恵であった。あるいは画家やミュージシャン、医学翻訳、小説家といったすべての腕と心得であった。それが社会運動で次々と活かされたのだから、前半生のことを一通り書いておこうと思う。

父・広瀬三郎が美美（みみ）建設につとめて建築部長となり、私が6歳の1949年には、渋谷区神山（かみやま）町43番地にある朝日新聞社の編集者・斎藤さんの敷地を借りて、7坪の小さな瓦のないコッパ葺（ぶ）きの家（次頁の写真・図36）で、ようやく生活の基盤ができた。この家は、アメリカのテレビ・ドラマ『大草原の小さな家』でメアリーとローラの姉妹2人が寝た部屋と同じように、屋根裏を中二階として活用し、ハシゴ段で昇り降りできた。兄と私は、下の部屋で狭い二段ベッドに起居していた。その合理性が、戦後の住宅難の中で注目されて、朝日新聞に掲載・紹介された。

わが家の隣には、作詞家・野川香文（こうぶん）、裏手には、1928年のアムステルダム・オリンピックで日本人初のオリンピック金メダリストとなった三段跳びの織田幹雄（おだみきお）が住んでいた。通り一本隔てたわが家の向かいは真珠王・御木本幸吉（みきもとこうきち）の邸宅であった。つまりわが家の住所は神山町で、九州の筑豊（ちくほう）の炭鉱御三家・麻生太吉の孫・麻生太賀吉（たかきち）の広大な屋敷があり、大富豪・麻生太賀吉の妻は吉田茂首相の娘・和子で、彼女は〝維新の三傑〟大久保利通の曾孫にあたるのだ。そのような豪邸街であるから、隣接する松濤町を含めると、美人女優・山本富士子も、佐賀藩主の後裔・鍋島家や、高名な大臣や外交官連中もゾロゾロ住んでいた。したがって、文無し貧乏人であるわが家の広瀬一家が、朝日新聞社の編集者の土地を借りたとは言え、その豪邸街に住んだこと自体が、実に不思議な話であった。

1949年4月に、私が渋谷区立の名門・大向小学校に入学した。ここは、渋谷駅の繁華街から歩いて5分もかからない最も近い小学校であった（現在では、一帯が繁華街に呑まれて、驚いたことに名門校が廃校となり、121頁・図37で大向小学校のあったところに東急デパートが建っている）。渋谷駅前一帯は、忠犬ハチ公の銅像のまわりに、屋台の一杯飲み屋が並ぶ繁華街で、おそらく映画館の数は日本一ではないかと思われるほどたくさんあり、戦後の日本文化が隆盛するよい下町であった。

父は暇さえあれば古本屋を歩く書物気違いで、渋谷の狭いわが家は、壁という壁がすべて書棚

図36　1949年に渋谷区神山町に父が建てた7坪の小さな瓦のないコッパ葺きの家。

であった。その父が『ドリトル先生』シリーズや、数々の岩波少年文庫を買ってくれたため、二段ベッドの書棚にズラリと本を並べて、大変に多くの本を読んだ。のちに『ドリトル先生』を翻訳した井伏鱒二（いぶせますじ）さんと会った時、「君は翻訳者だろ。『ドリトル先生』では、分らない英語のスラングがよく出てきて困るんだ。翻訳を手伝ってくれ」と言われることになった。幼い頃、こうして書物に囲まれて育った私は、父親の書棚に並ぶ背表紙の文字を見て、『リルケの詩集』から、『多喜二虐殺』まで、書名を暗記してしまった。

時期を正確に覚えていないが、小学校5年生だったと思う。ほんの時折クリスマスになると、キリスト教の日曜学校に通っていた私は、牧師さんに宛てて、「この世に、絶対に神はいない」と論証する便箋十枚ほどの長文の手紙を書いた。それは、子供心に、この世に起こっているあまりにも数々の悪事に腹が立ち、「このようにひどいことが起こっている世の中に、もし神や仏がいるなら、放任されるはずがない」と考えたからであった。それ以来、無神論者となった私は、「神や仏に頼らず、自分の運命は自分で切り拓く」という自我の精神を持ち続けた。言い換えれば、批判であろうと賞讃であろうと、他人から受けるいかなる評価にも惑わされることなく、自分の考えで自分を批判して生きる、という決意であり、この思想・哲学が、今日までの私の生涯を貫いてきた。その後、自分がそうだったのだから、人間というものは小学校5年生ぐらいには、すでに一人前の人格を持っている、と判断して、「子供」を「幼稚な子供」として見てはならないと思い、「子供は大人が教育するのではなく、子供は自ら一人で育つべきである」と考えるようになった。

1952年、父・広瀬三郎が、日本にベートーヴェンの真髄を伝えた世界的なユダヤ人ピアニ

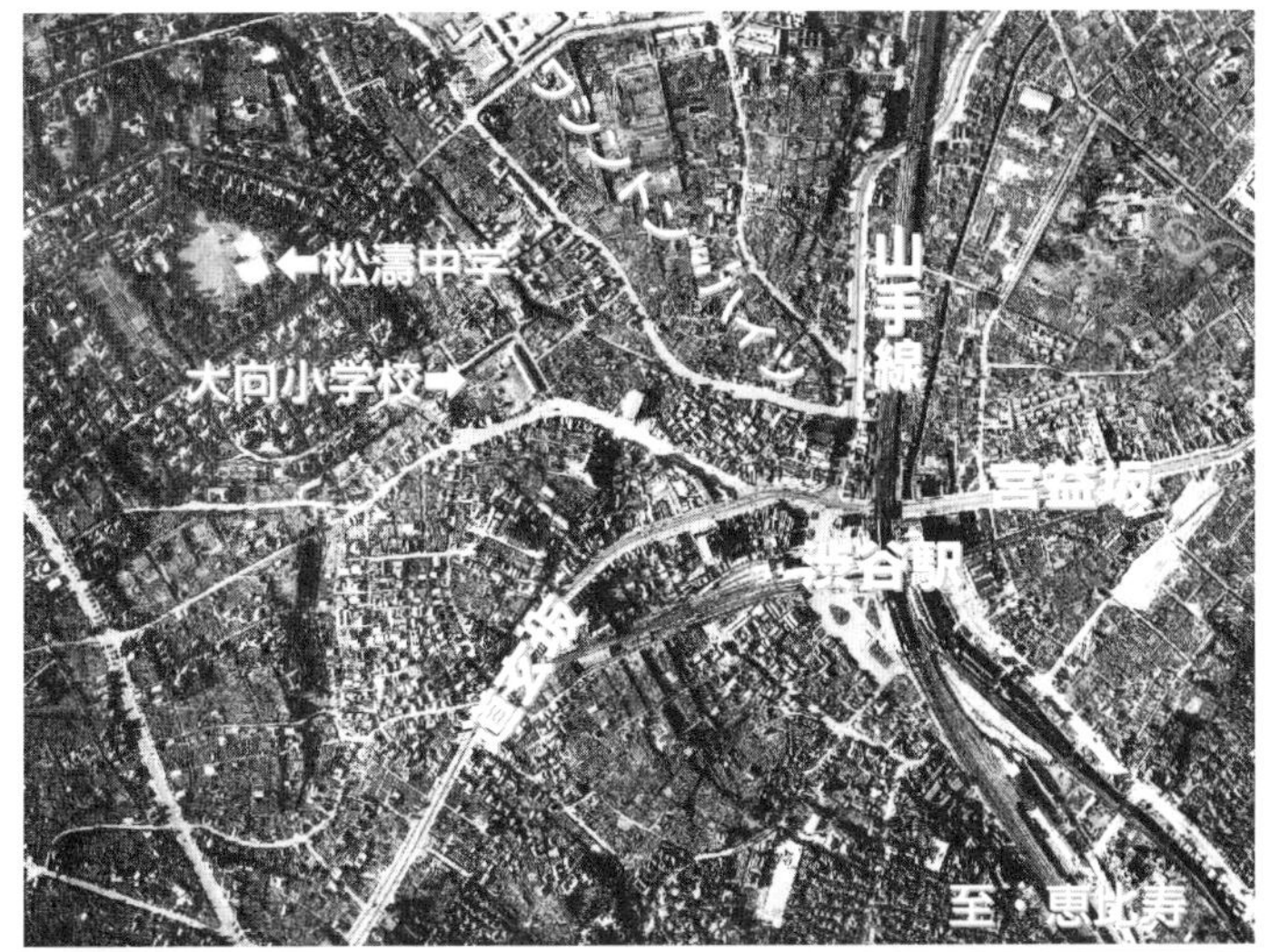

図37　渋谷駅周辺と、神山町のわが家付近の、当時の珍しい航空写真。

ストのレオニード・クロイツァー邸（図38）を設計・施工した。クロイツァーはロシア生まれ、ベルリン高等音楽学校ピアノ教授を経て東京芸術大学教授となった人で、名ピアニストのフジコ・ヘミングや、映画『戦場のピアニスト』のウワディスワフ・シュピルマンたちの師で、妻は門下生の織本豊子であった。クロイツァーから三郎に支払われたはずの金が、途中の仲介人を経るうち消えてしまったらしく、そのことがあって三郎が独立を決意し、大工さんたち職人さんの協力で、自分の建築会社を設立することになった。

母・妙子の回顧――「１９５５年（昭和30年）に、やっと20坪位の新しい住まいを建てることができた。この資金は、三郎が熱海（あたみ）の大きな旅館「さがみや」の仕事をさせてもらい、いくらか、多分１００万位もうかったのだろう、それでできたお金だった。そして家を建てて5年ぐらいの１９６０年頃、それまで色々と有名な方、中川一政（なかがわかずまさ）画伯、有名な舞台

図38　父が建築中のクロイツァー邸前のクロイツァー夫妻。広瀬三郎宛てのサインが入っている。

装置家の伊藤熹朔さんの家なども建てながら、文学青年であった三郎は、井伏鱒二文学に傾倒してゆき、ついに井伏先生より「僕の家を建ててくれないか」と言われ、大喜びであった。そして杉並区荻窪・清水町の現在地に、非常に地味だけれど木材を吟味した井伏邸を建てることができ、以後、先生、奥様ともお付き合いさせていただくようになった。これは三郎にとって大きな転機であり、これが、わが家が渋谷から荻窪に転居する動機となった。

転居する前に、渋谷の41坪の土地の借地権を、鍋島家より約50万円で買い取った。渋谷区神山町43番地の家は、土地が500万円で売れ、荻窪の家は350万円で買った。」

1955年4月、私が〝日本のモデル校〟としてコンクリートで建設されたばかりの渋谷区立松濤中学校に入学した。この学校は、豪邸街の山の手に住む金持の子供と、駅前の下町の職人街・商店街に住む子供が同居する不思議な中学で、先生たちの多くが反骨精神に富み、教育法はアメリカ一辺倒にならず見事であった。私は山の手の神山町に住みながら、付き合った友達は下町の子ばかりであった。

1955年10月1日、ついに父・三郎が独立して鼎建築社を設立した。発起人は、井伏鱒二、中島健蔵などの文士著名人ばかりで、登記所で「これは出版社ではないのか？　これが建築会社か?」と尋ねられたという。職人の人たちがみな立派で、鳶さん、材木屋さん、タイル職人さん、大工さん、電気屋さん、左官屋さん、建具屋さんたちが、そのあとずっと父を支え、幼い私は、この本物の職人さんの仕事ぶりを遠くから見て育った。父が親しくしていた高名な版画家・川上澄生さんが、この職人さんたちが働く姿を描いた見事な版画を、鼎建築社の手拭いにデザインして染め抜き、父がその日本手拭いを知人に配っていた。川上さんの洒脱で素朴な版画を愛した父は、生涯、自分でも版木に版画を彫り続け、風景画を描くことを喜びとしていた。
以後、三郎が設計・建築請負をおこなった主な建主（たてぬし）は下記の通り。

○井伏鱒二（作家）――荻窪清水町の自宅（図39）と、長野県富士見町の別荘と、息子・井伏大助の自宅を建てた。生涯文学青年であった広瀬三郎は、敬愛する井伏さんの本の初版本をすべて古本屋で日本でただ一人買い集めて持っており、井伏鱒二全集の編集委員にもなった。父が建てた清水町の井伏邸の書斎は、井伏さんが亡くなってから、井伏さんの郷里・広島県福山市の「ふくやま文学館」に同じ設計の書斎が再現された。（この写真は荻窪の井伏邸を建築中の父と井伏さん）

○伊藤熹朔（きさく）（舞台美術の大家）――振付師・伊藤道郎（みちお）の弟。俳優・千田是也（せんだこれや）の兄。

○中川一政（かずまさ）（画家）――湯河原のアトリエおよび息子と娘の自宅と別荘。中川一政の妻は前

図39　井伏鱒二氏（左）と広瀬三郎（荻窪の清水町に井伏鱒二邸を建築中）。

記・伊藤道郎の妹で、俳優・千田是也の姉の暢子（中川のぶの名で翻訳家）。長男は劇団四季の副社長で、舞踊評論家の中川鋭之助。次男は映画監督の中川晴之助。千田是也とドイツ人女性との間の娘モモコが、中川晴之助と従兄妹同士の結婚をして生まれたのが女優の中川安奈。

○**古田晁**（筑摩書房創立者）——私は古田さんと話したことはあるが、筑摩書房からは本を出していない。

○**中島健蔵**（フランス文学者）——日中友好を取り結んだ偉人で、父の知人の中で私が最も尊敬していた人。

○**河上徹太郎**（文芸評論家）

○**庄野潤三**（作家）

○**吉田健一**（文芸評論家。吉田茂首相の息子）

○**三浦哲郎**（作家）

○**水谷八重子**（初代八重子・新派女優。娘・良重が2代目八重子）（図40）

図40　新派女優の初代・水谷八重子と、娘・良重（2代目八重子）——広瀬三郎撮影

○**安岡章太郎**（作家）
○**村上菊一郎**（フランス文学者）
○**伊藤憲治**（グラフィック・デザイナー）

父・三郎が、静岡県熱海市伊豆山の相模（さがみ）屋旅館の設計を請け負って、１９５５年10月4日に落成して、その大きな収入があったため、ようやく広瀬家が普通に生活できるようになったと思われる。渋谷の41坪の土地を、当時、豪邸街に屋敷を持っていた佐賀藩・鍋島家から購入し、20坪位の自宅を建てた。高価な檜（ひのき）の材木は使わずに、庶民には安価な杉が一番であるという建築哲学で、杉の木目を活かした柱を見事に使った二階建ての新居が渋谷に建った。

後年になってこの時代を考えると、父母は子供に食べさせるのに大変な日々を過ごしたが、私自身は、物心ついてから、何一つ不自由のない生活を送って、社会の多くの人が苦しんでいた時代に、苦労を何も知らずに育ってしまったのだと思うと、本当に贅沢（ぜいたく）な思春期を送った人間であった。

松濤中学に入学後は、一年生の時代から、アメリカにロックンロール歌手のプレスリーが登場したのをニュース映画で見て、私はもっぱらポピュラーソングに夢中になってＳＰやＥＰのレコードを買い集め、母が外国の外交官たちに日本語を教える教師になったおかげもあって、英語の発音が非常に上手になった。母の日本語の生徒だったアメリカ国務省のジョージ・パッカードさんと知り合うようになり、彼が駐日アメリカ大使エドウィン・ライシャワーの特別補佐官をつとめ、のちに（コロナ・ウィルス感染者の世界的統計で知られる）ジョンズ・ホプキンズ大学の大学院幹部や、国際大学の学長、米日財団の理事長を歴任したので、日本では著名な人物であった。彼がわが家に来た時、プレスリーのレコードを聞いて歌っている私に、「よくこの英語が分りますね。私たちアメリカ人には分らないのです」と言ったのには、苦笑した。そうしたポピュラー音楽のおかげで、中学一年の時に、英語の先生から「君は発音が格別にいい」とほめられ、「ウィリアム・テル」か何かの長い英語の物語を、学芸会で語るスピーカーに選ばれた。ところが渋谷公会堂のステージにあがった途端、すっかりスピーチ内容を忘れて、「Long, long ago……(昔々)」と言ったきり、スピーチを終えて赤っ恥をかいた。それでも、後年には、どこの国の言葉もすぐに理解できる能力がついたおかげで、この万能の語学力が私の知恵の泉となった。

一方、中学一年か二年の時、夏休みの宿題に、芥川龍之介の短編小説『鼻』について、原稿用紙に十枚ほど、感想文を書いた。主人公が自分の大きな鼻に劣等感を抱き、他人の目を気にする心理が変ってゆく機微を分析したのである。すると、ある日の体育の時間に校庭に出ていた私は、国語の先生に呼びつけられた。何ごとか叱られるものと思った私だったが、驚いたことにその先生は、「広瀬、あの文章はお前が書いたものではないだろう。あんなことは、子供に書けることではない。親が書いたのか？　誰に書いてもらったんだ」というような意味のことを言って、詰問してきた。勿論私は、「自分で書きました」と答えて反論した。先生が驚いて感嘆した様子であり、先生の言葉は、最高のほめ言葉だったので、内心ひどく嬉しくなった。その後、この『鼻』の感想文は、渋谷区内の中学校合同夏休み展のようなものに出品され、佳作か銀賞を受けたような記憶が残っている。実際には、学校代表で出品されただけであったかも知れないが、文才があると、内心で自負したものだった。

もう一つ、母が音楽好きだったので、私は当時日本を代表するヴァイオリンの天才教育で有名な篠崎弘嗣先生について、中学一年から習い始めて、代々木八幡の先生の家に通い、三年まで続けた。1955年3月19日に日比谷公会堂でモーツァルトの協奏曲を四人で演奏した（図41）。四人のうちの一人は浜田光夫君で、のちに俳優となって吉永小百合と『キューポラのある街』に共演し、吉永小百合と組んで日活のトップスターとなった。私のヴァイオリンは上手にならなかったが、「タイースの瞑想曲」が好きで、ヴァイオリンは音程を自分で定める弦楽器だったので、この時期に音感が育てられ、私はのちにジャズ・ミュージシャンとなった。

また、やさしい母にプレゼントを贈りたいと思って、中学時代に新聞配達のアルバイトをして、ネックレスを買ってクリスマスに贈った。当時の新聞配達は自転車もバイクも使わず、自分の足で走って配るので、走るコツをつかむ練習になって、のちに私が長距離に強くなる一因となった。

図41　1955年3月19日、日比谷公会堂でモーツァルトの協奏曲を４人でヴァイオリン演奏した。左端が広瀬隆、１人置いて、浜田光夫君。

神山町には、憲法改正について「ナチスの手口に学んだらどうか」と暴言を吐いた元総理大臣・麻生太郎の父・麻生太賀吉の広大な豪邸があり、総理大臣・吉田茂の娘が麻生太賀吉の妻なので、しばしば政治的密談のため政界の大物政治家の黒塗りの自動車が裏通りにズラリと並び、米軍のＭＰが護衛する姿をよく見た。その広大な麻生邸のコッカスパニールが産んだ子供の犬を麻生家からもらってデリー（図42）と名付け、私はこの愛犬と遊ぶことが一番の楽しみとなった。ところが、１９５７年末のある日の夜、溺愛していたデリーが自動車にはねられて死んでしまった。私は何日もデリーを抱いて泣いていた。

当時の渋谷の家は、今思い返しても、父が木造住宅の建築家だったおかげで、簡素ながらまったく立派な家に住めたのだと思うと、亡き父に、もっと感謝し、親孝行すべきだったと思う。一生涯の原点がこの子供時代にあって、この頃から私は非の打ち所のない幸運に恵まれたからである。

まず第一の幸運は、私の母方の祖父・野々村謙三が、朝鮮で莫大な富を築いた人間でありながら、１９４５年の日本の無条件降伏によって無一文に落ちぶれてくれたことの幸運である。その結果、当時のほと

図42　母に抱かれた愛犬デリー。

んどの人と同じように、戦後のわが家も必死で生きなければならない貧乏人であってくれたのだ。もしわが家が、わずかでも過去の植民地支配の富に頼って、戦後の生活を出発させていたなら、私の人生は、絶えず罪の意識にさいなまれただろうが、幸いにも貧しかったので、そうした負い目をまったく持たずに、自由な思想で、今日までを生きることができた。

そもそもこの子供時代のことを私は簡単に回顧しているが、敗戦直後のこの時代にわが家の一家四人が生きていたことが、たまたまの偶然であったと、現在になって強く思う。膨大な数の人たちが、東京大空襲で、広島・長崎に投下された原爆で、沖縄戦で、日本全土の都市が廃墟になるなかで、命を落としていった。浮浪児と呼ばれ、上野駅の地下道で食べ物を求めて徘徊しなければならなかった戦争孤児が山のようにいた。戦後に生き残った人たち——私たちは、みなそうした不幸を免れ、たまたまの〝幸運〟を背負って生きてきたことを忘れているのだ。こうして生き残った幸運な人間だけが、現世を自分本位で安易に考え、この世からかき消された人間の悲劇を忘れている。だから、世の中が弱肉強食の間違った方向に進むわけである。これは、人類が太古の昔からたどってきたおそろしい原理であろう。

私にとって第二の幸運は、誠実でニヒルな考えを持っていた父が、北陸・金沢の出身であって、宮大工の息子だったので材木にくわしく、土の壁が呼吸することまで、自然をよく知りつくしていたことであった。父の建築は、解体した家屋の古い材木を利用する「木拾い（きびろい）」から設計をスタートしていた。その知恵が東京でも多くの文学者たち文化人に愛された点に特長があり、人間が生きるための生活の哲学を持った木造建築家として、父が成功した原因がそこにあった。この小学校・中学校時代の私に、父が家を建てる職人の意識と技術を学ばせ、建築現場を見て育つ環境を与えてくれたことは、ただ幸運につきたと言える。その時、何も知らない幼い私は、職人さんの後ろ姿と肉体的な作業を見て、大工仕事を真似しながら、あの人たちの足元にも及ばない自分の能力を知って、致し方なく、職人になることをあきらめた。だが私がのちに文筆業で何とか一人前の作業ができる人間になったあとも、絶えず、「ものをつくる職人に比べれば、文筆業なんて、職人さんの足元にもおよばない」と考え、今日まで生きている。その自己批判の精神が、すべての行動において精神的支えとなっているのは、不思議な運命の導きであったと思う。

　第三の幸運は、戦後まもないこの時代に、偶然にも繁華街の渋谷に生きたことによって、静寂に包まれた山の手の豪邸街と、一杯飲み屋で賑わう駅前商店街が同時に共存する、あの町を俯瞰して、学校に通う同級生の性格を見ながら、内心で「この世は、どうもおかしい」という懐疑的な目が育てられたことであった。わが家を一歩出ると、先の図37のように現在の代々木(よよぎ)公園の場所に、ＧＨＱのアメリカ人家族が住むワシントン・ハイツが日本人の憧れの住宅地として広がる景色が遠望され、加えて渋谷は名だたる映画館の町であった。当時のハリウッド映画・ヨーロッパ映画が現在と違って、戦後の全世界の貧困を背景にして製作されていたため、スクリーンのどこかに不条理に反発する強力な精神が埋めこまれていた。それを私たち子供が嗅(か)ぎとって育ったことは、われわれの世代に共通することだが、言葉に表わせないほどの強運であった。

　こうして不思議な運命に導かれ、数々の精神的な運に恵まれながら、１９５８年3月、私が松濤中学校を卒業した。松濤中学では、三年の時にたった一度だけ突然「全校で第5位」という優秀な成績をとったことがあり、その時、ある教師から「お前は成績がいいが、生意気だ！」と激しく叱責されて、震え上がりながら「俺の成績がいいって？　何を言ってるんだ」と、驚いた。なぜなら私は、小学校6年の時に全校で一人だけ引き算ができないほど出来の悪い子供で、中学生になっても毎日遊び回るのが仕事だったので、通常は、同学年生500人中200位以下の「中の下」のボンクラ生徒であったからだ。そのようなレベルの成績なので、中学卒業時に受験した「都立高校」は駒場高校で、ここは女子生徒にとって秀才トップ校でも、男子生徒にとっては中流校と言われていた。だが、ふたを開けてみると、私の都立高校受験の成績は、全科目がほとんど満点で、間違えたのは一問あるかないかぐらいであった。「東京都で都立高入試の全生徒中10位以内」と先生が言っていたが、なぜか驚異的な成績であったのだ。

さらに私立では「早稲田大学高等学院」と「慶応（慶應）高校」にも受かったのである。「どこの高校にも入れない」と予想されて、別の高校向けの推薦内申書まで先生に書いてもらっていたボンクラ生徒が、早慶のいわゆる〝秀才校〟に受かったので、担任の先生がたまげていたし、私本人にもその理由が分らなかった。思い当たることと言えば、知能指数（ＩＱ）の試験後に、試験担当の先生から「お前はナポレオン並みのＩＱだ。全校一だ」と言われたことがあった。そのことから察するに、ＩＱの数字は、試験問題を予測する能力と比例関係にあるらしく、頭の良し悪しとは何の関係もないに違いなかった。つまり私は、試験問題を的確に予測したので、うまいこと驚異的な成績をとれただけなのだ。最初から、学歴の無意味さを象徴する人間が、私であった。

受かった早慶のどちらに入るかを選ぶ時、私は、小学校入学前に原宿に住んでいて、時折一人で神宮球場に早慶戦を見にゆき、無料の外野席に入って早稲田を応援していたことがあったので、反骨の校風を好んで早稲田に入学した。

第2部

第10章　早大高等学院から早稲田大学へ、奥中山の農場へと、青春時代を送る

かくして1958年4月、私が早稲田大学高等学院に入学した。野球が好きだったので、入学後すぐに硬式野球部に入部して、小さい体ながら、もっぱら野球部の猛練習に熱中し、やがて金のない野球部のマネージャーにさせられた。中学まではクラスで一番チビの私だったが、長距離だけは得意で、呼吸と、〝野生の鹿の走法〟を頭でイメージする脚の使い方のコツを覚えてから、クラスで一番になり、卒業までには身長が160センチを超えて、体もようやく一人前になった。

私が高校三年の1960年6月15日に、日本全土で空前の560万人が参加する安保反対デモが展開され、「全国商店会連合会」もこれに参加して、商人が閉店ストライキに踏み切り、もはや経済どころではない国家となった。その日、デモに参加した東大生・樺美智子さんが警官隊との衝突で死亡し、児玉誉士夫が金をばらまいて動員した右翼と暴力団が、釘の出た棍棒を振りかざして国会デモの民衆に殴りかかって60人が負傷し、警官隊との衝突では、未明までに負傷者1000人を超える国会大騒乱となった。この安保闘争で学生運動は頂点に達した。児玉誉士夫が、暴力団を金で動員するという手法を生み出したのが、この時であった。

従兄の野々村耀ちゃんが、こうした状況になる前の1月15日、日米新安全保障条約締結のために渡米する岸信介首相の渡米を阻止しようと、羽田空港を囲んだデモに参加し、機動隊に殴られて、夜に血を流しながらわが家に駆けこんできた。その姿を見て私もカッとなっていたので、6

月18日の安保反対国会デモには、私たち高校生たちも加わって史上空前の33万人に達し、永田町から霞ヶ関一帯はアリの這い出る隙もなく徹夜で国会を包囲した。私は高校三年でこのデモに参加していたが、私の周囲では「岸を殺せ！　岸を殺せ！」の怒号が闇夜に響きわたった。

1960年7月、私にとって最後の高校野球の試合に負けてボロボロ泣いたあと、野球部から解放されたので、一気にタバコ、酒、麻雀（マージャン）に遊びほうけるようになり、アルベール・カミュの〝不条理の哲学〟を愛する不良少年になった。9月には、周囲に畑がたくさん広がる閑静な荻窪の住宅街に、渋谷から引っ越した。父が荻窪を選んだ理由は、敬慕する井伏鱒二氏の家の近くに住みたいと願ったからであった。

1961年3月、私が早大学院を卒業して、4月に早稲田大学理工学部の応用化学科に入学したが、その年8月、私は岩手県二戸（にのへ）郡奥中山（おくなかやま）のキリスト教奉仕団のキャンプに参加した。東京生まれ、東京育ちの私だったが、この18歳の若い時代に、東京オリンピック前のコンクリートづくめの大都会が嫌いになっていた。そして奉仕活動（現在でいうボランティア）で岩手県北部の開拓農場に行った時から、たびたびその奥中山の農場に行って働き、それ以来、私の心は、半分東北人となった。

東北の標高500メートルぐらいの寒い高地の開拓農場で、キリスト教奉仕団の国際的キャンプが開かれた。そこに世界各国のクリスチャンの若者数十人が集まって労働するのだが、クリスチャンがお祈りと、聖書と、讃美歌に満足しているのを見て、不良少年の私はこれでは意味がないと感じた。何しろ、まだトラクターのような機械的動力もほとんどなく、手作業で広大な牛舎の清掃をして堆肥づくりをしなければならない農場だったから、お祈りでは東北の人を助けられるはずがない。そこで夏休みと冬休みには、運転手の矢ケ崎さんと、東京からトラックで二日がかりのドライブで、奥中山の牧場に個人的にたびたび通い、開拓牧場の及川さん夫妻と親交しながら、働くことになった。

私は古い豚舎をきれいに掃除してそこに起居し、朝4時~5時に起きて、乳しぼりのために湯をわかし、朝昼晩は、麦飯の上に進駐軍からキリスト教団に与えられた缶詰チーズを乗せて食べる生活を送った。牛の乳しぼりのあとは、乳牛数十頭を放牧し、干し草を刈り入れるのに、夜8時まで働き続けるのだが、牧童の及川さんや獣医さんたちが、青春時代の私を育ててくれた。そこには「マタギ」と呼ばれる昔かたぎの猟師・馬場さんがいて、川魚を手でつかみ取り、朝に快晴の空を見ながら数時間後の豪雨を予測するのだから、その能力には驚いた。牛を高原の牧草地に放牧し、ホルスタインやジャージーの牛一頭ずつに対して、私も愛情をこめて観察し、牛追いをした。冬には、雪が数メートルも積もる中、サイロに牧草を積みこむ作業に追われ、鹿のようなかわいい仔牛が生まれた時の喜びの日々などが、鮮明な記憶として頭に焼きついている。

当時はまだ機械的な搾乳機が導入されたばかりの時代だったが、乳を搾ってから、冬の豪雪期には大きな牛乳罐をいくつも馬橇に載せて、「ドウドウ」と馬を操って山をおり、奥中山駅近くに出荷した。出荷した鉄道駅近くの町では、子供の学校教育を頼まれたので、小中学生のかわいい子供たちに、英語や国語、算数などを教える小さな塾を開いた。

若かった私は、ボランティアなどという一時的な労働ではなく、本物の酪農家になろうとする意思を抱いた。また大学卒業後にも、就職した大企業のエンジニアをやめてから農場を探そうとし、それがうまくゆかずに断念した人間である。そして、「学生運動をする暇があれば、苦しい農家の手伝いをしろ！」という考えだったので、それが私を学生運動から遠ざけ、ノンポリ学生にした最大の原因であった。

１９６５年３月、私が早稲田大学理工学部の応用化学科を卒業した。当時は有機化学の合成繊維がもてはやされる時代だったが、私は卒論の研究では、地味な無機化学を選択し、土壌の肥料を植物が吸収する物質について調べ、肥料のカリウム・イオンが、どのような土壌で吸収されやすく、植物が植物を育てやすいかを追究した。人間としての学生時代の収穫は、結局、大学の授業から得た技術は何ひとつなかったが、あとで思い返すと、早稲田祭に、自動車による大気公害問題を取り上げたので、内心では、社会批判の萌芽があったはずである。

第11章　古河電工に入社し、ジャズバンドと絵画を楽しみ、パレスチナ旅行後に退社

１９６５年４月、私は古河電工に入社した。実は、会社を選んだのではなく、前年の東京オリンピックのためにコンクリートだらけとなった東京が大嫌いになったので、都会を離れて、岩手県奥中山のような静かな場所に行きたかったからであった。入社試験の面接でそう答えたところ、希望した栃木県の山の中にある日光工場に配属された。入社すると、新入社員は全員が大卒用の近代的なアパート式の寮に入ったが、私と三人の社員だけがそこを嫌い、廊下を歩くとギシギシ音がする木造ぼろ家の寮があったので、そこを希望して入れてもらった。私はそこで好き放題に、広い六畳の部屋二つを使って、一室を油絵のアトリエにして新生活を開始した。

早稲田でクラリネットをやっていた先輩社員の鎌田善浩さんがディキシーランド・ジャズのバンドをつくろうと声をかけてくれたので参加し、私は東京の古道具屋で安いドラム・セットを買ってきて、ドラムとヴォーカル（歌）を担当した。リーダーのクラリネット奏者・鎌田さんのもとで、トランペット、トロンボーン、ベース、バンジョー、ドラムで、「ニューオルリーンズ・ストンパーズ」というバンドをつくり、全員揃いのストローハットに、チョッキの制服を着て、日光霧降高原や、中禅寺湖の湖上で演奏した。また、鎌田さんがジャズ雑誌を発刊し、私が手塚治虫をまねて次頁のイラストを描くなどして人生を楽しんだ（図43）。

同じぼろ家の寮に入っていた同期入社の親友・四谷和雄君と一緒に、二人で油絵キャンバスを自分で張って、山歩きをしながら油絵を描く日々を送り、結婚後も、大卒社員用の近代的な社宅を嫌って、高卒社員用のオンボロ木造社宅で生活していた私だった。だが会社は財閥系の大企業であり、れっきとした学歴社会なので、ほかの社員に示しがつかないと言われ、のち大卒社員用の社宅に強制移住させられた。

私が、山の中の大工場に付属する研究所に配属されたことは、後年の自分の知恵を育てるのに大いに役立った。つまり大学の授業は、基礎知識を育てるのに意味があったが、そんなものは一般社会でまったく使われない知識であったのに対して、工場で命じられた半導体材料を製造するには、化学材料についての知識だけでなく、物理学も数学も電気学も必要であった。さらに大学で学ばなかった配線技術も、金属工学・機械工学・設計からX線解析と溶接技術まで、すべての知識を同時に備えていなければ、研究用プラントを自分でつくったり、新製品を開発することは、何ひとつできなかった。それが、工場の製造現場というものである。それをよく知っているのは、

図43　ジャズ雑誌に私が描いたイラスト。
写真は(左)中禅寺湖の湖上でドラム演奏中。 (右)中古のドラム・セットを叩く私。

大卒ではなく、専門学校を出て、腕に技術を持った人たちと、下請け工場の人たちであった。おかげで私も、自分で学ぶことを覚え、少しずつだが、一人前のエンジニアに近づいていった。

この時期から次第に、学歴重視の企業人間にさせられている自分に大きな疑問を抱き始め、私の助手として働いてくれる作業者や、中卒の女子社員に申し訳ない気持から、係長・課長・研究所長の頭越しに、社長に宛てて直訴の手紙を書いた。「中卒・高卒・大卒にかかわらず、全員が朝8時に出社して4時まで、同じ時間だけ働いているのだから、われわれの研究グループは、全員を同額の給料にしてほしい」と訴えたのである。

すると社長が本社に来いというので面談して、私の平等主義なるものを述べた。

その結果、頭越しに社長への直訴がおこなわれたことを知った研究所の私の直属の係長が、驚いて私のところに飛んでくると、みなの前で「君は管理できない！」と叫んだのである。その言葉に驚いた私は、「人間は、管理するものではありません」と言い返した。そして「そうか、企業で係長・課長・部長以上を〝管理職〟と呼ぶのは、業務を管理するのではなく、人間を管理することなのだ」と初めて知って、企業システムの実態に寒けを覚えたのはこの時だった。現在、日本社会で、パワーハラスメントと呼ばれる事件が山のように報道されているのは、日本では、ほとんどの管理職の人間が、業務を管理するのではなく、誤って、人間を管理しようとして起こっている現象なのである。彼らが管理職に対して持っている優越感の自己認識は、とんでもない考え違いである。

社長への直訴からほどなくして、われわれの研究グループが、集団左遷される形で、研究所から工場の片隅の寒い現場に追放されたのである。結局、私の行動は、私が救おうとした女子社員を、かえって厳しい環境に追いやってしまったので、大企業における行動は、勝てない勝負では無理だと悟り、色々と考えるうち、新約聖書は面白い哲学書だと気づいて、イエス・キリストの伝記小説を書きながら、内心で退社を計画し始めた。

そうした精神的な反乱のため、１９７１年３月、会社の有給休暇を全部使う形で、**40日間「休職」**して、水彩画の道具とギターを一本持って海外旅行に出た。船で東西冷戦下のソ連（ロシア）に渡り、東ヨーロッパからオーストリア・ドイツ・フランス・スイスを経て、イタリアでイエス・キリスト時代の古代ローマ帝国の調査をしてから、最終目的地イスラエルに渡って共同農場のキブツに住んだ。私は中東を調査するジャーナリストだと称してほとんど労働せず、ギターと腕時計を売って旅費を工面し、イスラエル国内のパレスチナ調査旅行に明け暮れた。イエス・キリストが説いたと伝承される哲学を、実際には誰が書いたのか、その起源を実証することが目的の考古学的調査であった。だが当時は、アラブ人とユダヤ人の激しい対立が続き、４年前の１９６７年６月５日からの第３次中東戦争（６日間戦争）後で、１９７０年９月28日に、敗戦国となったエジプトのナセル大統領が死んでほどない時期で、ヨルダン国境に行くとまだ砲声が轟いている時代であった。やがて私もパレスチナの砂漠を旅しながら、アラブ人のベドウィンの生活にふれ、パレスチナのアラブ人の子供たちを見て、アラブ人が追いつめられているすさまじい実情に気づくようになった。危険だったが、ガザの難民キャンプを訪れ、悲惨なパレスチナ人の生活の実態を知って、反イスラエルの考えをはっきり持ったのが、この時であった。

この生まれて最初の海外旅行は、飛行機を使ってイスラエルのロッド空港から大阪空港に帰国したが、それまで毎日、パレスチナの砂漠を見ていた人間が突然、大阪から新幹線に乗って東京まで帰ったのだから、新幹線の車窓にぎっしり家、家、家だらけの光景を見て、これが日本かと思って、私はひどいショックを受けた。休職の期限が切れて会社を馘(くび)になる一日前に、日光工場に戻った。

以後は、人間嫌いとなって、工場に出勤する時に人間に会いたくないので、社宅を出ると、山の中を歩いて、裏山から工場に入るようにし、途中では、熊や猿に襲われた時に備えて、抜き身のナイフを握って出社した。工場には、『アラビアのロレンス』のようにアラブ人のターバンを巻いて出社することもあったので、完全に奇人扱いされながら、ますます企業内の階級制度が気に入らず、激しいレジスタンスを始めた。社内の会議というものは、大卒者だけが集まっておこなうルールなので、私は一切の会議を完全にボイコットし、大阪転勤の辞令（左遷命令）も破って、平気で出勤したが、不思議なことに、現場の工場作業者は、誰もが味方になって、私を守ってくれた。

しかし、私の行為は、要するに私の性格がサラリーマン社会に合わない、というだけの話なのである。私のレジスタンスはすべて、大企業内では「無駄で意味もない抵抗」であったから、ほかの無関係の社員に申し訳なく思って、1972年5月、7年間つとめた古河電工の日光工場を黙って退社し、父母が住む東京の家に戻った。

第12章　翻訳者・小説家として第三の人生に踏み出す

仮住まいのつもりで東京・荻窪に帰宅してから、幼い娘二人を養うため職探しにとりかかり、酪農家になろうと考えた。学生時代に、岩手県の農場で世話になった酪農家の及川さんが静岡県袋井(ふくろい)のデンマーク農場に移っていたので会いに行き、雇ってくれと頼んだ。その農場は、夜になると漆黒(しっこく)の闇が訪れ、懐中電灯がなければ前が見えずに一歩も歩けないほどであった。その時、空を見上げると、満天にぎっしりと敷きつめられた星々が、いまにも地上に落ちてくるばかりに輝いている、まさに天国に最も近いような世界であった。都会の人間にとって、人工的な光がまったくない、このような土地に来たのは久しぶりのことだったので、息が詰まるような感動を覚えた。ところが及川さんは、「お前は、ほかにやることがあるだろう。自分にふさわしい道を探せ」と言って、私の夢を断ってしまった。

そこで東京に戻り、金に頼らず生きられる仙人生活をめざして、失業保険を受け取りながら、当面は、生きる糧(かて)を得るために翻訳業に進む道を選んだ。というのは、私は中学時代から、自慢できるのは英語であった。さらに父の書棚にあったモーパッサンとバルザックの小説をすべて読み、そのおかげで高校・大学時代にはフランス語を第二外国語に選んで7年間も学び、イヴ・モンタンやイヴェット・ジロー、カテリーナ・ヴァレンテから、シャルル・アズナヴールまで、シャンソンをフランス語で流暢に歌うことができた。会社時代には、外国特許を申請した件数は社内トップレベルで、その時に英文翻訳の能力をつけていたので、私にとって語学は難しい学問ではなかった。一方、小説を書くために、誰にも負けないほど日本語の文章力も磨いていた。こうして、ほかの人よりすぐれた特技が、語学力にあったので、翻訳者であれば食えるだろうと考えたのである。そこで友人からタイプライターを入手して訓練を始めた。ジャズ・バンド時代にピアノのレッスンをしたことが役立って、楽器と同じタイプライターのコツをつかんで、タイプ打ちをたちまち修得できたので、「プロの翻訳者」として売りこむことにした。

この1972年当時は、新聞に「翻訳者求む」の求人広告が出ていた時代なので、英語とフランス語の翻訳者として応募し、文科系・理科系の分野を問わず、あらゆる翻訳仕事を受注した。そして、受注して英語やフランス語の原稿を受け取ったあと、図書館に行って初めてその翻訳文の専門分野について深く調べ、内容を自分で理解してから翻訳に取り組むようにしたのである。この方式は、どのような翻訳依頼が来るか、受注するまで分らないので、自分の知らないあらゆる広い分野にわたって、私の学習能力を図書館が高めた。現在では絶対におこなわれないことだが、当時は、大企業が社内で重要な文書の翻訳を外注に出す時代だったので、プロの翻訳者は、国連における各国の政治家の重大発言をはじめ、世界の最先端の〝機密資料〟に接することができる職業であった。そのため、世界的な動きに対する私の知識を高めるのに驚くほど役立った。

その時、翻訳者である私の役割は、「原文の忠実な翻訳」だったから、原文の著者が記述した内容に、私が踏みこんで「原文の過ち」を指摘することは、翻訳者がしてはならない行為であった。だがその頃は日本が大気汚染・海洋汚染に覆われていた大公害時代で、農薬と添加物による食品汚染や、さまざまな薬害も顕著であり、私は図書館で原文の意義をくわしく調べてから翻訳にとりかかっていたので、自然、原文の内容にも翻訳者として社会的な責任を感じていた。そのため、もし著者の原文に間違いがあれば、翻訳内容に踏みこんで、それに対する意見や注釈をつけるようにしたのである。その常識外れの行為が、かえって翻訳者として大きな信頼を高めるようになって、大量の翻訳を受注するようになり、この作業に明け暮れた。

この時期に母が癌の大手術を受けた。母の介護をするうちに、それがきっかけで、学生時代に読んで感動したカミュの小説『ペスト』に描かれた医師の哲学をまざまざと思い出し、医療行為に対する深い敬意から、私の心は医学に強く惹かれてゆき、やがて望んでいた医学分野の翻訳依頼が来るようになった。そして、クインテッセンス出版の歯科雑誌を毎号、全ページ翻訳することを任された。他方で技術系のエンジニア分野では、IBMの分厚いコンピューター・マニュアルを丸ごと翻訳して、大金をかせぎながら、近郊に畑を借りた。自然農法で生きられる自給自足の生活をめざし、30種類ほどの野菜の種をまいたり、苗(なえ)を買ってきて植えつけ、農業日誌をつけながら、生まれて初めての野菜の栽培に挑戦した。頭の中では、山中に引っ越してすごす仙人暮らしを夢見ていたのである。こうして私のまったく新しい人生が始まった。

翌年1973年の9月、『リハビリテーション・クリニックス　物理療法のすべて』(医歯薬出版)の翻訳書を刊行し、この書は30年以上も教科書として発刊され、私は医学書の翻訳では一流の専門家となった。しかしそれより重要なことに、医療の歴史を学び直した私は、古代バビロンでは、「病人が大道に坐って通行人に自分の苦痛を訴え、その言葉を聞いた通行人が、病人に痛みをやわらげる知恵を与えた」、そこに人類の医療行為の原点があったことを知り、この態度が現代社会に最も欠けていることを痛感した。つまり近代的な医療が、医師中心に偏(かたよ)りすぎて、医療の本質が「患者の救済にある」という、本道に立ち戻る――つまり患者同士の会話が必要であることに気づかされたのである。そして医師の誤診や、間違った投薬や治療法によって、むしろ医療行為が医原病と呼ばれる病気を生み出しているという誠実な医師の訴えを知り、すぐれた外科手術中心の西洋医学を高く買いすぎることなく、東洋医学にも目を向けるようになった。その後も私は、多くの日本人医師や大学教授の医学書の下訳者として、日本語を英語に翻訳し、また英語を日本語に翻訳し続けた。

この間、私は１９６０年代から70年代にかけて日本を襲った水俣病、イタイイタイ病、スモン病など数々の公害・薬害問題を目にしながら、私が工場エンジニア時代に、自分たちの世代の誰もが同じ過ちを犯していたという責任を感じていたので、被害者の調査に取り組み、個人的には、世の中で苦しんでいる障害者に手を貸す活動を色々とおこなうようになった。

障害者の手伝いでは、全盲のピアニストの手助けをするうち、盲人の能力が非常に高いことに驚き、数々のことを彼から教えられた。ところが、障害者だけが働く工場で肉体的な奉仕活動をしていた時、ある日、障害者の人が笑いながら、「君は、無我夢中で働き過ぎる」と言ったので、ハッとして自分の姿に気づかされた。「自分は障害者を特別なものと考え、障害者を助けようと考えている。つまり自分の心のどこかで、障害者に〝温情〟をもって接しているのではないか？そのような情は、自分をすぐれた人間だと思う傲慢さから生まれるもので、卑下するべきものである」と。

たとえば今、私が道路に出て自動車にはねられ、重大な身体障害を負ったとする。その時から、私は「障害者手帳」を持つ障害者になるだろう。しかし、広瀬隆という人格は、その事故の前と後で、まったく変らないではないか。世の中では、「障害者」という言葉の使い方、理解の仕方が、どこか人を見下すようで、間違って使われている。障害者とは、病人と同じで、医学的な意味に限って使われるべき用語で、人間個人の人格とは無関係である。否むしろ、「自分は健常者であると思いこんでいる人間であっても、すべての人間は、欠陥を持った障害者である。障害者は特別な存在ではない」という確たる人生観が、この時期に身についた。

　さまざまな考えを小説に託して、社会に積極的に伝える人間になろうと決心したのは、この時期であった。そして1978年12月、用心深くカムフラージュの作品をまぜて、十人のペンネームを使って、盲人の心理を描いた『白い杖』……広島に投下された原爆で一瞬にしてこの世から消された家族の物語など、さまざまな社会問題を描いた短編小説集『魔術の花』を自費出版して、生涯無名の小説家をめざしたのだ。私は自分の生涯を振り返って、何一つ特別な才能が与えられていない小さな人間である。しかし、世の中に向かって、言いたいことは山のようにある。そのような人間でも意見を言うべきであるから、邪心なく、自分の意見を社会に届けようと決心した。それには、小説家が一つの道だが、自分はどうでもよい存在だから、十人十色のペンネームを使うのがよい、と思ったわけである。

　こうして『魔術の花』を多くの識者と文化人に送って寄贈したところ、歴史学者の羽仁五郎さんが、その中の一編、「千葉県の成田空港建設に反対する農家の老婆」を描いた作品『逮捕』に対して、「この小説はゴーゴリの『検察官』の現代版だ」と、激賞する言葉を贈ってくれたので驚いた。また、ヒット曲「上を向いて歩こう」の作詞で知られる作家の永六輔さんが、月刊誌「話の特集」に『魔術の花』に対する長い書評を書いて、「十のペンネームが使われているが、一人のものに違いないと思い……とうとう全部を読んでしまった。読みながら気がついたのは、これは名のある作家の遊びだろうということだった。しかしそれぞれの分野での驚くべき博識、そして変化する文体……芥川賞向き、直木賞向き、泉鏡花賞向きまでそろっている。やっぱり十人のものなのだろうか」と、謎めいた言葉で高い評価をしてくれたのだ。そうしたこともあって、翌1979年に、一人で書いたと見抜かれたことには口をつぐんで、永六輔さん、歴史学者の色川大吉さん、画家の安野光雅（あんのみつまさ）さん、漫画家のサトウ・サンペイさん、画家の谷内六郎さんたちの推薦を受けて、「話の特集社」を版元として、新たに同書を自費で刊行した。

ベトナム人から見た許されざるベトナム戦争……ホームレス生活者が受けているすさまじい差別……病院に勤務する看護婦の過酷な生活……などを描いた数々の作品を加えて。

その出版とほぼ同時期、1979年3月28日、アメリカでスリーマイル島原発事故が発生したのだ。

第13章　反原発運動に飛びこみ、新しい運動をめざして市民と共に活動する

本書は、日本の朝鮮植民地統治時代に、わが家の先祖がどのような立場にあったかを一族として正直に懺悔（ざんげ）し、同時にその時代の日本人が何をしていたかを私の一家に重ね合わせて描くことによって、現代の日本人に、嘘や間違いのない日本人民衆の朝鮮侵略史を知って貰うことが動機で書き出した記録である。

だが、1979年のスリーマイル島原発事故がきっかけとなって私が始めた社会的運動は、それまで比較的平穏に過ごしてきた私の人生の後半を、すっかり一変させてしまったのである。このあとに、私が始めた原発反対運動および、そのあとに続いておこなった反戦平和運動は、私が世間知らずの無知な人間であったがために、それまで日本人が展開してきた社会的運動とは、毛色がまったく違ったものになった。そして今になって気づいたのだが、この活動について40年におよぶ長期間の記録は、今まで一度も、誰の手でも、どこにも書かれたことがなかった。それは私が、「運動は社会的なものであるから、個人的なことを運動に持ちこまない」という方針で生きてきたからである。先に述べた通り、私は、自分がつまらない小さな虫と同じように、何の意味もない生き物であることを知っていたので、自分の人生に対してまったく興味がなかった。これは卑下して述べているのではなく、本心であった。基本的に、「自分は早く死んで、地獄に行けばよい」という人生哲学で生きてきた。ところが、世間に対しては、言いたいことが山のようにあった。なぜなら、他人の嘘にだけは耐えられない性分だからだ。

このように「私的なこと」と、「社会的なこと」を、完全に分けようとした私の考え方は、運動仲間に対しても同じであった。相手の人の〝年齢〟と〝どこの生まれか〟という人生の輪郭のほかは一切、個人的なことを尋ねないようにし、誰に対しても、互いに独立した人間関係を結んできた。自分に関しては、個人的な内容を書籍に書くことを極端に嫌った。そのため、新聞社から過去についての取材を受けても「昔のことはどうでもいいから、目の前のことを書いてくれ」と答えてきた。この40年間の記録があるかどうかを問われれば、同時代に共に活動した親友の何人かが、自分史を記述した中に、あるいは現地の原発反対運動の記録の中に、断片的に私も登場しているぐらいだ。

私の活動記録は、私本人が書かなかったのだから、当然のことながら、どこにも書かれたことがない。その当時から現在まで、40年間におよぶ長期間の運動の渦中で、私が胸に抱き、現在まで持ち続けてきた〝社会を変えるには、どのようにすればよいか〟という社会運動論は、忘却の中に投げこめば、最も面倒がないことである。忘れることは簡単であり、手間はかからない。しかし今まで通り、私と共に行動した人たちのことを、まったく闇に捨て去って、忘れるべきものだろうか。

77歳の人間が、過去のことを回顧するようになれば、その者の人生はもう終りだ、ということぐらい百も承知している。ところが最近、矛盾に満ちた日本社会にとまどいを感じている膨大な数の人を見るにつけ、私という奇人が実践してきた社会運動論と、私と共に活動してきた人の考え方は、老いも若きも含めたすべての読者にとって、参考にする価値があると思うようになった。つまりこれからの記述は、単なる私一個人の回顧録ではない。その活動に参加した〝ある種の性格を持った人びと〟の軌跡をたどることによって、以下に述べる一つずつの事績が、現代人にとって〝知恵の泉〟になり、**誰もが運動で成功するバイブルになるはずである。**

なぜなら、何千何万とも知れず数えきれぬほど多くの人たちが、私のとった行動と表現を支持してくれたことは、一時代の史実であり、それは私個人を越えたある一つの行動哲学として、読者の参考になると思うからである。私を嫌う人間には、それが自画自讃に聞こえるに違いない。が、間違っても私の社会運動論が人類の正義や王道だと思ったことは一度もない。何しろ私は、自分が何かの面ですぐれていると優越感を抱いたことがまったくない人間である。むしろ身勝手に見えたであろうこの変人の行動について、正直な苦悩や告白も含めた記録として、本書の後半ここに、それを書き残しておくことにした一つの理由は、社会がそれを利用できると気づいたことにある。

それは、私が勝手に〝実の息子〟と思ってきた俳優・山本太郎の活動を見ているうちに、ふと思いついたことである。勿論、私は山本太郎のように特別に才能に恵まれた男ではないが、ごく一部の性格が彼と似ているかも知れないのだ。また山本太郎が社会運動を開始した年齢が36歳で、私が1979年に活動を開始した時とまったく同じだったので、それまで二人とも「社会運動をしたことがなかった人間」として、不条理な社会を見る目が二人とも〝非組織的〟で、堅苦しい形式を嫌い、自由だという点で、どことなく似ている面がある。

私のとった行為を、分りやすく表現すると、従来の左翼的な匂いの強い社会運動とまったく違うものであった。私は、プロの運動家に喧嘩を売らないまでも、故意にプロの運動家を無視して活動を展開したので、時には堅苦しい理論家たちのあいだで、私の存在は物議を醸し、一方で、かなりの膨大な数の市民から熱烈な支持を得た。普通は、誰の支持も得られないような運動を提起する場面でも、私の主催する講演会や集会には多くの人が集まるので、ある人は、それを〝広瀬マジック〟と呼んだが、それは私の性格のためでなく、講演会や集会に集まった人たちの、自由を求める性格によるものであったのだ。その特異な市民運動の性格を決定づけた行動の原理は、実は私の人生の前半についてここまで縷々述べてきたように、自分の欲望にかまけて、社会運動に無頓着なごく普通の人と同じく、社会運動を嫌ってきた私の人生哲学にあったのである。

そもそも私は、勝手気ままに人生を享楽し、映画館に入りびたる青春時代を過ごしたあと、間違って大学までも卒業してしまったため、工場エンジニアの労働者として企業の差別社会を見て、画家としても、ミュージシャンとしても、猛烈な読書家としても、誰もが抱く「人間はなぜ生きるか」という謎を解くため、イエス・キリストの思想の泉を求めて中東に旅しながら、すべての夢が破れた人間であった。その後、農家の仙人暮らしを夢見ながら、医療分野にとびこんで、小説家をめざした時から、予期もせず、いきなり難解な社会問題に取り組み始めたわけである。

このように、その時々の直感に頼る無計画な人間の思想は、従来の左翼運動や社会的運動に携(たずさ)わってきた人たちの出発点とは、まったく異なっていたのである。それが大失敗であったなら、記録を残す必要はないが、私が優秀ではないために、ある意味で大成功をもたらしたのである。そして山本太郎もまた、私の身勝手さと同じように「左翼も右翼もない」という選挙運動によって、大成功を収めているのだ。したがって、この私の考え方と、そこに集まった人たちの性格と、運動のために実際にとった行動は、現在、日本で社会運動をめざす人にとって、良くも悪くも、大きな参考になると思われるので、ここに、その意味をくわしく述べることにしたのである。

社会運動をまったく知らないドシロウトの人間が、この時代にスタートし、それに共鳴してくれた民衆の運動の性格こそ、短編小説集『魔術の花』の一編『逮捕』に描いた年老いた農民の感情であり、その感情こそ、羽仁(はに)五郎さんが共感し、今の時代の民衆の活動に必要だと痛感されるものである（**小説『逮捕』を、本書の巻末に掲載する**）。

第14章　市民グループ緑の会

実は、スリーマイル島原発事故が発生した時の私は、プロとしての翻訳者時代に、数々の医学書を通じて膨大な知識を得ていたので、テレビ・新聞の報道界に対して内心で強い不満と怒りを覚えていた。日本人が原子力発電と放射能の危険性にまったく無頓着であることに、重大な疑いと懸念を抱いて、たった一人の世界ではあるが、さまざまな調査を進めていたのである。

特に私が毎月の翻訳を依頼されたクインテッセンス社の月刊歯科雑誌は、巻頭の一文に編集者の奥深い哲学的な言葉が語られ、原子力産業と公害問題に対する疑念と皮肉の言葉にあふれていた。「今度この世に生まれてくる時は、添加物がたくさん入った食品を食卓に並べ、何も考えずにたらふく食べてみたい。消毒液のまかれたプールで泳ぎ、排気ガスに満ちた空気を胸いっぱいに吸いこみ、思いきり遊ぼうではないか」――このような皮肉とブラック・ユーモアにあふれた医師の言葉を読んで、心を動かされない人間はいない。

そこで、私はそれらの英文を手がかりに、真意を探ろうと図書館に通って、海外から文献を次々と取り寄せた。当時は安価なコピー機がない時代だったので、大学で教えてもらえなかった原子力と公害問題について、ほとんど自分が知らなかった新しい知識を、何冊ものノートに写し続けた。自分が放射能についてまったく知らず、職業的にも、まったく原子力に体験も知識もない人間だったにもかかわらず、こうして膨大な数の図書館の本を読んで自習したあと、神田の古本屋街まででかけてゆき、原子力発電の設計に関する専門書を買いこんで、理解しようとしたこの作業は、したがって、学歴とは無関係であった。文科系と理科系の違いも、まったく無関係であった。知ろうとする意欲を持って、中学さえ卒業していれば、誰にでもできることであった。

その後の私の人生にとって、何事も〝自習〟が最も重要な能力を与えてくれ、行動を起こす自信を体内に生み出してくれたのだ。それは、すべての人に知ってほしい最重要のことである。

人を集めて説明する「講演会」を、その頃、私が「学習会」と呼んだのは、「自分でしっかり学習してほしい」との意をこめてであった。そして最近時折、「山本太郎さんは、どんな人ですか？」と尋ねられた時に私が答える〝山本太郎の特長（強み）〟が、「おそろしいほどの自習能力」にあるのである。彼は、昨日までまったく知らなかった問題について、翌日にはすっかり理解しているほど、一人で調査して学習する能力が高い。さきほど、ごく一部の性格が私と似ているかも知れないと述べたのは、その点である。

そう、原子力という分野は、誰もが放射能の被害者になるおそれがあるのだから、誰もが首を突っこんで自分の意見を述べるべき問題である。よって、専門家の言葉に耳を傾けてもよいが、専門家と称する人間に自分の命や人生を任せてはいけない。１９７０年にイギリスのオックスフォード大学の女医アリス・スチュワート博士が、「**妊娠した女性がレントゲン写真の撮影を受けることによって、胎児が被曝し、小児の癌や白血病が増加している**」という衝撃的な調査結果を発表してから、それまで人類が当たり前のように病院で撮っていたX線撮影が危険であることが明らかにされていた。スリーマイル島原発事故が起こったこの１９７９年には、すでに世界中の医師たちがX線と放射能の危険性に気づいて、数々の警告を発していたのである。ところが、日本では、特に日本の医学界がまったくそれを無視し、報道メディアがまったく無頓着に〝放射能を放出する原子力発電〟を推進していた。日本医学界と報道界のこの恥ずべき態度は、2020年のコロナ・ウィルス禍で、原発作業者に感染症が発生しても「原発を止めろ」という声をあげず、まったく改善されていない。

こうして私は、自分で調べた外国資料――放射能被曝の実態について、女医アリス・スチュワートをはじめ、カール・ジョンソン、ジョン・ゴフマン、アーサー・タンプリン、トマス・マンクーゾ、カール・モーガン、アーネスト・スターングラスたち先駆者が数々の被害を明らかにしてきた文献――を大量に持っていた。そこで、スリーマイル島原発事故が発生して、アメリカの東部が廃墟になるかも知れないというパニックに襲われた直後に、私は自宅の東京・荻窪～西荻窪周辺で「原発が秘めた国家壊滅の危険性」を書いたパンフレットを印刷して配り、反原発の市民運動を、たった一人で開始したのである。渋谷のハチ公前に行けば多くの人間がいると考えて行ってみたし、新宿の紀伊國屋書店の前に行けば知性ある人が多いだろうと出かけて行ったが、どこでも冷笑されるだけで、空しい涙を流しながら、寂しく帰宅する日々が続いた。

そうこうするうち、私の活動を聞きつけた人たちが三々五々と集まってきて、毎週木曜日の夜に集まる市民グループ「緑の会」が生まれたのである。その会では、社会運動について無知な私と違って、広い知識を持つ教科書会社の西村良平さんが中心となって、会に数々の人を手招いてくれた。西村さんのおかげで、このユニークな人たちの集まりは、島田興生さんと樋口健二さんから大きな知恵を得た。島田さんは、太平洋のマーシャル諸島で、ビキニの水爆実験による放射能被害者を追跡してきたフォトジャーナリストであった。一方、樋口さんは、下請け労働者が最も危険な原子力発電所内部の作業に従事させられているすさまじい被曝実態を告発した写真家であった。私たちが最も知りたいと思っていた放射能被曝の現実を、二人の先駆者から教えてもらうことができたのだ。

個性的な人が集まり、みんなで議論を重ねて、その人たちの知識を聞いた上で、『原子力発電とはなにか……そのわかりやすい説明』を私が得意の図解入りで編集し、執筆した。それを最初はガリ版刷りで発刊し、私はリュックにそれを大量に詰めてあちこちの集会を訪れて販売した。その時代は、自宅に近い中央線・西荻窪の喫茶店「ほんやら洞(どう)」を本拠地とし、そこに、ベトナム反戦運動をしてきた元(もと)米軍兵士のダグラス・ラミスさんがやってきたので、彼が津田塾大学教授だとも知らずに親友になって、有能な反戦平和運動家や、無農薬野菜をめざす多数の人とも、次々に知り合うことになった。みな幅広い知識を持った人たちであった。

第15章　党派を無視した反原発市民運動

まったく世間知らずだったのは私だけであった。ではその時、私が、当時の社会をどのように見ていたかというと、日本の社会運動は、右翼と左翼の両方とも、自己主張に凝(こ)り固まっていると見えた。私の思想では、「資本主義」と、「共産主義・社会主義」のそれぞれに長所があり、それぞれに短所がある。ところが現実社会では、それぞれの人間が、自分の主義だけを主張して、資本主義者は〝キャピタリズム〟、共産主義者は〝コミュニズム〟を掲げて、相手側の欠点を痛烈に攻撃し、相手側の長所を理解していないと思えた。私にはマルクスなんてまったく興味がなかった。まさに、膨大な数の民衆が、そうした自己主張だけに走る運動論に乗せられているではないか。その結果、戦後の全世界が、東西対立によって戦乱の悲劇を生み出しているのだ。

ではこの時、36歳の私が、「資本主義」と、「共産主義・社会主義」のあいだで中立だったかといえば、そうではない。中立や中道という曖昧な立場をとることは人間として結論を出さない、つまり思考しないのだから最もよくないと、私は考えていた。しかし思考した末にも、左右のどちらにも与しなかった。農業第一主義、つまり食卓の食べ物第一主義で、芸術愛好家だった私は、歴史的な記録をくわしく調べていたので、むしろ左右のどちらに対しても、具体的な点を痛烈に批判した。その結果、何をするにも、両側から批判を受けてはじき出され、いわゆるノンポリの立場に追いやられた人間であった。

かくして私個人は、社会運動にひどく未熟で、「代々木」が共産党を意味することも知らず、「中核派」だとか「革マル派」の名を聞いても、それが何かを知らないほど無知で、「緑の会」の運動を通じて耳にする運動家の言葉をほとんど理解できずに、笑われ、あきれられた。しかしそれが何だと言うのだ。原子力産業が生み出す放射能の危険性については、誰よりもよく調べて、くわしく知っているのである。食べ物（農業）と職人仕事を重視する私のような人間の生き方が、間違っているとでもいうのか。そうではないはずだ。世間には、私と同じように〝食卓を最も重視して考える人間〟がたくさんいて、その人たちが「緑の会」が右でも左でもないことに、非常な魅力を感じてくれたのだ。そのおかげで、いわゆる運動家ではない膨大な数の人たちから、私たちは予期もしなかった期待を抱かれることになった。そしてこの政治的無色性が、私の生涯について回る〝肩書〟となったのである。

ゴリゴリの原発推進派である読売新聞の一記者は、「緑の会」に、農薬や食品添加物を追及する消費者運動にコミットする普通のお母さんたち（主婦）が参加しており、「緑の会」は多くの一般人が集まるノンポリ的なものであって、代表者もいないし、政治的な運動ではないことを嗅ぎつけて、ある日、私に会いにわざわざわが家までやって来た。その読売新聞記者は、大変誠実な人で、私が社会運動をまったく知らないので、「あなたのように何も知らない人が運動をしているので、危なくて見ていられない。運動には危険な集団もある」と切り出して、さまざまなグループを説明してくれ、運動の進め方について色々と適切なアドヴァイスをしてくれた。これは、社会運動に未熟な私には、大変にありがたい助言であった。

そのように無知な人間が突然、無謀にも、東京の人口密集地の住宅街のど真ん中で、初めて市民運動をスタートしたのだから、日本にも「原発反対運動」が数々あることを知って、私は驚いたのである。だが、何も知らない人間は唯我独尊で、組織的にこわいものがないので、私は〝無敵の一介の市民〟であった。その時、一介の市民だからこそ抱いた最初の疑問があった。

聞けば、原発反対運動は全国にあって、たとえば茨城県の東海原発や、静岡県の浜岡原発のように、原発の現地に行くと多数の人が反対運動に集まっているという。ではなぜ、私のような一介の東京都民や、テレビ・新聞の報道メディアの危機意識が高められてこなかったのか、その点に、私は最大の疑問を抱いたのである。こうして反対運動に疑問を持って考え始めると、何もしてこなかった人間としては、運動の先人に大変失礼なことだが、「従来の運動には何かの欠陥があるはずだ」という直感が働いた。自分が始めるべき運動の鍵はそこにあると考え、運動、つまり自分の思想をできるだけ多くの人に広めるには、どのような方法をとればよいかと考えて、懐疑的な目で運動を始めたのである。

なぜなら、社会運動を知らなかった私が、社会運動に接してすぐに、普通の人間の感覚で、「どうもこの人たちのやり方はおかしい」と感じることが多々あった。何しろ普通のノーマルな人間社会では、「楽しい映画館や音楽コンサート会場に入る時に、自分の名前を書かされることは絶対にない」ではないか。ところが、社会運動の集会では、入場者が入口で自分の名前を書かされることが、習慣のようになっているのだ。そんな署名を強制すれば、普通の人間がみな離れてしまうじゃないか。

それに、何度も集会にゆくうち、みなの着ている衣服が、ある種の独特の匂いと雰囲気を持っていることに気づいた。つまり、全員ではないが、何となく〝ヒッピーくずれ〟のような服装の人が多いのである。私自身が畑仕事をする時には、ジーンズをはいて野良着(のらぎ)で肉体労働をするので、この人たちは私の普段着に近かった。だが、どうもそれとは違う雰囲気であった。着ているものの色彩がヨーロッパ的ではないのだ。東南アジア的、または南米のインディオ的、あるいはアフリカ的であって、この人間たちはそうした文化が好みらしい。そして、どうやら貧乏人が多いらしいのだ。貧乏人という言葉が言い過ぎなら、金持階級ではないと言った方が正確だろう。

その金持階級ではない低所得者層の貧困は、おそらく運動の正しさを証明しているだろう。

だが、貧乏人が多い運動は、とりもなおさず金の回りがよくないことの証(あかし)であるから、社会的に成功していないことを意味するはずだと、私は思った。金持が参加せずに、低所得者だけでは、社会運動として不完全である。こうした独特の雰囲気が、上流意識を持つ人間を遠ざけているようにも感じられたので、私は何も感じさせない清楚な服装を心がけた。「広瀬さんは何年たっても同じものを着ていますね」と言われるのは、そのためだ。

さらに、社会運動の集会や講演会では、入るときに色々なビラを渡されるが、当日の集会や講演会のテーマと関係ないビラが多く、それが集まりの意義を薄めていた。ヨーロッパでは、そうした自分勝手なことをしないのが市民運動のルールだが、日本では誰もが平気でやっている。これは、集会の参加者が、自分の宣伝にしか関心がなく、当日の社会問題そのものに対して真剣ではない証拠だ。日本人の運動は、どうもうさんくさい、と感じることが多かった。

第16章　日本の社会運動に対して抱いた違和感

もう一つ気づいたのは、原発反対運動の論客が、「緑の会」のような一介の市民ではなく、ほとんどが肩書を持った学者であることだった。加えてその学者たちは、市川定夫氏が放射線の遺伝的影響を追及する研究者であることを除けば、大半が物理学や原子力工学系の大学関係者であった。その人たちの高度な知識は、原子力発電所の大事故の可能性を議論するのに必要なものであろう。だが私が主に調べてきたのは、そうした大学で語られるようにアカデミックで理論的な物理学ではなかった。私の工場エンジニアとしての汗くさい体験から、原子力プラントを製造する現場での生々しい実情が知りたかった。

いやそれより何より、大事故で放出される放射能が人体におよぼす深刻な医学的影響が、私の最大の関心事であった。放射能が人体にとって危険ではないなら、そもそも私が原発反対運動を始める動機は、まったくなかったから、問題は放射能被害にあったのだ。

そしてすでに私は、医学翻訳者としての長い体験から、海外における放射能の被害調査を、日本の誰よりも早くから、天涯孤独の世界でおこなってきた。得られた私の結論は、こうであった。「医学には、〝学〟の文字が付くので、アカデミックな学問で、医師という特殊な能力を持った人が取り組む問題だ」と、誰もが常識として考えていることに、そもそもの人類の間違いがある。私はそう確信していた。人間を痛みや苦しみから救うという作業に必要なことは、予防医学と、自由な医療哲学である。人間の肉体の複雑さは、神経細胞、脳細胞、筋肉細胞、血流などが示す通り、数学や物理学のように数式でスラスラと解ける〝学〟ではない。今後も人類が永遠に確立できないものが医療であるから、学者の権威が支配するアカデミックな学問であってはならない。

人間の体験こそが、医療における最も重要な知恵である。したがって病気の診断と治療は、医師の特権ではない。先述の通り、苦しみについて最もくわしいのは、被害者、つまり患者自身であり、医学的な障害者である。私はこの事実を、水俣病をはじめとするさまざまな公害の調査を通じて、痛いほど感じ、被害者から膨大な知識を直接学んできた。したがって、医療問題には誰もが関与するべきである。私自身、大学の「医学部」を卒業していないのに、医学翻訳者として難解な解剖学を徹底的に自習し、間接的に、患者の診療にずっと関与してきたのはそのためだ。

こうした考えのもとに私が始めた原発反対運動は、勿論、専門家から学べることはすべて吸収するが、「絶対に専門家に任せない」という方針で、無謀にも大海に乗り出したのである。専門家から聞いたことを、そのまま一般市民に伝えてはならない。専門家から聞いたことは、完全に内容を咀嚼（そしゃく）して、自分の言葉に翻訳し、自分が磨いてきた絵の才能を活かし、シロウトにも分るように必要な図を自分で描いて、すべてのストーリーを組み立て直してから人に語るようにつとめた。私はもともと小学生・中学生の頃から、一を聞いてすらすらと理解する〝秀才タイプ〟とは正反対の人間であった。**人の言葉**は何を聞いてもすぐには分らないので、しばらく**疑って**じっと考えてから自分で調べ直し、それで初めて人の言うことの理非をようやく理解する人間であった。このように一歩引いて考える人間なので、この点では非常に有利な立場にあった。

つまりものごとに無関心で、あまり考えていない一般市民に、私は最も近かったのである。

最近、日本で「選挙の投票率が低い」ことが問題になっているので、世の中に、この〝無関心な人たち〟が大量に存在する危機について、そこに秘められた大きな意味を書いておく必要がある。ほとんどの社会運動や政治運動の活動家が、活動を始めてまず最初にぶつかる大きな壁は、「世間の無関心な大量の人間に、問題意識を持ってもらうにはどうすればよいか」ということであろう。そして活動を始めると、「あんたは、なぜそんな無駄な活動をするのか？　今さらそんなことを世間に呼びかけても、誰も振り向かないので無駄だよ」という言葉を聞かされるものである。たとえば読者御自身も、福島原発事故のあと、しばらくは原発反対運動が盛り上がったのに、事故から9年もたった現在では、原発反対運動が相当に下火になっているとお感じではないか？　そして今さら運動をしても疲れるだけだと、弱気になることがあるのではないだろうか。ところがその気分は、「実はそこに、運動する最大の意味があることに、気づいていないから」なのである。私が運動を開始した当時、みなが無関心だったり弱気である姿を見て、「これは、やりがいがある」と思って原発反対運動に飛びこんだのは、そのためだったのである。

なぜなら、「社会全体がすでに原発反対の意志を持っているなら、自分が原発反対運動なんておこなう必要がない」のである。そうだよね。「社会全体が〝原発に反対していない〟からこそ、運動が必要になる」のである。つまり現在、原発反対運動が下火になっているなら、そうした時にこそ、原発反対運動を起こすにはどうすればよいかという知恵を絞り出さなければならない。それが運動をおこなう人間の原点なのである。社会運動や政治運動の意義というものは、**「無から有を生み出す知恵」**にあるのだ。**「鉄の壁に釘を立てる」**という不可能ができなければ、まったく意味がないのだ。**「道なきジャングルの森林に道をつくるにはどうすればよいか、その方法を考え出す」**、それが人間の役割だということが、お分りかな。

これまで〝この問題に無関心だった私自身〟が社会運動に目覚めたと同じように、世間にいる膨大な数の無関心な人に、一介の市民の立場から、放射能の事実を教える必要がある。

それには、流行に頓着せず、時代に逆らうのだ。この運動の哲学が、私の最大の精神的な強みなのである。——ただし精神力だけではダメで、ここから先に、音楽でいえば、ひと呼吸ずらして聞き手の情感をぐっと引き込むシンコペーションのように、特異な工夫が求められる。しばらく考えていると、ふっと、ひらめくものが出てくるものだ。

第17章　私が考える運動哲学

かくして、「右翼も左翼もなく、誰もが原発の危険性を知って驚き、そこから反対の意志を持って立ち上がる」ことに重点を置いて、目的の作業をスタートした。

つまり、私の運動哲学は、運動家がしばしば口にする言葉、〝勝ち負け〟にはなかった。逆に、「原子力発電は必要だ」と、かたくなに信じていた人が、こちらの味方に寝返ってくれ、私と同じように原発反対運動に飛びこんでくれることが、原子力を廃絶するのに最も近道だ、という考えであった。現在で言うなら、福島原発の事故前には原発に反対しなかった俳優・山本太郎が、原発反対運動の代表的な活動家になったように、である。これは、ヨーロッパ人とアメリカ人が楽しむ「チェス」と、日本人が楽しむ「将棋」が、同じような駒取りゲームでありながら、西洋人と日本人のまったく違う性格が出ていることに、私が感じてきた哲学である。西洋のチェスでは、相手の駒をひたすら取って取って取りまくり、盤上に残った敵のキングを断崖に追い詰めて「チェックメイト」で勝つ。これはよくない方法なのである。

この戦い方は、ちょうど第1次世界大戦と第2次世界大戦で、ヨーロッパ人がどうしてあれほど残忍な殺し合いを何度もできたのだろうと、歴史を振り返ったあとにも、彼らが反省していない精神と同じである。今日まで彼ら西洋人は、戦争を実行するルールをつくって、「捕虜を虐待してはならない」だの、「使ってよい兵器」と、「使ってはならない兵器」を決めたりしてきた。そんなルールが、大切なのか。彼らは、「戦争をしてはならない」という絶対的に必要なルールをつくらずに、殺し合うことが好きなのだ。白人は、戦争を肯定しているから、そのようなルールをつくるのである。私が現在でも国連という組織を嫌う理由は、そこにある。国連を支配する白人はどうも、「正しい人殺しと、悪い人殺しがある」と考える本能を持っているらしい。挙げ句の果てに、彼らのゲームでは、最後に、戦場のチェス盤に残った王様（キング）が、懐刀（ふところがたな）の部下や側近を失って孤立し、みじめな敗者の立場を味わうのだ。それが、チェスのゲームである。

これが、今までの社会運動の〝保守〟対〝革新〟という左右対決のゲームの結果を示していないだろうか。私たちのやるべき活動は、それでは意味がない。誰もが傷つかない方法を探すべきである。チェスと違って、日本人が楽しむ将棋では、相手の王将を窮地に追い詰めるのに、相手の駒をとって、それを自分の駒にすることが許されている。敵の駒を捕虜にすれば、味方の駒に変化するのだ。これはキューバ革命で、たった16人の手勢になったカストロが、農民を味方につけながら形勢を大逆転して圧勝した方法である。こうして将棋では、ゲームを開始した時、二人の棋士（きし）が最初に将棋盤上に並べた40枚すべての駒が、最後まで生き残るのだ。その戦いの中で、将棋盤を自分の有利な形勢に変えた側が、最後に「王手詰め」をすれば勝者になる。結局、この日本人の戦い方は、死者の出ないゲームだと言ってよい。

この将棋の原則で、味方を増やすには、どうすればよいかを、私は考え続けた。事実を普及するためには、やはり集会や講演会で説明することが基本だが、同時に、そのような集まりに来ない膨大な数の人にも印刷物を配布して、正しい事実を広めなければならないはずだ。事実について くわしく検証し、子供の頭でも理解できる分りやすい文章を書き、その文章が長くなっても魅力的なイラストレーションを添えて読んで貰い、写真などの証拠図版を見せて、確信を抱いて納得して貰うことが一番手っとり早いので、私はどうしても書物を発刊したかった。

このように、本を書くことがどれほど役に立つかを知っていたのは、過去の文豪たちである。作家エドガー・アラン・ポーが「覚書 marginalia（マルジナリア）」の中で、「書くから考えるのではない。しかし、書くことによって、考えを確証し、考えを明らかにできる」と語ったのは名言である。そして詩人ボードレールが『感想私録』の中で言ったように、「どこからでも構わず、ある題目について書き始めること」が必要である。ともかく書き始めると、人間には誰でも人生体験があるので、頭の中から、考えが泉のように湧きだしてくるからである。ただし原発の本を書くのに、私が一つだけ注意したことがあった。自分の好きな文学的（小説的）表現を使うと、読者に雑念を与えるのでそれを避け、本書のように素朴で分りやすい文章を書くよう心がけることにしたことである。

次の問題は、出版には、版元としてどこがよいか、である。目的を果たすには、原子力発電を推進している最も右翼的なメディアを落とすことが効果的だから、私のターゲットは大手のテレビ局・新聞報道界と、大手出版社に向けられた。かくして一介の市民が、一見すると不可能な作業をスタートしたわけである。分厚い鉄の壁に穴をあけて、釘を立てようとしたのだから……

今日まで、原発問題や反戦平和運動で、自分の味方であると私に分っていたのは、三一書房や、現代書館などであった。だが、そこから私が本を一冊も出版してこなかったのは、故意に避けたからではない。偶然が重なったからである。ただし私の目標が、〝敵陣営の将棋の駒である自分の仲間ではない人間たち〟を変化させることに向けられていたことが、その原因の一つであった。

原子力発電を推進している大手新聞社と大手出版社が変れば、日本は変りやすい。考えてみれば、それは、簡単なことではないか。何しろ原子力発電の大事故がもたらす災厄は、日本という国家を滅亡させるのだから、愛国者の保守的な人間、つまり真正右翼こそが最も強く原発に反対するのが道理である。現在でも見かける、愛国者団体を名乗って原子力発電の推進論を語る人間、櫻井よしこのような人間は、愛国者ではないのである。

かくして大手出版社から自著を出版してもらおうとした私にとって、自分の書籍を、もしうまく大手出版社から刊行できたとしても、それでは意味がないと、その一歩先を考えた。「正しいことを語る自分」に満足する生き方は、人間が最も陥りやすい誤りである。そうではなく、大量の部数を、不特定多数の人たちに売って、出版社が喜ぶほど採算がとれなければ、私の行為は、原子力発電をストップさせる「目的」に成功しないはずである。

一方、私の敬愛する写真家の樋口健二さんが、そうした考え方と正反対に、『売れない写真家になるには』という魅力的な書名で本を出している。これは樋口さん独自の日本社会に対する痛烈な皮肉であって、「深刻な問題と正面から取り組んだ写真集は、日本社会では売れないに決まってる。俺は、魂を売らない写真家として生涯を通す」という、人間として一流の誇りの宣言なのである。それが〝写真家・樋口健二〟の見事な生きざまなのである。ところが私は、原発労働者の深刻さを最初に教えてくれたこの私の師と正反対の道を歩まなければならないと心に決めていた。ほかの人と同じことをしたのでは運動は広がらないから、自分は人があまりしない逆のことをしなければならない、それは、深刻な問題と正面から取り組んだ本を、売れるようにしなければならない、という目標であった。そして大量の本を売って得た大きな収入を、すべて運動に還流すれば、運動が経済的に自立して一人歩きできるはずだ。そしてその運動に参加した人が、また本を広める、という好循環の後押しをしてくれるだろう。

なぜなら、先に述べたように、社会的運動や原発反対運動などの集会と講演会に集まる人たちは、身なり服装から判断すると、金持ではない人（貧乏人ないしは低所得者層）によって大多数が占められている。これが社会運動の経済論に反していることは、歴史的にアメリカとヨーロッパで証明されていたのだ。欧米ではどこの国でも、**「国民人口の中で、いわゆるプチブルと呼ばれる中流階級の占める割合が増えて、国民に経済的な余裕ができてくると、世の中で正義の社会運動が活発になる」**ことが明らかにされていたのである。国民が貧しすぎると、人間というものは苦しさに追われ、社会的運動に、なかなか時間をさけなくなるからだ。これはあくまで一般論だが、原発反対運動の集会と講演会に、現在は敵側にいるように思われる中流階級と上流階級の人をたくさん集めて、味方につけるには、知識人階級に書物をたくさん読んで貰わなければならない。幸い当時の日本人は、読書欲が旺盛であった。そうして実際に、私は書籍で得た収入を世間に還流させるようつとめた。この時期以降、実費を差し引いた収入をすべて、運動の世界に投じることになったのである（この金銭事情については、あとで268頁以降にくわしく説明する）。

　この私の運動論は、〝草の根の運動〟を重視してきたこれまでの原発反対運動や反戦市民運動とは、正反対の立場にあった。仲間に頼らず、絶えず目を外に向け、「問題を分っていない」富裕層たち、膨大な数の無関心な大衆を一挙に味方につけようとする、一見無謀で傲慢な運動論である。そのため、これまでの運動家と一線を画して活動するには、かなりの勇気が必要であった。

　しかし私は、自分の運動論には自信を抱いていた。何しろ、私の社会運動は、いかなる組織からも独立していたからである。労働組合や生協などの組織が、私に協力してくれることはしばしばあり、その人たちは私にとって大切な運動仲間であった。社会に存在する数々の問題を克服するには、誰にとっても、このように社会的な組織がなければならないことを知っていた。だが、私から進んでは、いかなる組織にも頼ろうとしなかった。私が組織に頼った瞬間、私の行動範囲が、その組織の傘の下に組みこまれて、限られてしまうからであった。つまり私は、すぐれた組織があっても、その中には入らず、〝協力関係〟のままでいるようにつとめた。

このように自由を求める運動の図式は、最近で言えば、２０１４年の沖縄県知事選で〝オール沖縄〟の一体化を呼びかけた翁長雄志（おながたけし）さんがとった方法である。その結果、翁長さんが知事として圧勝して当選し、反米基地闘争で県民が結束し、〝オール沖縄〟の流れが次の県知事・玉城（たまき）デニーさんに受け継がれた。この方法である。

私の性格からくる、組織色のない、自由奔放な行動力学によれば、私の知らない膨大な数の〝未知の仲間〟が、同じ広場に待っていてくれ、その人間たちの力が結集された時、エネルギーが大きな宇宙に広がる無限の可能性が見えていたのである。そして、事実そうなったのである。

この〝無組織の強さ〟を、現代日本人が忘れているのだ。

その強さを、これから実証してみせよう。

第18章　住民エゴと反原発運動

こうして私が原発反対運動をスタートした時、アメリカで原子炉の大事故の恐怖を、迫真のスリルをもって描き、１９７９年3月16日に全米で公開された名作映画『チャイナ・シンドローム』があった。この映画公開からわずか12日後の3月28日にスリーマイル島原発事故が発生したのだから、文字通り「予言的中」映画であった。この作品に主演した人気女優ジェーン・フォンダが、原発反対運動に立ち上がったことを聞いた私は、英文で書いた放射能の医学資料を彼女に郵送して、代りにアメリカでおこなわれている原発反対運動の資料を送ってくれるよう依頼し、共に行動しようと何度か呼びかけた。ところが彼女からは、いつまでも反応がなかった。しばらくして彼女から返事がきて、「あなたのいう手紙は、私に届いていません」というのである。のちに彼女の告発によって分ったのだが、この時期には、FBI（アメリカ連邦捜査局）が、反政府活動を呼びかけるジェーン・フォンダの電話を盗聴し、彼女宛ての手紙類も開封して、政府に都合の悪いものはこの世から抹消していたのである。そのようにおそろしいことを民主党のジミー・カーター政権が実行していたのだから、原子力マフィアが国家を支配する力には、相当な用心を払わなければならないことに気づいた。一方、アメリカの原発反対運動家からは、深刻なスリーマイル島原発事故の真相について、大量の英文データを送って貰うことができ、日本の報道が、その重大なことをまったく日本人に伝えていないことを、私が知ったのである。

　私たちがスタートした運動は、物理学者の武谷三男さんや水戸巌さんを招いて専門家のすぐれた知識を謙虚に学ぶ一方、それまでの運動と違って、組織を持たずに徒手空拳の何もない自由な性格であり、どちらかと言えば、私の性格から、学者的な堅苦しいものを排除する傾向があった。ところがこの時、武谷三男さんに講演を依頼する電話をかけた時に、面白い体験をした。私は東京の杉並区の住民で、武谷さんは隣の練馬区の住民であった。その武谷さんに電話をかけると、「原発の講演？　君は杉並区の人間だと言ったね。杉並ゴミ戦争の時に、君はあれをどう見ていたのかね」と、原発と関係のない妙なことを尋ねてきたのである。私が即座に「杉並区民が困ったあの時は、いい気味でした」と答えると、武谷さんは「それでは、あなたの講演を引き受けます」と言ってくれたので、ほう、原発反対運動の学者は、かなり高度な哲学を持っているな、と私が運動を見直したのはこの時であった。

武谷さんが私に尋ねた〝杉並ゴミ戦争〟とは、東京都内で杉並区がゴミ処分場を持たず、毎日発生する大量の生活ゴミを、下町の江東区に送りこみ、自分が居住する区内にゴミ処分場を建設することに杉並区民が反対し続けた。その結果、1972年に前後して、江東区民の怒りが爆発して、杉並区のゴミを受け入れず、拒否する行動に出た痛快な戦争である。かくして私の住む町に、収集されないゴミが散乱して、生ゴミの悪臭が漂った。これが杉並ゴミ戦争と呼ばれ、杉並区民のエゴイズムがクローズアップされた首都・東京の大事件であった。私が会社を退職して東京の自宅に戻ってすぐに杉並ゴミ戦争に出くわしたので、まだ使える家具や電気製品などが毎日のようにゴミとして出されていた時期である。毎朝それを見ていた私は、工場での体験から、ゴミの山から廃物利用で使える物を拾い出しては使っていたので、正直、悪臭より以前に、使える物でも何でも都会人が捨てる態度に腹を立てていたので、「いい気味だと思った」のは本当である。

武谷さんは、その杉並区民のエゴイズムに怒りを覚え、そこに原子力発電に通じる問題があると見抜いていたのだ。

この時期の私自身の立場も、説明しておく必要がある。というのは、1979年に原発反対運動を始めて以後は、いかなることもタブーとせず、自由奔放に語らなければならなかったので、テレビと新聞および父母の知人を含めて、すべての日本社会を敵にまわす立場にあって、自分が「中立ではない」ことを強く自覚するようになった。何しろ私は、たびたび述べてきた通り「大学の学歴」を無視する人間で、すべての肩書を嫌う人間である。しかし世間の人から見て、広瀬隆の履歴として、早稲田大学の理工学部の卒業生であることは、間違いない事実なのである。つまり間違って大学を卒業したにすぎなかった人間であるが、私がいた早稲田の応用化学科の同級生には大前研一という原子力を推進する代表者がいて、彼のような奴と同列に論じられることほどの屈辱はなかった。加えてほかの大学同級生は、私のようなヘソ曲りと違って、みな大企業で出世して、会社の幹部になっているのである。その同級生たちは企業人だからといって、決して悪人ではなく、優秀な人間で、私が社会運動を始めれば、彼ら企業人に迷惑がかかるだろうと、私は考えた。ずっと後年に初めて大学のクラス会に参加を求められたので、あまり気乗りしないながら行ってみると、昔の親友がこう言った。「俺が、(企業幹部として)原子力産業との会合に出席した時、冒頭に、私は広瀬隆の親友です、と自己紹介したら、原子力産業の奴らは困った顔で、水を打ったように静まり返ったぞ」

　同級生が、こんな痛快なことをしてくれていたのかと知って嬉しかったが、もっと驚いたことがあった。

　東京で講演会が開かれて、藤原寿和(としかず)さんと私が、講師として呼ばれた。藤原さんと言えば、「ダイオキシン汚染関東ネットワーク」と、「廃棄物処分場問題全国ネットワーク」を組織して、いわゆる生活ゴミから発生する廃棄物問題では、日本一の有名な活動家であり、私は遠くから尊敬していた。一方、私は後述する北海道の高レベル廃棄物の最終処分場と、青森県六ヶ所村の再処理工場で、原発のゴミ問題の反対運動に取り組んで知られていたので、主催者は、藤原寿和と広瀬隆の二人が、都会人のエゴイズムが生み出す「一般ゴミ」と「原発ゴミ」の両方の共通点を浮かびあがらせる、という興味深い視点で講演会を企画したのである。

ところが、二人の講演が終った時のことだ。藤原さんが、「おい、ヒロセ、俺を覚えているか？」と訊いたので、私は「えっ？」と言って、彼の顔を見たが分らなかった。「お前は忘れただろうが、早稲田の応用化学の同級生だよ。出欠をとる時、ハヒフヘホの順で、お前がヒロセで、次がフジワラだったから、俺はお前のことをよく覚えている」。そう、同級生は１００人以上いたので、ほとんど記憶になかったが、このダイオキシンの危険性を告発する高名な藤原さんが同級生だったとは。

こんなことも知らずに運動をスタートした当時、私は自分と家族のすべての知人に迷惑をかけまいと思った。そこで、誰にも迷惑をかけないよう、過去の自分と決別することを決意し、持っていた子供時代からのアルバムを全部捨て、過去の親友・知人関係をすべて断ち切ることにした。したがって、本書にある私の写真も、母のアルバムに残っていたものである。

その時代の１９８０年8月15日に、私が天才として知るフランス人画家で、親友だったピエール・クードロワと組んで、ペンネーム由木匡の名で私が物語を書き、大人向けの絵本『なぞの旅』（まほろば出版）を発刊した。東京駅前の八重洲ブックセンターでピエールの原画を展示して、彼と共にサイン会を開いたこの絵本は、歯科雑誌を出版するクインテッセンス出版の社長・佐々木一高氏が自費で出版してくださったものである。私は、現在でもこの絵本と、短編小説集『魔術の花』におさめた童話『水男の物語』は、自分の著作の中で最も好きな作品である（**巻末に『水男の物語』を掲載する**）。

第19章『東京に原発を！』

翌1981年には、「緑の会」編集で、私がすべてのイラストを描いて執筆した『東京に原発を！』（JICC出版局＝のちの宝島社）を刊行し、歴史学者の色川大吉さんを招いて、出版記念会を喫茶店ほんやら洞で開いた。

私たち「緑の会」がこの本で告発したのは、世間の人間が、自分の嫌いな原発というものを、辺鄙（へんぴ）な田舎町だとみなす土地に押しつけていれば自分は安全だと思いこみ、平気で原発必要論を支持している態度であった。すなわち、武谷三男さんが見抜いていた都会人のエゴイズムである。その都会人が、原発に大事故が起これば自分が大被害に巻きこまれることに気づかない愚かさであり、その傲慢さであった。彼ら都会人をめざめさせるのに一番手っとり早いのは、高層ビルが林立する新宿という日本一の繁華街の真ん中に原発を建てて、「安全だ！」と宣伝することだ。そうすれば、彼らもビックリして目が覚め、自分の誤りに気づくだろう。つまり物事を逆手（さかて）にとって、原発推進論者が逃げられない罠を仕掛けたのが。この書であった。

するとこの書を出版後、原発推進派の産経新聞社の夕刊フジが、「敵ながらあっぱれ」というタマゲタ書評を書いたのだ。この書評を読んで、彼らが急所をつかれたことを知って痛快であった。

しばらくすると、わが家に、中年男の声で電話がかかってきた。「おい、貴様は新宿に原子力発電所を建設する計画なんだな」という。「はい、その通りです」と答えると、「原発というのは、鬼畜米英の奴らがつくったものなんだぞ。新宿中央公園に熊野神社があるのを知らないのか。神社の前に原発を建てることは、絶対に許さないぞ」と、大声が響いた。いまどき真珠湾攻撃時代の鬼畜米英という言葉を使う人間がいることに度肝を抜かれたが、表現はともかく、原子力発電は日本が米英（アメリカとイギリス）から輸入した技術であることは確かだから、一理ある言葉である。ついに神社を崇拝する真正の右翼から原発反対の声を聞くことができたので嬉しくなった私が、「一緒に原発反対運動をやりましょう」と誘うと、相手は驚いたのか、黙って電話を切ってしまった。中途半端な右翼である。近頃の右翼は、本気で国を愛しているのか、いないのか。

一方、日本テレビのディレクターである森口豁さんが、われわれの本を読んで賛同し、一時間のドキュメント「東京に原発がやってくる」を制作し、放映してくれたので、私たちの思想的哲学が社会に通じたことを感じて嬉しかった。実は、私が新宿駅前で町行く人に「東京に原発を建設する計画」に署名を求めながら、都会人に喧嘩を売っている姿を撮影し続けた森口ディレクターは、この時に私は知らなかったが、長い間、沖縄の琉球新報の記者と、日本テレビの沖縄特派員をつとめた人で、のちに沖縄の離島の住民の情感を描いた感動的な名作ドラマ『瑠璃の島』の原作者であった。そう、原発反対の声がほとんど聞こえない大都会で、「無から有を生み出そう」と私が寝ながらふと思いついた『東京に原発を！』という文句は、単なる原発反対運動の一標語ではなく、米軍基地に苦しむ沖縄県民の叫びに通じる〝思想〟であった。私にとっては、産業廃棄物の処分場や、米軍基地など、自分の嫌なものを他人の土地に押しつけて平気な都会人のエゴイズムを言い当て、ひいては同じ原理で小国を痛めつける横暴な大国を批判し、その被害を受ける側の人間が叫ぶレジスタンスの思想哲学だったのである。あらゆる社会問題に共通する思想であり、私が心中に秘めたその深い思想を見抜いてくれた森口さんは、さすがに目の肥えたジャーナリストであった。色川大吉さんは、「べ平連（ベトナムに平和を!市民連合）という有名な運動も、アメリカ・スタイルの輸入型の運動だった。だが今度初めて。『東京に原発を！』によって、日本の国産型の運動が生まれた。このタイプの運動を世界中に広めよう」と、運動の哲学を高く評価してくださった。

森口さんのテレビ・ドキュメント番組「東京に原発がやってくる」が、全国に「緑の会」の名前を広めてくれたおかげで、すぐに三重県の芦浜原発反対闘争の本拠地から、石原義剛さんが、私に会いに東京までやって来た。石原さんは、のちに三重県鳥羽市に「海の博物館」を開設して館長となる大人物だが、父親の石原円吉さんが漁業の網元で、漁連（漁業協同組合連合会）の会長から衆議院議員になった地元の大物であった。そのような人がわざわざ私に会いに来てくれ、「いま紀伊半島は、中部電力の芦浜原発の建設計画が進められているので大変なのです。地元の南島町の漁民が揺れ動いているので、急いで来てほしい。原発の危険性について、漁民向けの講演を頼みます」というのである。海を知り尽くし、漁民を心底から愛している石原さんからの、たっての頼みであった。「漁民は、農民とは違うんだ。農民は、田んぼに水を引くにも、一人では行動せず、互いに地元民として協力し合う気風がある。ところが漁民は、海に出れば、隣の漁師と海で競争しなければならないので、たった一人で行動したがる面があって、気が強い。それが短所であるが、実はその一本気なところが最大の長所なんだ。問題を理解してくれたら、決して曲げない」と言うのだ。

南島町は、現在は南伊勢町と改称されたが、以来、私が伊勢市に着くと、石原さんが自ら運転する自動車で延々と山道を越えながら、数えきれないほど南島町に通って、漁師のみなさんに私の話を聞いてもらうことになった。かくして三重県民が中・高生に至るまで四世代にわたってくり広げた偉大な運動によって、最後には原発計画を白紙撤回させることに成功したのだ（近刊『原発の断りかた　ぼくの芦浜闘争記』という柴原洋一さんの著書にくわしい）。

　この芦浜原発反対闘争の地元・三重県は、天皇家が絶えず訪れる伊勢神宮のある土地なので、右翼さえも原発に反対したと聞いている。伊勢神宮では20年に一度、すべてを建て替える遷宮という大行事があり、この時に出る古い材木を、一本も捨てることなく別の用途に利用し、同時に、20年ごとに、宮大工の職人の腕が引き継がれてゆくように工夫されているのだ。石原さんはそうした本来の右翼の伝統を、高く評価して、私を県内のそちこちに案内してくれたが、ほんの先年、多くの人に惜しまれながら2018年に亡くなった。

　もう一つ、石川県の能登原発も、北陸電力の建設計画が進められていたので、地元の西海漁協の組合長・川辺茂さんから、同じように講演を依頼され、また、石川県内の市民が、「東京に原発を！」の署名を集める運動を起こしてくれたので、私はたびたび石川県の現地に通うようになった。ここでは、原発に反対する農家の田んぼに、電力会社の手先となったあくどい人間たちがガラスの破片をまいていやがらせをするほど、文字通りのすさまじい戦いが展開された末、多くの県民の建設反対の声を押し切って、無念にも1993年に志賀原発として運転が開始されてしまった。

　しかし、川辺さんが「全国の漁協の組合長の集まり」に私を招いてくれたので、原発反対運動の漁民リーダーたちを紹介されて、私はのちのちの運動の知恵を山のように授けられた。漁協組合長の川辺さんは根っからの漁民なので、都会人が金沢に観光に来ると北陸の高価なカニを買って帰ることがあまり好きではなかった。「日本人は、近海でとれるイワシのような安い魚を、日常たくさん食べるべきだ。近海漁業に力を入れなくなったための日本の漁業全体の衰退によって、漁民が原発のように危険なものを仕方なく受け入れる土壌になっている」という漁業哲学を持っていたからである。私の伯父は金沢の大工で、やはり「金沢で一番うまいのは、煮たイワシだ」と言うのが口癖だった。

第20章　被バクと差別問題

こうして私は、三重県や石川県だけでなく、全国の人たちのために講演して回ることになり、東京にあまりいられなくなったのが、この時期であった。それは先に述べたように、報道界と、運動家ではない膨大な数の人たちが〝右でも左でもない、肩書のない広瀬隆〟に、安心感と、政治的無色の魅力を感じてくれたおかげであった。肩書ナシで、党派的な政治運動をしない人間、それが、今日まで続く私の生涯に誇る〝肩書〟であった。

ところが、予期しない人たちから、私の運動にクレームがついたのもまた、この時期であった。私に面会を求めに来て、私が語る「放射能の危険性」に強く抗議したのは、意外にも、広島・長崎の原爆被害を受けた人、つまり**被爆者**の子供や孫にあたる被爆二世・三世の人たちであった。何度か会って話をするうち、その人たちの言い分はもっともだったので、私はどうすればよいかと悩んで、ノイローゼになった。

私が本に書き、講演で語ってきた放射能と放射線の**被バク**（漢字で書くと、原水爆の**被爆**と、X線や原子力発電の**被曝**）による影響を、これ以上は語ってくれるなというのだ。その被バクの影響には、大きく分けて三種類のものがあった。

第一は、強烈な放射線を浴びてすぐに発症する「急性放射線障害」である。第二は、微量でも放射線や放射性物質が人体の細胞に作用して免疫力が低下し、無数の病気をひき起こす「中期的・長期的な障害」で、現在の福島原発事故の被害として最大の問題がこれであった。日本の医師たちがなぜ警告しないのか不思議でならないが、2020年にコロナ・ウィルスに襲われた日本人が特に用心しなければならないのは、福島原発から放出された放射能を浴びて、免疫力が低下しているからなのである。しかし被バク作用はそれだけではない。第三は、親の世代が被バクしたことによって、次の世代の子供や子孫に発症する「遺伝的障害」である。被爆二世・三世の人たちが問題にしたのは、この遺伝的障害であった。何も知らない世間の人が、放射能の遺伝的障害について知ると、「原爆被爆者の子供や子孫」を日本社会が差別し、結婚などでそれが問題視されることがあるからだ。そうした差別が、被爆二世・三世に実際に起こっているのだ。この人たちだけでなく、水俣病のような多くの公害病の被害者にも、エイズにも、ハンセン病にも、共通して起こってきた深刻な社会現象であり、現在では福島原発事故のあとに福島県民に対してさえ信じがたい差別が起こってきたことは、私自身が誰よりもよく知っている。

つまり、私が日本社会に広めようと最も力を入れて説明してきた放射能の被害は、被爆二世・三世にとって、自分たちが社会で差別される大きな要因になるので、控えてくれ、という至極もっともな意見であった。では、私は原発反対運動をしてはいけないのか？　自分の活動のどこが間違っているのか。何度も彼らと話し合い、何日も考え続けて悩んだあと、私がこの問題に取り組んだ最初の動機に立ち戻って、ようやく答が出た。被爆二世・三世の人たちを悩ませてきたのは、他人を差別するという人格問題であって、障害者差別や、在日朝鮮人差別や、部落差別や、ホームレス差別と同じように、日本人の民度が低いことから起こる精神的問題なのである。ところが、私たちの運動が伝えようとしているのは、人体に対して放射能がどのように作用するかであって、医学的問題なのである。両者は関連しているが、両者を一緒に論ずるのは間違いである。私は短編小説集『魔術の花』におさめた『白い杖（つえ）』、『生か死か』、『復讐』などの作品で、この差別問題に対する自分の哲学をすでにたびたび記述してきた人間であった。

　そこで最後に、被爆二世・三世の人たちに、私は尋ねてみた。「有機水銀が神経障害を引き起こし、水俣病を招いたので、その水俣病を食い止めようと、過去に多くの人たちが立ち上がって反対運動を展開したことは、間違いだったのでしょうか？」

　水俣病阻止の公害反対運動が間違いだったなんて、そんな理屈があるはずはないので、被爆二世・三世の人たちは黙っていた。そして、私が医学に従事してきた人間だからこそ、医師に準ずる立場で放射能の危険性をこの世からなくすために運動に取り組んでいることを説明し、私が接してきた〝すべての障害者〟に対して私が持つ人間としての考え、また医学上の考えを述べてから、「日本では、差別問題を克服しなければならないことは確かです。常に被害者に対する理解の上にたって、愛情を忘れずに、原発反対運動を一緒に手を組んでやってゆきましょう」と言った時、被爆二世・三世の人たちから理解を得ることができた。

こうして、私の原発反対運動は迷いから吹っ切れて、大きな山を越えることができた。私自身、身近な親戚四人が広島に投下された原爆で即死していたので、私は被爆二世の仲間だったが、この時には、幸か不幸かその史実を私が知らなかった。知っていたなら、被爆二世の人たちに私の立場を説明して、容易に理解を得られただろうが、それを知らなかったので、かえって問題がどこにあるかに悩み、その真意を自らの頭で考えることができたので、最善の結果になったことを幸いに思う。その後、各地の原発反対運動が、地域的な差別構造の上にあることを知って、さらに一層、社会的に大変な行動哲学を求められることを認識したのであった。

第21章『ジョン・ウェインはなぜ死んだか』

次の年、1982年には『ジョン・ウェインはなぜ死んだか』を文藝春秋から刊行した。文藝春秋の編集者・藤野健一さんが私の原稿を読んでから、「これでは左翼のアジビラだ」と言って原稿をズタズタにし、運動論の匂(にお)いのないスッキリした文章にしてくれたおかげで、この書によって、ついに私が目的としていた大手出版社を通じて、原発反対の意志を存分に記述する初めての機会になった。この書では、驚くほど多くのハリウッドの俳優や監督や、ウォルト・ディズニーまでもが、西部劇などの撮影ロケのため、アメリカ西部ネバダ州でおこなわれた大気中の原爆実験で大量の放射能を浴びて、癌と白血病で死亡している事実を調べ上げて報告した。多くの映画評論家の方たちの協力を得て、ハリウッド映画の全作品のロケ地と、映画関係者の死因に異常に多い癌死を突き合わせて調査した結果、放射能の危険性が明白に証拠立てられたのだ。

　これまで一度も語られたことのない新しい視点から、核実験と同じ原理で、原発がいかに危険であるかを告発した書となり、これもまた「無から有を生み出す」運動の大きな動力となった。それら放射能被害に遭った映画スターを知る映画ファンが多かった時代なので、テレビのモーニングショーが大特集を組んでくれ、私もテレビに出演して、相当に大きな反響を引き出すことができた。そうした効果があって、久米宏さんがラジオ番組に私を招いてくれ、二時間にわたって同書を紹介してくださった。この時期以降、原発推進の筆頭勢力だった週刊文春と、週刊読売（現・読売ウィークリー）をはじめ、膨大な数の文化人とメディアが私たちの側について、原発反対の市民運動を紹介してくれるように世の中が変ったのだ。

　そして民放テレビ局のＴＢＳ（東京放送）が、『ジョン・ウェインはなぜ死んだか』をもとに、ドキュメンタリー番組を制作する企画を立ててくれた。ここに名前は書かないが、読者がビックリするような男女二人の日本人の人気俳優が、アメリカ西部を訪れて現地を歩くシナリオをすっかり書き上げ、アメリカ・ロケをする寸前まで計画が進められた。ところが折角のこの企画は、最後に、テレビ局の上からの圧力でつぶされてしまった。

　さらにずっと後年、１９９７年になって歌手の加藤登紀子さんの夫・藤本敏夫さんが電話をくれて、ぜひ会いたいというので、会って酒を飲みながら話した。有機農業を普及する「大地を守る会」の創立者として、私は藤本さんの名をよく知っていた。博識な面白い人で、会うといきなり「日本には漢字の〝**署**〟がつく重要な組織は、四つしかない。税務**署**・警察**署**・消防**署**までは、大抵の人が分るが、残り一つを知ってるかい？」と言って、私を問い詰めた。「いや……はて、分りませんね」、「営林署だよ。不思議に感じるだろうが、森林の管理は、税務署の税金や、警察署の犯罪や、消防署の火事と同じぐらい国にとって重要な、管理の対象なんだ」と、国家が森林を管理したがる本当の理由が、土地支配にあることを教えてくれた。話すうち、初対面とは思えないほど気が合って、北朝鮮のこと、キューバのことなど色々と語り合ったが、肝心の用件は何かと尋ねると、「あなたが『ジョン・ウェインはなぜ死んだか』を書いたので、あなたならできると思って頼みたいことがあるんだ。実は、われわれは若い頃〝エンプラ闘争〟の体験者でね」……「エンプラ闘争？」……「1968年に世界最初のアメリカの原子力空母エンタープライズが、長崎県の佐世保に入港するのを阻止するため、機動隊に向かって、激しい抵抗をした闘争だよ。佐世保がベトナム戦争の出撃基地になるのを防ぐための決死の実力行使だったので、機動隊と猛烈な衝突になったが、その時、催涙ガスをまかれて、やられてしまった……その後、私はこの通り体調が悪く、ほかにも、当時のデモに参加した仲間が、癌でバタバタ倒れているんだ。絶対におかしい。あれは、ただの催涙ガスではなかったと思う。発癌性のある毒ガスを浴びたんだよ。あの時の被害者を調べて、因果関係を、ジョン・ウェインの本のように、書籍で証拠だててくれないだろうか」という依頼であった。

残念ながら、藤本さんの望む調査をするには、当時のデモに参加した膨大な数の被害者を突き止めようにも、名簿があるわけではないので、引き受けられなかった。ただ、藤本さんに言われたあと思い浮かべてみると、エンプラ闘争の参加者の癌は、私の知人にも2人ほど心当たりがあった。その5年後、2002年7月31日に藤本さんが肝臓癌で、この世を去ったのである。現在でも、藤本さんの言っていたことは本当だろうと思っている。

第22章　核燃料サイクルの始動と『越山会へ恐怖のプレゼント』

こうしてマスメディアも味方についてくれるようになった時、われわれ原発反対の市民運動に冷淡で、足を引っ張って苦しめたのは、むしろ左翼的な人たちであった。彼らは、自分たち以外の人間が運動のイニシャティブをとったり、それまで運動をしてこなかった私のような人間が、テレビで発言することが、気に入らなかったようである。つまり左翼主義者の運動は、自分たちが主導する運動だけが目的なのであって、そのため、問題の解決はどうでもよいかのように、私の目には映った。不思議な人たちである。

そこで私はこの時期に、読者は信じないだろうが、新潮社の月刊誌「小説新潮」に、〝花形作家〟や〝ミステリー作家〟の一人として小説を掲載して、偏屈な人たちに対抗した。しかし「小説新潮」の編集者である正木幹子さんは、私がわざと悪人を装って小説を書いていることを見抜いて、「正直に自分らしく、ペンネームも使わずに本名で書きなさい。それが一番強いものですよ」と忠告し、戒めてくれた。このひと言で目が覚めた私は、この時代からは、カムフラージュをせず、本心のまま行動するようにつとめた。

ここまでの活動を要約すると、私の原発反対運動は、不特定多数の大量の読者を通じて、**政治運動ではなく、科学的な事実に基づいて、**「原発反対」の意志を日本に生み出し、それを社会に広めることによって、市民が結束して動き、敵味方の区別なく、反対デモに積極的に参加する人を増やすことにあった。その結果として、われわれの活動サイクルが、経済的に成り立つことによって、テレビ・新聞のマスメディアも味方につけることに目的が置かれたのだ。

そうした時期の１９８４年に、日本政府が「核燃料サイクル」計画を打ち出してきたので、そこに私が巻き込まれることになったのである。核燃料サイクル（略称・**核燃**(かくねん)）とは、原子力発電そのものの話ではなく、原子力発電所でウランを核分裂させた発電後の話であった。「使い古しのウラン燃料」を再処理工場に送って、プルトニウムを取り出す化学処理である。その時、ストロンチウムやセシウムなどの超危険な「高レベル放射性廃棄物」が、プルトニウムから分離される。彼らは、取り出したプルトニウムをリサイクルすれば、それを再び原子力発電所で燃料として有効利用できると主張したが、それは表向きの口実で、大嘘であった。完全に破綻したこの核燃が現在も断念されていない理由は、はっきりしている。

再処理によって取り出されるプルトニウムは、ウランより核分裂しやすいので、原爆や水爆の核兵器に最適の原料である。したがって、日本政府の原子力政策の隠れた意図が、国民の猛反対を受ける核兵器の生産にあることは歴然としている。核兵器保有の熱烈な願望を持つこの日本政府に、北朝鮮を批判する資格はまったくないのだ。現在でも知恵の足りないテレビ報道界のコメンテイターたち全員が日本政府の核燃を批判せずに、北朝鮮批判に明け暮れているのが、滑稽なわが国である。

この「核燃」をおこなうには、プルトニウムを取り出す巨大な再処理工場のほかに、ストロンチウムなどの高レベル廃棄物の最終処分場が必要になる。その高レベル処分場の候補地として白羽の矢が立てられたのは北海道最北部の幌延町であり、一方、再処理工場の候補地として白羽の矢が立てられたのは、青森県下北半島の付け根にある六ヶ所村であった。いずれも、北海道の最北部と、本州の最北部にあるのだから、その意味は、東京や大阪の大都会人の住む都市からはるかに遠いところ、である。したがって、この二つは、**すべての放射性物質を集める〝原子力産業で最も危険なプラント〟**であることを、立地点によって最初から白状していたのだ。

　そこで私は、これらプラントの建設を阻止するため、北海道と青森県の各地に招かれて連続学習会をスタートし、一年の半分近くを寒冷地で過ごす厳しい日々の中に投げこまれた。北海道と青森県に呼ばれたのが、なぜ原子力専門の学者ではなく、運動を始めて間もない私だったかと言えば、アメリカとヨーロッパの原子力産業の苦境について、私が早くから調べ上げていたからである。「原子力産業にとって最大のアキレス腱が、高レベル廃棄物と再処理工場にある」ということを、この年に発刊した『越山会へ恐怖のプレゼント』（廣松書店）の書で立証していたのだ。

　この奇妙な書名にある越山会は、新潟県で首相・田中角栄の政治資金を生み出した後援会として悪名高かった。つまり〝原発が地方に落とす金〟に群がり、土地買占めの不動産業者や、土建業者（ゼネコン）と直結する利権団体であるから、角栄の動かすこの原子力集団が、恐怖の高レベル廃棄物を受け取るべき責任者だと告発した本であった。この内容もまた、政治腐敗と結びつけて「無から有を生み出す」運動のひとつであって、２０１９年に発覚した福井県の高浜原発をめぐって巨額の金品が関西電力幹部に渡された腐敗スキャンダルの、そもそもの源流を指摘したものであった。

　この書は現在ほとんど忘れられたが、つい先年２０１６年に歴史学者・色川大吉さんが出した

『あの人ともう一度』(日本経済評論社)という復刻対談集の中の一編として、同書をめぐって色川さんと私の古い対談が再録されたほどユニークな内容であった。まだ日本で広く認識されていなかったこの廃棄物問題を、海外の具体的な被害調査結果をもとに語る人が、ほかにいなかったので、私がその能力を買われて、青森県と北海道での講演を頼まれたのであった。

白羽の矢が立てられた青森県六ヶ所村の漁協は、核燃計画が打ち出されたこの時に、ただちに再処理工場の建設に反対して私を招いたので、私の講演会には、漁民が満席で室内を埋めつくした。黒板を使って私が話し終えたあと、漁協の組合長が私の肩を抱いて、「お前さんは、大学の先生じゃないから信用できる。俺たちは、学者が嫌いなんだ」と妙な言葉を投げてきた。その物言いが私に自信を与えてくれ、なぜか私には大変嬉しかった。

北海道と青森県において、10年以上にわたってくり広げられた、この高レベル処分場と再処理工場に対する激烈で歴史的な反対運動は、私が台風の目のど真ん中に招かれて活動したので、この時代の体験談について「全貌」を語れる人はほかにいないはずである。だがそこには、膨大な数の人たちと共有する苦い思い出があったので、私はこの体験について本心を書物に記述したことはない。しかし今になって思い起こすと、この当時に展開した活動で得た知識は、過去の古いものではなく、現在の日本を変えようと取り組んでいる人たちの運動にとって、具体的な知恵になることに気づいたので、当時の重要な経過をここに記録することにした。

勿論、青森県と北海道の反対運動は現在も続いているので、この問題は、過去形ではない。

第23章　北海道全土で燃えあがった激烈な幌延〝高レベル処分場〟反対運動

核燃計画が打ち出された１９８４年に、北海道で最初に私を呼んでくれたのは、いわゆる活動家ではなく、十勝帯広地方の中学校か高等学校であった。秋、おそらく10月だったと記憶しているが、学校が大きな体育館に全校生徒を集めて、「幌延の高レベル廃棄物処分場計画」が、どれほどおそろしいかを、私が子供たちに説明する講演会（学習会）を開催してくれたのである。そして思春期の若者向けの熱気あるこの講演会のあと、翌１９８５年から、主に札幌と旭川の２大都市と、道北（北海道の北部）の酪農地帯を中心に、燎原の火のように反対運動が燃え広がり、やがて広大な北海道のすみずみの市町村まで、続々と、果てしなく講演会が開かれ、道民の活動が展開されることになったのである。

　この連続講演をスタートした時期の私は、畳半分ぐらいの大きな模造紙に説明文を図解して描き、それを何枚も丸めて持ち歩いて説明し、六ヶ所村の漁協のように黒板を使っていた。だが、稚内市で最初に大講演会がおこなわれた時から、説明スタイルが大きく変ることになった。稚内市は、快晴であればソ連（ロシア）のサハリンが見える北海道最北端の宗谷岬がある都市で、高レベル処分場候補地・幌延町のすぐ近くで、道北の酪農家にとって最大の中心都市であった。そこで一、二時間にわたる私の説明を聞いた学校の先生が、「広瀬さん、オーバー・ヘッド・プロジェクター（ＯＨＰ）を知りませんか？」と言ってきた。「それは何ですか？」と聞き返すと、

「学校では、どこにもＯＨＰがあって、われわれ教師が使っています。それを使えば、大きな会場でも楽ですよ」と教えてくれたのである。聞けば、その便利な画像投影機は、図でも、新聞記事でも、写真でも、実物の証拠資料をＯＨＰのスライドにコピーすれば、大きなスクリーンに映し出せるというのである。それを知ってから、私は日本中の全国の会場で、ＯＨＰによる「図解付き」の説明をおこなうようになった。現在では、ＯＨＰは使われなくなり、画像の投影には、代ってパワーポイントが使われるようになっているが、おそらく私ほど日本中をくまなく歩いて、講演の1時間前に会場に到着すると、オンボロの古いＯＨＰ機を手入れして調整し、それを使いこなした人間はいないはずである。

当時はまだ国鉄が分割・民営化される前で、国鉄労働組合（国労）が今よりケタ違いに強力な組織だったので、道北最大都市の稚内市の国労が、今日は「幌延町」、明日は「天塩町」、「豊富町」というように、酪農地帯で私の講演会スケジュールを組んでくれた。早朝に、若い国労職員の長谷川さんが、自動車で稚内の私の宿に迎えに来ると、文字通りシラミつぶしに北部の町と村を回ることになったのである。私は、前述の通り学生時代に東北岩手県での長い酪農体験があったので、海岸線に広大な原生林が残っている幌延の酪農地帯に入って赤い帽子のサイロを目にし、懐かしい干し草の匂いに包まれた時には感激して、講演したあとに酪農家の自宅に招かれた。予想もしなかったことだが、農家の人たちが「広瀬は、牛の乳しぼりもできる奴だ」と知ってくれ、20年以上前の酪農体験から、このような問題で互いに絶大な信頼関係を築くことができたのである。

そうしたある日、幌延町の南隣の天塩町で、酪農家の中村利幸さんのお宅で休んでいた時、乳牛が泥炭地帯の小川のような深い側溝に、スッポリはまって動けなくなった。その時に、牛の巨体にロープをかけてトラクターで引っ張り出す作業に、中村さんから手伝ってくれと言われ、私も泥まみれになって牛を引っ張り上げながら、「俺はこんなところで何をしているんだろう。人生、何が起こるか分らないな」と痛感した。ところが、このように一見無駄と思える肉体作業を手伝ったおかげで、「そうだっ！」と気づいた。そもそもこのように、牛が側溝に落ちるほど、地面がブカブカの軟弱な泥炭地帯の地底深くに、人間にとって最も危険な「高レベル廃棄物」を埋めようとしているのが、日本の原子力産業の人間たちなのだ。**この時の私はまだ地質学にくわしくなかった**。しかし、こうして処分場予定地の**軟弱な地層**の正体をつかんだので、地震学者が「幌延町は断層だらけの危険地帯だ」と証明するまでもなく、計画を絶対に許さないという確信を抱いて、「北海道民は殺されるぞっ！」と説明して走り回った。

　加えて、彼ら原子力産業の非科学的で愚かをきわめる計画は、私が若い時代に工場で見聞きした溶接技術から考えても、高レベル廃棄物を密閉するキャニスターという容器が不完全で、すぐに住民の生命をおびやかすことが明白であった。私が古河電工の日光工場の研究所で7年間にわたって研究してきたのは、時代の最先端をゆくカラーテレビやプッシュフォン式電話、自動車などの半導体部品の関連材料で、その間ずっと、私は金属材料の腐食を追及し続けた錬金術師であった。それは言い換えれば、**耐食性**の高い貴金属材料の開発であった。そのため、高レベル廃棄物を入れる容器がたちまち腐食して穴があき、酪農地帯の農民がすぐに殺されることは、その知識から完全に分っていた。仲間である原発反対運動の人が主張するように、「容器は10万年にも耐える必要がある」のではなく、すぐに腐食が始まり、川床の下を流れる伏流水を通じて、最も危険な放射性物質が生活圏に入ってくるのだ。

北海道は食糧自給率が２００パーセントで、日本最大の食糧庫である。北海道民が飲食に使う「生活用水」だけでなく、日本全土にバター、チーズ、牛乳、ジャガイモなどの農産物を送っている大農業地帯で、野菜と牧草用の「農業用水」に放射能が流入するのだから、10万年後などという悠長な話ではない。私は研究所で腐食・腐食・腐食・腐食の実証実験に明け暮れたエンジニアだったので、金属腐食のメカニズムについてくわしく、原子力産業の人間などが足元にもおよばないほど、実体験に基づく知識を持っていた。この点でも、きわめて強運に恵まれた体験者であった。

ただし大変だったのは、農業王国・北海道は春から夏と秋にかけての農繁期には、農家が目の回るような忙しさに追われるので、道民に話を聞いて貰うには、冬の農閑期しか、酪農地帯での講演会はできないのだ。したがって、私が東京から北海道に呼ばれる時期は、ほとんどが厳しい寒さの真冬であった。加えて北海道の広さは、東京都の40倍近いので、尋常ではない。時には自動車で1日３００キロ走ることも珍しくないという〝連日二、三回の講演に次ぐ講演〟に、日々の時間を送らなければならなかった。アメリカのように広い北海道は、長く、直線の道路が多いので、北海道の人は、普通の道路を高速道路並みの時速80キロで走るのである。横なぐりの風が吹く真冬の猛吹雪の中でも、向かいから絶えず大型トラックが時速80キロで走ってくる。すると、すれ違いざま、こちらの自家用車が道路の外に吹き飛ばされそうになることを、一再ならず味わうスリルをかいくぐり、夜10時頃にようやく宿に帰り着いて、「ああ、今日も生きていた」と、振り返る毎日であった。翌朝また、迎えの自動車が来る。本当に、当時の北海道の自動車事故の死者は、群を抜く日本一だったのだから。

このようにして過ごした日々について、山のような思い出が北海道の全土の市町村にあるが、自然豊かな北海道では、西海岸の留萌から幌延めざして自動車で海岸線を北上して走っていた時、キタキツネが路上でウロウロしていた姿を忘れることができない。私が「車を止めて！」と頼んで見ていると、そのキタキツネは一匹ではなかった。路上にもう一匹の、おそらく伴侶と思われるキタキツネが、車にはねられて横たわっていた。死んだ伴侶から離れず、うろたえているキツネの姿を見て思わず涙があふれ、私たち人間は自然界に入って何をしているのだろうかと、深く考えさせられた。運転していた人も、「時々見るけれど、キタキツネの夫婦や親子は、死んでも離れないんだよ。これは、たまらないねえ」と言っていた。

熊は冬眠中なので出会わなかったが、稚内から札幌まで電車で移動するときに、大きな鹿が電車に衝突する事故に出会ったこともあった。電車が完全にストップして、バスで振り替え移動したが、これも動物が悪いのではなく、人間が起こした事故なのだ。そして……

第24章　吹雪の中、ただ一人のための講演を

北部の歌登町の講演会では、その日にマイナス30度の気温を体験したが、講演後に郵便局員がオートバイで私を送って、自宅に泊めてくれた。彼のお母さんが温かいお風呂と食事を用意して迎えてくださり、空っ風の吹く東京の寒さより、マイナス30度でも寒さ対策がしっかりしてい

る北海道のほうがずっと楽だったことを覚えている。このように、日本の小さな町村では、郵便局員が住民の日々の生活を支えている実情を知ったので、のちに小泉純一郎のように無責任な人間が、小さな町村の郵便局を減らす郵政民営化の政策を打ち出したことに、私は怒りをもって猛烈に反対した。

同じく北部の浜頓別町（はまとんべつちょう）では、流氷の季節に講演会となり、大事件となった。その夜は猛吹雪が重なったので、講演会場に着くまで、自動車のフロントガラスが数メートル先も見えない危険な中を運転し続けた。道端に何台も自動車が転げ落ちているのを見ながら、ようやく会場にたどり着いた。主催者が「これでは誰も来ないな」と、つぶやいて会場に入った時、そこにたった一人だけ、聞き手の人が座って待っていたのだ。そこで講師の私は、いつも通りＯＨＰの資料を取り出して、生まれて初めて〝聴衆一人〟の講演会を始めたのである。私が一時間ほど話したあと、その聞き手の人は、「私一人のために……」と、つぶやいて驚いた。

そのひと言を聞いて、このような社会運動に対して私が長いあいだ感じてきた疑問がとけたのである。それは、組合運動や、多くの左翼的な集会では、組合員に上から〝動員〟がかけられて、たとえば「今日の会場は定員２００名だから、２００人が動員され、会場を埋める」という方式が常識になっているらしいことを、私は原発反対運動をスタートして初めて知ったのである。つまり組合が主催する講演会では、参加者が、組織上部からの指令を受けて、組合費を払った組合員としての義務感から会場に座っているので、自発的な自分の意志でやってきたのではない。そのため、おそらく誰もが感じていたことだと思うが、おのずから市民運動が主催する講演会に比べると、聴衆がやや熱意に欠けることが多く、最初から眠り出す人間もいるのだ。そのような人の姿を見ると、命にかかわるこれほど重大な問題で、講演を聞かずに眠ることは不思議な現象に感じられるが、しかし私の工場労働者としての体験から言えば、その人たちが悪いわけではなく、日中の作業で疲れているからそうなるのである。

私は、その人たちにも、組織のための参加者ではなく、一個人に戻って話を聞いてほしかった。ここに、私のめざした運動と、従来の社会運動との、決定的な違いがあったのだ。なぜなら、私が社会に出て活動を始めた時の目的は、まず〝自分の幼い娘たち二人〟を自分の手で守るという、きわめて狭い家族意識が原点であった。労働組合員にも、私と同じように自分の家族がいるだろう。組合員といえども、組織のために生きているのではないはずだ。なぜ自分の家族のために、話をきちんと聞いてくれないのだろう。この私の思いは、北海道全道の講演会を通じて、いつしか熱意を共有してもらえるようになり、どこに行っても、会場で眠る人間は、一人もいなくなった。

浜頓別(はまとんべつ)の会場で、たった一人の聴衆に私が一時間の講演をしたことは、決して驚くことではなかった。なぜなら、その夜の猛吹雪をものともせず、会場まで来てくれた聴衆ほど熱意にあふれた人は、この世にいないから、であった。そもそも私は、どこの会場でも、すべての講演会の主催者が、「来場者の人数を気にかけていること」がおかしいと疑問を感じていた。「たくさんの人が集まったので、今日の集会は成功した」と語る人も多かったので、その言葉は間違いだと思っていた。つまり私は、講演会でも書籍でも、一人ずつに科学的な事実を知ってもらうために語りかけているのであって、抽象的な集団に呼びかけているのではない。そして私自身が一人であるように、すべての活動は人間一人から始まるのだ。ベトナム戦争において巨大な米軍を打ち破ったベトナム人の勝利は、ホー・チ・ミンというたった一人の偉大な人物から始まったではないか。講演会の聴衆も、話し手も、互いに友人一人の関係でなければならない。これが私の信念であった。そして最近、山本太郎の街頭演説が、私と同じ原則でおこなわれていることに気づいた。彼も、人数を気にせず、どこの街角でも、誰彼となく話しかける男なのである。

なぜこのように余計なことを、ここに書くか？　聴衆一人の講演会がおこなわれたこの浜頓別町には、白鳥で有名なクッチャロ湖がある。この湖にロシアから白鳥が飛来して群を成し、ひしめき合って、けたたましく鳴いている様は壮観で、チャイコフスキーのバレエ『白鳥の湖』なんぞという優雅なものではない。幼稚園の運動会のように騒々しい。原発反対運動の講演会や集会の来場者がこのように夥しい数に達し、白鳥のように元気なことは好ましい。だが実は、多数の聴衆の来場は、過去の運動の成果の上に成り立つ数字なのである。今日は、また再びこの会場に、新しい運動を起こさなければならないことに気づく必要がある。そこで私が自分の講演会で気になることは、来場者の人数より、私が話し終えたあとに来場者が科学的な事実に共感してくれたかどうかであった。もし今日の来場者が共感していなければ、何千人、何万人集まった集会でも意味がなく、むしろ逆効果で、今日の自分の責任が問われる。これが私の講演哲学であった。そして書物についても同じで、私の名前を知っている人が「広瀬隆の著書だから」といって買うようになれば終りである。本の内容に読者が共感して、ほかの人に読むよう勧める価値がなければ、書物は意味がないものなのである。

こうして幌延高レベル反対運動は、熱気あふれた市民運動と、それを支える生協と、左翼運動が手を握って、国労だけでなく、北教組（北海道教職員組合）の学校の先生たちと、自治労と、全逓（郵便局員たちの全逓信従業員組合）の組織的な活動もあいまって、道北だけでなく全道で講演会がおこなわれた。函館から小樽、室蘭、苫小牧、千歳、札幌、岩見沢、夕張、旭川、富良野、帯広、釧路、北見、網走まで広がって、どこの会場も人があふれ、市町村を次々に制覇していった。旭川では、名作『氷点』を書いた作家の三浦綾子さんがわざわざ私の講演を聞きにきてくださり、小樽では特高に虐殺された小林多喜二の文学館を訪ね歩くことができ、幌延に近い利尻島でも講演を頼まれて初めて美しい島に渡った。十勝ではサケの大群が川を遡上する季節に立ち合い、池田町では極上の十勝ワインをごちそうされ、稚内ではアザラシの水族館に案内され、北海道に対する私の知識も一人前に近づいた。

ある日には、「猿払村」の村議会で、公式に私の講演会が開かれる大事件が起こるまでになった。猿払村は、幌延町の北隣で、多くのホタテ漁民が名高いホタテ御殿を建てるほど金持で、保守ゴリゴリの土地だから、大事件だったのである。彼らにとっては〝札付きの広瀬〟を迎えて、村議会で「お前は話す資格はない！」と叫ぶ議員が出て騒然となった。だが、「私が勝手に、乗りこんで来たのではありません。道北の全土が最終処分場に反対しているので、北海道民を守るために、みなさんの村議会が私を招いたのです」と、ひとこと言い返すと、議員たちも黙って私の話を聞かざるを得なかった。

講演会を仲介した国労はまぎれもなく左翼運動家だが、しかし講師である私本人がへそ曲りで、東京の共産党中央本部から攻撃を受けており、左右どちらも公平に痛烈批判する人間であることが知れ渡ると、この廃棄物問題は〝保守〟対〝革新〟ではなく、すべての北海道民の生存にかかわる重大事であることが認識されるようになった。そして共産党の東京本部が私を攻撃していた時でも、地元北海道では共産党員がみな、社会党・公明党と共に私の側について、「幌延反対」の旗をかかげて自民党と対決した。自民党支持者の多くも私の味方だった。「この運動に、敵がいるはずがない。誰でも理解できる」という私の運動哲学が、最終処分場候補地の現地・北海道で結実したのである。そして前代未聞のことだが、万を数える北海道民が、船に乗って東京にやってくると、〝幌延高レベル処分場反対〟の巨大デモ行進をおこなったのだ。

北海道で展開されたこの住民運動の熱気は、おそらく歴史上に残るものであったと思う。

第25章　青森県六ヶ所村の〝核燃〟反対運動

青森県内の講演会は、北海道と同じく、ここでも農閑期（のうかんき）の真冬に講演会が集中した。だが青森では、北海道と性質が違って、地元の社会党が、東京の社会党中央組織の曖昧な態度を嫌っていたらしく、再処理工場予定地・六ヶ所村の南隣の三沢（みさわ）市で働く誠実な労組の伊藤和子さんと、その運動仲間が活動の柱になって、私の講演会スケジュールを組んでくれた。三沢には巨大な米軍基地があるので、彼らの反戦平和運動を支えた反骨精神は、沖縄と同じように県内でも特に強かったのだ。

この人たちは、保守王国・青森県が「農業と漁業の食べ物を生産する第一次産業が経済を動かす土地」であるから、「全農民を味方につける」ことを目標にして、私の学習会計画をスタートした。つまり私の講演会は、シラミつぶしに県内すべての農協（農業協同組合）を回って、たとえ少人数でもよいから集まって話を聞いて貰うことにし、口伝てに事実を広めることにした。保守的な農協を中心に活動したことは、日本の原発反対運動の中でも、それまでにない革命的な運動方式であった。

　こうして私が最初に訪れた農協には、ほんの数人ほどしか聞き手がいなかった。だが持参したスクリーンを掲げて、私がイギリスのウィンズケール（のちのセラフィールド）再処理工場と、アメリカのハンフォード再処理工場で起こっている海と、農地と、川のとてつもない放射能汚染と、すでに周囲の住民に広がっているプルトニウムの被害の実態について一時間ほど話し終えると、一人の若い農家の人が立ち上がって、質問してきた。

「あなたの話で、再処理工場が非常におそろしいものだということが、よく分りました。でも青森県の農家は、経済的に追いつめられているんです。核燃サイクルは相当な金を落としてくれると聞いています。わしら農家はこれから、どうやって生きてゆけばいいんでしょうか？」

　最初の農協で、この予期しなかった質問を受けたので、私は急所をつかれて、ひと言も答えられなかった。原発問題が札束づけで金にからんでいることは、どこの土地でも当たり前のことだったが、しかし今までどこでも、このような質問をする人はいなかったからだ。その夜、私は宿に帰って、何と答えればいいのかと悩み続けて、ほとんど一睡もできなかった。だが最後に、明け方近くなってから、答が出た。「この質問に答える必要はない。私は青森県民の生活の〝身の上相談〟に来たのではない。今まで青森県民が知らなかった、再処理工場が放出する放射能のとてつもない危険性を伝えるために来たのだ。それを初めて知った青森県民が、そのあとにどのように判断し、自分の選択をするかは、一人ずつの人間の問題であって、よそ者の私が教えることではない。青森県民が一人前の大人であるなら、**金と命**を、ひとつの秤にかけるように愚かな質問をしてはならない！」

　この答に確信を持ってから、私の講演内容は、一層強い自信を持って語れるようになり、毎日のように、次々と県内の農協を訪問し、ミニ講演会がおこなわれた。スクリーンにOHPのスライドを映し出し、具体的な被害について語る講演内容は、農家のあいだに評判となったようで、講演会の規模も次第に大きくなり、農業と漁業に対する危険性についての認識が、みるみる青森県内の農協と漁協のあいだに広がっていった。再処理工場予定地の六ヶ所村では、村長の寺下力三郎さんが高齢にもかかわらず、戦時中に朝鮮人を牛馬のようにこき使った朝鮮チッソの工場につとめた自分の苦難の体験から決起し、「これはチッソの水俣病の大公害と、日本の朝鮮植民地支配の構造と同じである。われわれ六ヶ所村民は、原子力産業の植民地にされてはならない」と甲高い声を張り上げて、村民に呼びかけてくれた。私の耳には、元気だった頃の寺下さんの声が今も聞こえる。

　吹雪をぬって、地を這うように、夜遅くまで続けられた講演の連続に、私は死にそうな思いだったが、六ヶ所村、むつ市、三沢市から、近在の野辺地町へ、東北町へ、そしていよいよ大都市の八戸市と弘前市と青森市に、反対運動が広がっていった。どのような順序で市町村を引き回されたか、まったく覚えていないが、弘前では、大講堂を1000人か2000人の市民と、リンゴ農家が埋めつくした。江戸時代には対立していた弘前市の津軽地方と、八戸市の南部地方が結束した時には、再処理工場を誘致した県知事・北村正哉が真っ青になり、うろたえて毎日のように暴言を吐くようになった。こうなると、知事の狂態を見て怒る農家の動きが爆発して、農民一揆のような勢いで、青森県政を直撃するようになった。

こうして最後には、八戸市議会が、公式に私を講師として招くに至って、もはや再処理工場を誘致することは正気の沙汰ではないという県民の意見が圧倒的になって、1989年の参議院選挙では、圧倒的な保守王国の青森県で、自民党を敗北に追いこんで、「核燃サイクル反対」の農民代表が当選するという奇蹟を成し遂げたのである！

第26章　原発反対運動を襲った予期せぬ〝トロイの木馬〟

六ヶ所村「核燃サイクル反対」は全国的な運動になり、日本全土から集まった人びとによって、広大な再処理工場の敷地を取り囲む〝人間の鎖〟が展開されるまでに燃え上がった。六ヶ所村村長の寺下力三郎さんは常々、くやしさをにじませながら「私は敗軍の将である」と言って、六ヶ所村の小川原湖（おがわら）で獲った小魚のゴリで佃煮（つくだに）をつくって、私に送ってくださるような心やさしい人だったので、勝利の大集会で、「敗軍の将・寺下力三郎さんの名を、ここに返上します。寺下さんが勝ったのです！」と言うことができた時には、私も本当に嬉し涙を流した。ところが‼

その時、われわれの運動に、トロイの木馬のように、内部から敵が飛び出してきたのだ。**ここからが、現在に続く重要な話なのである。**1989年の参議院選挙に勝利した時から、私はパッタリと青森県内の講演会に呼ばれなくなったのだ。それは、青森県民が選挙の勝利に酔って、道を踏み間違える方向に進んでいったからである。加えてそれは、県民が「自分は間違えている」という意識もなくおこなった、普通の行動であったのだから、読者には正確に説明しておかなければならない。県民の多くが何をしたかと言えば、それ以後の核燃反対運動は、放射能の危険性を深く語ることなく、知事選挙など、政治的行動にほとんどの力が注がれるようになったのである。さらに悪いことに、東京では社会党が党首・土井たか子に率いられて「消費税反対」によって国政で勝利し、それまで青森県内で何ひとつ反対運動をしなかったくせに、まるでわがことのように六ヶ所再処理工場反対運動に乗り出してきて、青森県での勝利は自分の勲章だと言わんばかりに、それを政治の道具に利用し始めたのである。

読者は、「県知事選に勝利すれば地元の政権を握れる。それによって再処理工場の建設をストップできる」と考えた行為、つまり多くの県民が掲げた正しい目標が、なぜ間違いだったかということに、お気づきだろうか。

この言葉に誤解を持たれないように、青森県民のどこに間違いがあったかを説明しておきたい。これまで述べてきたように、私の運動哲学は、右翼でも左翼でもない、万人（ばんにん）にとって共通する放射能の危険性を伝えることにあった。それは政治運動ではなく、抽象的な「放射能」という言葉でもなかった。ストロンチウムが、セシウムが、プルトニウムが、具体的に人体に何を起こすかという数々の医学的事実を、互いが知ることにあった。放射性ストロンチウムが、カルシウムと同じ性質の元素であるため、人間の体がストロンチウムという放射性物質をカルシウムと間違えて骨に濃縮する。その時、背骨にある骨髄（こつずい）で人間が血液をつくっているので、ストロンチウムの放射線を浴びた血液が癌化する。その血液の癌が子供たちを襲う白血病である。さらに血液は全身を循環するので、全身に癌が転移すれば生命を奪われる。こうしたことを数々の実例で説明したのが、私の講演会であった。医者が病人に病名を告げる時に、どのような症状であるかを説明すると同じように、このような説明は具体的でなければならなかった。

敵がいない運動をめざすには、再処理工場の危険性について、そのように説明する必要があったからである。だからこそ、自民党支持者だった農民が、いつしか私の味方について、「核燃反対」を主張してくれたのである。池上彰（いけがみあきら）は、NHK退職後の現在は、物知り顔でそちこちのテレビ番組の解説をし、偉そうに選挙の結果まで解説しているが、この時代には、日本政府の広告塔になって、NHK〝週刊子どもニュース〟の時間に「核燃料サイクルの必要性」を説明していたことを、まったく反省していない男である。つまり思想も信念もないのが、すべての彼の解説だ。相撲取りの舞の海も、青森県生まれで、六ヶ所村の原子力産業の金に群がる醜悪な広告塔として、核燃の宣伝につとめてきた。私が死にそうな思いで、厳寒の中で青森県内を走りまわっていた時に、池上彰や舞の海にどのような感情を抱いたかは、読者に説明する必要がないだろう。

したがって、青森県で農民が自民党を倒したことは、日本の社会運動の中で、間違いなく今までに戦後一度もなかった画期的な奇蹟であった。だからこそ、その当時の私にとって、県知事は自民党でも社会党でも、どこの馬の骨でも、誰でもよかったのだ。核燃サイクルという計画を県民が断念すれば、あとは誰がどのような政治をおこなうかは、私の知ったことではない。青森県民の生活に、よそ者の東京人・私が口を挟むことは、むしろよくないのだ。

ここまでの日々、青森県民が展開した核燃反対運動は、実に見事であった。ところが勝利した瞬間から、「核燃反対」のスローガンだけになって、ウィンズケール再処理工場も、ハンフォード再処理工場も、プルトニウムも、ストロンチウムも、癌も、白血病も、一切の具体性を持たない無味乾燥な「標語」になってしまったように、私には見えたのである。私に言わせれば、県知事選の勝利をめざすことは正しいが、それだけが目的になってしまった時には、「核燃反対」の標語は、反対運動ではない。私が当時〝学習会〟と呼んで連日おこなった講演会は、大抵は二時間以上で、全世界の放射能被害を、具体的に説明し、来場者が現実に起こっているおそろしさを知って、自分で確信してもらうことにあった。その結果として、県知事選の勝利が自然に転がりこんでこなければならない。ところが、土井たか子たち政治家は、選挙における政党の勝利のためにしか活動しなかった。そこで、彼らの抽象的な政治用語しか聞かなくなった青森県民は、日を追うごとに放射能被害をどんどん頭から忘れていったのだ。政治運動の落とし穴は、そのように、基本的な事実や数字を言わなくなるところにあるのだ。

たまたま私は、その当時、東京で社会党本部から「顧問になってくれ」と頼まれ、西武グループの堤清二（つつみせいじ）らの著名人を集めた公式の社会党顧問の一員にさせられたが、社会党は私に一度も、原発反対運動のための講演を依頼してこなかった。土井たか子からたびたび私に送られてきたのは、社会党のパーティーへの出席通知状だけで、それは「金をせびる乞食行為」のパーティー券なのである。「一体、こいつらは、何を考えて政治家になり、俺を顧問にしたのだ」と、私は一人、その通知を受け取るたびに内心で激怒していた。戦後の長い期間にわたって、国民の3分の1という大きな支持を集めてきた社会党（現・社民党）が、今なぜ数パーセントの支持率も得られなくなったか？　それは、この時代から堕落して、原発も、自衛隊も、長良川河口堰（ながらがわかこうぜき）による自然破壊も容認して、われわれ国民を裏切ったからなのである。

その当時に対する反省の言葉を、今日に至るまで、私はまだ一度も聞いていない。現在の社民党はまともな政策を掲げており、特に青森県の社民党は、大間原発の反対運動で中心的な役割を果たしているのだから、「過去に間違いを犯しました」と一度宣言する必要がある。

第27章　政争の具にされた原発反対運動

幌延反対運動を展開した北海道は、どうなったか。

こちらでも当時、社会党出身の横路孝弘が北海道知事となっていて、これがトロイの木馬に化けたのである。横路知事は、最初は、幌延の高レベル処分場の計画に対して、私たちが北海道内に広めた圧倒的な「反対」意見を見て、道内世論に従う立場をとった。そこまではよかった。ところが横路孝弘は、その時、同時に進められていた北海道最初の原子力発電所の建設に関して、〝計画を中止する権力を持つ知事〟でありながら、「すでに既定の計画である」という訳の分からない理屈をつけて、建設にゴーサインのお墨付きを出すという悪事に踏み切ったのである。いいかね横路孝弘よ、原子力発電所が高レベル放射性廃棄物を生み出すのだから、「幌延の高レベル処分場に反対して、原子力発電所に賛成すること」は、中学生でも分る政策矛盾なのだ。

この当時は、建設が計画されていた泊原発近くの余市町で、ウィスキーのニッカ工場が、私の原発反対講演会を主催して、工場の職員全員を集めて話を聞いてくれたのだ。講演後に工場長さんが、私が飲んだこともないニッカ最高のモルト・ウィスキーをおみやげに下さるほどであった。

この一帯は後志(しりべし)地方と呼ばれ、厳しい冬になると、雪が空から降るのではなく、シベリア方面からの猛烈な風を受けて、地面から雪が吹きあげる地吹雪(じふぶき)に襲われることがあるので、私にとって本当につらい地元講演会続きになったが、近隣の小樽(おたる)と岩内(いわない)など市町村を何度も走り回ったおかげで、地元でも大きな建設反対の声が燃え上がり、札幌市の中心部の大通りを練り歩く巨大な泊原発反対デモが挙行された。ところが北海道と青森県に私たちが広めた住民運動は、幌延の高レベル処分場計画を阻止しただけで終った。土井たか子と横路孝弘の犯罪行為によって、無残な結末に向かったのである。

圧倒的な道民の原発反対意見を踏みにじって、横路孝弘が道民の怒りを逆なでするように、不条理きわまりない道政を押し通し、泊(とまり)原発が１９８９年に運転を開始してしまったのだ。

この通り、左翼が知事になっても、原発反対運動にとって何の意味もないことは明白だ。

青森県では、当時の自民党幹事長だった小沢一郎が、県内の台風被害者に対する支援の大金を農民にばらまいて、放射能問題を忘れつつあった農家を味方につけたので、県内世論はあっさり逆転されてしまい、六ヶ所再処理工場の建設計画が着々と進められていったのだ。私は青森県からほとんど講演に呼ばれなくなった。うしろめたい気持の農家の人が、県内で私に会っても目を向けずに下を向くようになり、この状況をひっくり返そうにも、もう手が届かなくなった。

そしてついに１９９５年4月26日に、その日がソ連のチェルノブイリ原発事故の記念日だというのに、フランスのラ・アーグ再処理工場から送られてきた放射能のかたまり、恐怖の〝高レベル廃棄物〟のガラス固化体の第1号が、北海道で拒否された末に、青森県の六ヶ所再処理工場に強行搬入されることになったのである。

第28章　〝高レベル廃棄物〟が搬入された――その闘争の現場で

1995年に〝高レベル廃棄物〟が青森に搬入された大事件を記録しておく。青森県と東北地方だけでなく、全国から集まった反対運動の市民が、一週間ほど前から海岸に泊まりこみで結集し、私もそこに参加していた。その反対市民の数は膨大であった。

実は、前年1994年末の12月28日に、三陸沖で発生したマグニチュード7・6の大地震が八戸など青森県南部を直撃し、六ヶ所村の港が大破壊されていたのである。それにもかかわらず、気象庁が、震源がまるで遠い所にあるかのような「三陸はるか沖地震」という犯罪的な地震名をつけて印象操作をおこない、政府広報係をつとめていた。

さらにその大地震からほんの20日後の1995年1月17日には、兵庫県南部地震が発生し、神戸が燃え上がる**阪神大震災**となって、数千人の死者が出て日本中が震撼となった。私はその阪神大震災の日にちょうど、青森県知事選挙の応援を頼まれて、久しぶりに八戸市にいた。たまたまホテルで早朝にめざめてそのニュースをテレビに見て、声もなく震え上がった。というのは、核燃料サイクルを担当する科学技術庁の官僚たちが、地震についてドシロウトであるだけでなく、きわめて悪質であり、この7年前の1988年には、**六ヶ所再処理工場の敷地のど真ん中に2本の大きな活断層が走っている**事実を隠していたことが、内部告発によって暴露されていたのである。

そしてフランスから高レベル輸送船が到着しようとするこの時、海岸に泊まりこんでいた私のところに、大手建設会社（ゼネコン）の技術者が、「再処理工場の設計は自分たちが担当したので、危険きわまりないことを知っている」という文書を届けて、われわれに危険性を告白したのだ。大地震がプラントを破壊する危険性をよく知っていた私は、こともあろうに阪神大震災の3ヶ月後に、フランスから高レベル廃棄物の輸送を実行する**社会党の村山富市内閣**の狂気の政治状況に直面して、もはや国の終りが近いと感じていた。そのため、フランスからの高レベル輸送船が六ヶ所村の沖合に到着した時は、もう死んでもいいから、体当たりで陸揚げを阻止しようと決心していた。

ベトナム戦争時代に、ベトナムの僧侶がガソリンをかぶって焼身自殺を遂げ、その燃え上がる姿をテレビで見た全世界の人たちが驚いて反戦運動に立ちあがったように、私自身も本気で死ぬほかないと思っていた。海岸に集まって座りこんだ私たちは、東北地方の全県から集められた数千人の警察官と、巨体ぞろいの機動隊に取り囲まれながら、必死の抵抗を続けることになった。

この騒動の中で、偉いもので、高レベル廃棄物が陸揚げされる2日前の4月24日、陸揚げ用クレーンの鉄塔に、するすると登って、逮捕された日高祐三（ひだかゆうぞう）という東京から来た若者がいた。彼は、その高いところからスプレーで反核燃をアピールするメッセージを書いて示し、私たちを大いに勇気づけた。彼はその後、消防はしご車によって逮捕され、野辺地（のへじ）警察の留置場に入れられた。私たちは警察署の建物前に行って、遅くまで、留置場内に聞こえるように大声で励まし続けた。実は前日に、私は日高さんからその行動を決行する計画を聞かされていたという意味では共犯者だったので、よくぞやってくれた、という感無量の思いだった。だが、この件が「事前に共謀していた行為だ」などと共謀罪が適用されて、彼の量刑が重くなることをおそれて、本に書いたことはなかったが、とうの昔に時効なので、彼の許可を得てここに書くことにした。

かくして翌日4月25日には、私たちの抗議行動が一層激しくなって続けられた。

いよいよ4月26日の陸揚げ当日は、ちょうど現在、沖縄県民が、辺野古（へのこ）で米軍新基地の建設反対デモに体を張って参加しながら、地方から投入された警官たちにゴボウ抜きにされたのと同じであった。私たちは手もなくひねりつぶされようとした。

当時の抗議行動の時系列は、現在の記憶でははっきりしないが、スピーカーのマイクを渡され、話を頼まれた私は、東北地方全土から駆り集められた警察官に向かって語りかけた。

「自分が何をしているか分っていますか？　あなたたちの郷里が殺されようとしている時に、あなたたち警察官は、日本と郷里を守ろうと集まってきた私たちになぜ暴力を振るうのですか？　下を向かないで、まっすぐ私たちの顔を見られますか。あなたたちが、警察官の職業だから命令を受けて、仕方なくそうしていることは分る。しかし、大人として恥ずかしいことだということも、あなたたちの顔に書いてある。家に帰って家族の顔をまともに見られない人生を送りたいのですか。あなたたちとわれわれは、敵ではないはずだ。敵は、向こう側にいるのが見えますよね。回れ右をして、向こう側の人間に立ち向かいなさい。それが本物の警察官の仕事です」

こうしたことを延々と話した。しかし実際には、責任者である真の敵の姿は、海岸のどこにも見えなかったのである。東北地方の民衆が、同じ東北地方の警察官と戦わされていた時、「核燃」計画を推進した東京電力社長・平岩外四（ひらいわがいし）と、関西電力社長・小林庄一郎は、東京や大阪でのうのうとしていたのだ。関電の小林庄一郎は何しろ、こう言っていた。「六ヶ所村のむつ小川原（おがわら）の荒涼たる風景は関西ではちょっと見られない。やっぱりわれわれの核燃料サイクル3点セットがまず進出しなければ、開けるところではないとの認識を持ちました。日本の国とは思えないくらいで、よく住みついて来られたと思いますね」と、言ってのけた。この言葉を聞いて、青森県民は、自分たちが人間ではなく、山猿かイノシシだとバカにされていることに気づいたはずであった。

私は、ゴボウ抜きされて港から引き離され、フランス船から高レベル廃棄物が陸揚げされそうになったのを見て、「この野郎！」と大声で叫んで走って行った。その時、「広瀬先生、何をするんですか」という声と共に、私の体はうしろから羽交(はが)いじめされてしまった。私を止めたのは、われわれ運動仲間の六ヶ所村の漁民であった。三沢の中川登三男(とみお)さんが自動車で突っこんでいって逮捕されたのもこの時であった。

そうして、ついにフランス船から高レベル廃棄物と呼ばれる放射能のかたまりがクレーンで陸揚げされ、キャスクと呼ばれる巨大な金属製の容器が、化け物のようなトレーラーに乗せられた。その上を報道ヘリコプターが何機も飛び交っていたので、高レベル廃棄物上へのヘリ墜落をおそれた私が当局に「報道ヘリを排除しろ！」と要求し、怒号に包まれる中、いよいよトレーラーが六ヶ所再処理工場に向かおうとした、その瞬間であった！

何ということか、天が突然にザーッと雨を降らせたのだ。すると雨水を受けたキャスクは、内部に抱えた高レベル廃棄物の熱、すなわち永遠に発する放射能の熱によって蒸気を立ちのぼらせた。それまでわれわれの目に見えなかった恐怖の放射能が、蒸気の形をとって姿を見せたのだ。そのおそろしい意味が分った時、みなのあいだに悲鳴が上がった。私の隣にいた弘前の外崎能子(とのさきやすこ)さんが、わあわあと泣き出して私にしがみついてきた。

日本の市民運動家の多くは、非暴力運動をすぐれたものだと推奨し、現在でも首相官邸前のデモは警察官の規制を受け入れているが、しかし私は、非暴力主義は嫌いな人間で、日高祐三さんや中川登三男さんのように警察の規制に真っ向から対決する勇気ある行動を支持する。それは、「日本における国家のファシズムを許しているのは、非暴力主義だ」と思ってきたからである。

インドの独立闘争でも、アメリカ黒人の公民権運動でも、南アフリカの人種差別アパルトヘイト反対運動でも、独裁者バティスタを倒したキューバ革命でも、米軍に立ち向かったベトナム人のゲリラ闘争でも、抵抗する側が命懸けで実力をふるったから、最後に悪どい権力者が敗北して、ある程度の自由が正義の側に獲得されてきたのだ。それが人類の歴史ではないのか？　インドでマハトマ・ガンジーが唱え、アメリカでマーティン・ルーサー・キング牧師が主導した非暴力運動は、思想的にはきれいに見えるが、非暴力の抵抗だけで成功した民衆闘争など、この世にまず一度もない。事実としても、権力者に抵抗する側の暴力は、暴力ではない。２０１９年以来、香港で１００万人を超える民衆が、中国政府の手先である醜い香港行政長官の命令にしたがう警察官と、たびたび死闘を続けてきたが、警察官や軍隊という国家の武装組織の暴力を批判せずに、これら市民の暴力的抵抗を批判するのが非暴力主義であるならば、それはトンデモナイ間違いを犯している。市民の暴力的抵抗は、当然おこなわれるべき正当防衛なのである。私のような体で、武装した機動隊員に体当たりすることを暴力と呼ぶのは、笑い話である。

こうした問題に関して、述べておくべきことがある。実はこの時まで、私は一度も〝ブタ箱〟と呼ばれる牢獄に入ったことがなかったし、その後も今日現在まで、その体験が一度もない。

けれど私は、自分の仲間が何人も、デモなどで、目の前で罪もなく逮捕されるのを見てきたので、自分も逮捕ぐらいされなければ一人前ではないと恥ずかしく思い、この50キロもない小さな体で、警察官や機動隊員を公然となぐってきたし、電力会社の社員にもわざと暴力をふるって、逮捕されようとしてきた。

ところがある日、本来は心やさしくあるべき私が、そのようにささやかな暴力をふるっていながら逮捕されず、私の近くにいた若者が逮捕されたことがあった。「何であの子だけ逮捕されるんだ！」と叫んだ私に、目の前の弁護士さんがこう言った。「広瀬さん、あなたは逮捕されないんですよ。向こうは、あなたを逮捕すれば大事件になって反対運動が大きくなるから、絶対に逮捕しません」。そんなバカなことがあるかと思ってショックを受けたが、実際に、私の顔は、公安や警察幹部が知っていて、部下に逮捕しないよう指示していたし、電力会社も私には手を出さなかったというのは、本当らしいのだ。

六ヶ所再処理工場の正門前に行って、私がガソリンをかぶって焼身自殺すれば、計画を食い止められると、本気で考えたことが何度かあった。だが、いざ決行しようとした時、意気地のない日本人の運動の中では、自分が犬死にするだけで、笑い物になり、無駄に終ることが歴然としていたので、ついに焼身自殺は断念した。そのような理由から、私は青森で断食闘争に参加したことはあっても、今日まで恥ずかしくも、ブタ箱に入ったこともなく、焼身自殺もせずに、生き延びているのだ。残念ながら……

第29章　陰湿な公明党とＮＨＫおよび腐敗した国会議長

この時代に起こったもう一つの異質で陰湿な出来事は、創価学会と公明党に関するものだったので、ここに記録を残しておく。私が１９７９年に原発反対運動を開始してほどなく、創価学会の月刊誌「潮（うしお）」の編集部が私に原稿の執筆を依頼してくるようになった。例によって世間知らずだった私は、創価学会は新興宗教だと思いこんでいたので最初は用心した。だが現在の自民党べったりの腐敗堕落した公明党＝創価学会と違って、当時は創価学会の青年部が真剣な反戦平和運動をおこない、また公害反対運動にも熱心なことを知って、私が原稿の執筆を引き受けるようになったのである。加えて私のルポルタージュ原稿が、いつも「潮（うしお）」のその号の柱となるべく、長文のカバーストーリーとして扱われたので、水俣病や、日雇い労働者問題など、深刻な社会問題をレポートでき、勿論、原子力発電の危険性についても、たびたび自由に書くことができた。創価学会の会員のあいだで私のレポートの評判がよかったらしく、創価学会の若い会員向けの月刊誌「第三文明」では、ほぼ連載に近い形で、毎号のようにカバーストーリーを書かせてくれるようになった。ところがそこに、ある日、事件が起こったのだ。

私が、隣国の韓国における最大の問題である「財閥の悪事」を調べ上げて、詳細な報告を長文で書いた時である。この原稿のため、「第三文明」編集長のクビが飛んだようであった。というのは、あとで聞けば、創価学会が韓国で会員を増やす活動に本格的に取り組んだのが、この時期だったからというわけである。日本では〝韓国を支配する財閥〟についてあまり知られていないが、韓国の世界的詩人・金芝河（キムジハ）が１９７０年に長編詩『五賊』を発表し、「ソウルのど真ん中」に住む「5人の盗っ人」を5匹の化け物に置き換えて描いた。その化け物の筆頭が「財閥」であり、「国会議員」、「高級公務員」、「星をつけた軍人幹部の将星」、「次官」という4匹の獣（けだもの）と共に、独裁者・朴正熙（パクチョンヒ）体制のもとで権力層がいかに不正を働き、腐敗しているかを、痛烈に、コミカルに風刺したのだ。この『五賊』に怒り狂った朴正熙大統領が反共法違反で金芝河（キムジハ）を逮捕し、１９７4年に死刑判決を下した。だが、政府批判をすべて禁止した時代にも抵抗し続けた金芝河は、全世界から大喝采を受けて釈放され、その後も韓国の民主化運動をリードする活動を続けてきた。

こうして政治家の腐敗によって巨大に育った化け物の財閥が、現代では政治家のペットではなくなり、逆に、「保守派の政治家」に女をあてがい、酒を飲ませて、政策を操るようになっているのだ。私の原稿は、日本でほとんど書かれたことがない貴重な〝韓国財閥の解剖〟だったので、それが創価学会の韓国布教活動にとって〝最悪のもの〟とされ、一点の曇りもない原稿が、次号の「第三文明」編集後記で「間違いだらけの内容であったことを読者に謝罪します」といった一文によって断罪され、闇に葬られ、私は創価学会から一切、執筆を依頼されなくなったのだ。

世界的な詩人・金芝河（キムジハ）から過大と思われる讃辞を贈られた私だったが、この許せない編集後記に対する反論を、どこにも書くことができなかった。なぜなら、私が正確な事実関係を再び立証して反論すれば、私に原稿を書かせてくれた編集長が、創価学会の中でさらなる個人攻撃を受けることが明らかだったからである。

この事件は、公明党と創価学会が、地獄の坂を転げ落ちて腐敗し始めた時期であった。それ以来、彼らは今日のように、ぶざまな第二自民党の醜態をさらし、国土交通大臣のポストを与えられて沖縄の米軍基地建設の旗振り役となり、辺野古で反対住民をゴボウ抜きせよと命令を下す〝ファシスト団体〟になったのだ。それればかりか、JR東海が無謀にも強行してきたリニア新幹線の地下工事で、南アルプスの大自然を破壊し続けてきたのが公明党なのである。

もう少しあとの時期になるが、NHKが、まったく同じような形で、腐敗堕落し始めた事件にも、なぜかこの私が立ち会ったので、記録を残しておく。読者は驚くかも知れないが、私は、7冊もの書籍を、天下のNHK出版から堂々と出版してきた。2001年9月11日にニューヨークの世界貿易センタービルに航空機が突っこんで崩壊した大事件直後の2002年に、全世界が兇悪なテロリストの親分だと批判するウサマ・ビンラディンがいかに正しく、イスラム教徒のあいだで人望がある人間だったかということを、NHK出版から発刊した『世界石油戦争』と『世界金融戦争』の二冊のほか諸書で実証し、世界的テロリストはあべこべにアメリカ政府であるという事実を記して、中東の真実の歴史を知るべきだと書いてきた。それ以前にも、NHK出版の月刊誌「放送文化」に、1996年から1997年にかけて「地球の落とし穴」と題して連載記事を書き、翌1998年にそれを書籍化した。

ところがそのうちの一冊「放送文化」1997年3月号が書店から回収されて、内容はまったく同じながら、色違いの表紙で同じ雑誌が発刊されるという、日本の雑誌業界で聞いたこともない珍事件が起こったのだ。

正確に言えば、再度発刊された号の内容がまったく同じであるはずはなかった。私の原稿だけが、別の原稿に差し替えられたのである。つまり、私が自民党の政治家を、6頁にわたって実名を挙げてもろもろ批判したので、「放送文化」の私の原稿の担当者だった編集者が、〝NHK出版の親会社であるNHK〟に呼ばれてどなりつけられ、叱責されたのだ。NHKは、外国に対する批判は受け入れても、NHKの予算を国会議員が決めるので、日本国内の政治家批判を受け付けない組織なのである。私の自民党批判は、どこにでも書かれ、言われている当たり前の事実なので、その文章を掲載してどなりつけられるなんてことは、「えっ？　NHKは正気か？　これが公共の報道機関か？」と思うほど、誰でもビックリするほど恥ずかしい出来事であった。NHKという組織が宿命的に持っている〝政府広報係〟の体質とは、当時から現在まで、それほど愚劣なのである。この社内騒動の結果、その号が回収されて、すでに印刷された私の原稿頁だけ、次の号の私の原稿に差し替えられるという手のこんだバカバカしいことをしなければならなかったわけだ。

断っておくが、一時期のNHK職員は、私に対して偏見を抱かず、互いに信頼する協力関係をもって核兵器や原子力発電の放射能問題についての調査資料を真剣に交換し合ったものである。にもかかわらず、この時期からNHKの上部がおかしくなって、ファシズムの色に染まり始めたのだ。

この時も、私はこの不条理について、本来は、物書きとして、社会に対して口を開いてNHKを公式に批判しなければならない立場にあったが、一切説明できなかった。私が口を開けば、私の編集担当者が、NHKの中でさらなる個人攻撃を受けることが明らかだったからである。当時この事件について真相に最も近い報道をしたのは、不思議なことに小生の〝敵〟週刊新潮だけであった。現在この経過についてここに事実経過を書くのは、当時の担当者がつい先年、NHK出版を追放されるという訳の分らない事件が起こったからである。まったく、この世はどうなっているんだ?

このように、ありとあらゆる世界が信じられないほど堕落した時代に、一見すると社会派的で左翼的な思想を標榜する政治家が〝トロイの木馬〟となって、われわれ市民運動に裏切り行為をくりかえした歴史について、私がこの当時の昔の記録を今になって掘り返し、何を言いたいかというと、これこそが、目の前の2011年に福島原発事故を起こした原因だったという、誰も気づいていない事実だからである。ここにもう一人、社会に対する裏切り者の名前を加えると江田五月がいた。この男も、父親の江田三郎が社会党書記長だったので、れっきとした左翼勢力の流れを汲みながら、1993年から1994年にかけて非自民党政権の科学技術庁長官となって、高速増殖炉〝もんじゅ〟の運転を強行させ、1995年の〝もんじゅ〟火災事故を誘発した重大犯罪者であった。そして読者の記憶に新しい、つい先年の2009年に、自民党に代って鳩山由紀夫の民主党がついに政権を握って、国民がヌカ喜びした時の衆議院議長がトロイの木馬となった横路孝弘であり、参議院議長が江田五月だったのである。彼ら二人の国会議長就任を見て、私が、「もう日本は終った」と絶望してほどなく、鳩山民主党が、辺野古の米軍基地建設を「沖縄県外に移す計画案を撤回」して沖縄県民を裏切り、菅直人首相が原発推進政策を打ち出す中、福島第一原発の4基が次々と爆発したのである。因果応報とは、まさにこの歴史だったのだ。

第30章　政治屋ではない〝一匹狼〟の山本太郎

いよいよ、誰もが運動で成功するバイブルとなる本書の本論に入ろう。おそらく多くの日本人は、なぜ日本の野党が、安倍晋三のような極悪の軍国主義者に率いられる自民党に勝てなかったか、その理由を知らないであろう。野党と呼ばれ、多少は民主的・左翼的な顔をした社会派人間の精神が、実は、中身のない空洞で、自民党や公明党と同じように、ただの腐った組織的な政治屋であることを、国民の大多数が感じ取っているからである。彼ら政治屋が日常、何かわれわれ国民のための政治をしたことがあるか？　日常、何もしていないではないか‼　そのような人間たちが選挙の時だけ、有権者に自分の名前を連呼して、国民が投票すると思っているのか？　日常、政争のほか何もしない人間たちを、軽々しく国会議員と呼ぶ「マスメディア」こそが知性の欠けた犯罪者なのである。そのマスメディアもまた、組織の衣をかぶった集団だからだ。

そして、あえて私の仲間である〝野党を支援する人〟の選挙運動にも批判を加えることを厭(いと)わず書くならば、私に言わせれば、現在の野党支持者（民衆）の訴えには中身がない。「野党共闘で安倍晋三を倒そう」という呼びかけに、基本的に私は賛同してきたが、一体、何の思想と政策をもって共闘するのかを考えると、政策が明らかでない共闘な<ruby>ぞ</ruby>に、意味があろうはずはないからだ。日本国憲法を変えるのか変えないのか、原子力発電を即刻全廃するのか廃止しないのか、放射能汚染が東日本のどこにどのように広がっているかを調べているのか、生活苦に追いつめられている人をどのような手段で救済するのか、差別社会をどのように根絶するのか……こうした具体的な政策が、選挙の前から国民に絶えず説明されるべきであるのに、野党側の人間は、日常、いかなる問題解決にも取り組まず、見える形では一切何もしていない。

２０１１年の福島原発事故という未曾有の事件は、４基の原発が爆発しただけではない。宮城県の女川（おながわ）原発３基と、福島第一原発の残る２基および福島第二原発４基と、茨城県の東海第二原発１基の合計10基が、同時に爆発直前までゆきながら、髪の毛一本の差で奇蹟的に助かっただけなのである。それでも現在、原発を稼働させている日本の国会と報道界は、〝狂人の集団〟と呼ぶほかに適切な表現がない。このような人間集団が、コロナ・ウィルス対策などできるはずがない。私が理解できないのは、全世界に流行したコロナ・ウィルス感染症（世界的呼称COVID-19――corona virus disease 2019 の略）が、日本のすべてのテレビで「新型コロナ・ウイルス」と呼ばれ、大新聞に書かれてきたことである。世界的に大感染後、新しくも何でもないものを「新型」と呼ぶ間違いだけでなく、「ウイルス」の表記も医学的に間違いである。１９９８年の著書『地球の落とし穴』（ＮＨＫ出版）に私はこう書いた。

――ウィルスは、ラテン語の virus が語源で、現在の欧米医療界では、ドイツ語もフランス語も英語も同じつづりながら、ヴィルスかヴィリュスかヴァイラスと発音する。この言葉は、オランダに行けばフィールスと変り、聞くところヨーロッパで十種類以上の発音があって、統一すべきだという声があるほど多くの表現を持つが、それでも、vi の「母音」としては「イ」か「ア・イ」のほかになく、「ウ・イ」の発音は、どこからも出てこないのにウイルスと書かれる。この訳語が日本で誕生した明治時代以来の誤った表記を、ヴィルスにしないなら、せめてウィルスと、この現代に直すべきだと思うが、近代医学界からさえ、その提案が出ない。――

医学、特に患者の治療に立ち合った臨床経験のない政治屋と報道界が語る言葉には、人間の心を揺り動かす具体性がない。医学の初歩知識がないこうした政治屋的・評論家的な態度は、1980年代の土井たか子たちの政治活動から一歩も進歩していない、と私は言っているのである。

彼らと違って、日々真剣に活動してきたのは、「鋭い国会質問」と「永田町恐怖新聞」と「街頭演説」で具体的な自分の政策の数々を提示して、軍国主義を粉砕しようと体当たりで安倍晋三に喧嘩を売ってきた山本太郎ぐらいだ。ところが山本太郎が、2019年7月21日に捨て身で臨んだ参議院選挙で、たった一人で比例区最高得票99万票を獲得しても、重度障害者二人を優先して国会に送るために、自分は落選に甘んじたという重大事に対する大新聞の解説は、なっていない。最多得票の報告をするだけが、新聞記者の役割ではないだろう。最多得票を得て落選したのが山本太郎であるなら、彼が掲げた選挙公約を新聞の読者に具体的に解説し、日々の新聞紙面で、くわしく、分りやすく説明して、ほかの全政治家の誤りを具体的に正すことが、新聞記者の仕事なのだ。ジャーナリストは、選挙の評論家であってはならない。

私は山本太郎を支援する市民グループ"Taro's NETWORK"の会長だったから、このような文章を書いているのではない。読者の多くも、彼の本当の人格について案外知らないと思われるので、私が彼と知り合ってからの経過をざっと書いて、山本太郎の政治能力を理解していただくことにしよう（私は彼を実の息子のように感じたので、面と向かっては「太郎ちゃん」と呼んできたが、本書では敬称を略す)。

最初に山本太郎と直接会ったのは福島原発事故からほぼ1年後、2012年3月2日の週刊朝日対談の席であった。彼のような俳優業の人間が原発反対運動に飛びこんで、テレビからシャットアウトされるほど積極的に活動していると聞いて感心していたので、初対面とは思えないほど気が合って、延々と4時間も原発問題を話し合い、互いの体験談を語り合った。私は芸能界にまったく興味のない人間だが、「この男はただの俳優で終る人間ではなく、大物の役者になる」という確信を抱いたのが、その時であった。俳優と役者は、違うものであり、舞台で役の人間を演じられるのが本物の役者である。それには人格と、感性がなければならない。山本太郎は鋭い直感力を持っており、彼が言葉を発するごとに、ランプの灯心をかきあげるような輝きがあった。

対談後、二人とも別々に日本中を走り回っていたが、2012年6月29日の金曜日に、国会前に20万人が結集して**歴史的な原発再稼働反対デモ**が挙行されたのである。首相・野田佳彦(よしひこ)の退陣を求め、ヘリコプターが空前の巨大デモの上空を飛び交った時、そのヘリに私の依頼で山本太郎が乗っていたのだ。なぜかと言えばこのデモは、実は前週の金曜日の5万人デモをまともに報道せず、ミイラのように死に絶えている日本のテレビ報道界に痛烈パンチを食らわせようと、私が城南信用金庫・理事長の吉原毅(つよし)さんに相談して設立した「正しい報道ヘリの会」が日本全国にカンパを呼びかけたところ、市民がたちまち1000万円以上をカンパしてくれた。そのお金で市民用の報道ヘリをチャーターし、そこに役者スター山本太郎に頼んでヘリに搭乗してもらい、彼がインターネットでデモを解説したわが国最初の市民報道大企画であった。

この夜、史上空前の20万人原発反対デモに大成功したあと、翌月の7月15日、山本太郎が初めてわが家に来訪した。それは翌16日に代々木公園で「さようなら原発10万人集会」がおこなわれるので、その集会を再び太郎にヘリから報道してもらう打ち合わせのためだったが、二人は杯をあげて酒を飲み、話し続けて、太郎が明日のために帰らなければならない時刻の夜12時になった。

果てしない話を残念ながらやめようとしたその時、立ち上がった山本太郎が何をしたかというと、テーブルの上に出ていたお皿を片づけ始めて、台所に運んで洗い出したのだ。「おい、客が、何をしてるんだっ！」と言っても聞かない男を見た時、わが家の全員が彼の心のやさしさ、純粋さを見た。その性格が山本太郎を原発反対運動に駆り立てた動機だったことを知った私は、彼の人格に深く敬意を払うようになった。山本太郎は、私と同じく一貫して放射能被曝を最大の問題として語り、自ら〝歩く風評被害の山本太郎です〟と言い続け、子供を守るために放射能の危険性を多くの人に訴えてきた。被曝問題を語らない原発反対運動は、私に言わせれば偽物であり、山本太郎の活動は本物であった。

7月16日の代々木公園の反原発集会には全国から十数万人が集まって大変な熱気に包まれ、山本太郎がヘリから解説した。

だが、原発がいかに危険であるかという事実をもっと広めるため、もはや集会や書物では間に合わないので、二人で「太郎ホントの話」と題したＤＶＤを、分りやすい対話形式で作成し、「地震編」・「放射能編」・「津波編」・「電力編」シリーズを、誰でも買えるよう1枚５００円で売り出した（発売元は山本太郎事務所）。現在でもこのＤＶＤは、日本中の誰にも見てほしいと思っている。かくして原発を即刻やめようとしない民主党政権を、市民運動がジリジリと追いつめると、10月22日に、民主党の有力議員がわが家にやってきて「20人以上で脱党して野田政権をつぶします」と政界再編を予告した。ところがその直後、この造反議員グループが野田政権に出し抜かれ、国民の信頼を完全に失った野田佳彦(よしひこ)が解散総選挙に打って出たのである。

その時、11月21日の朝、山本太郎が電話をかけてきて、「今、行きます」とわが家に突如やって来た。自ら衆議院選挙に立候補するというのだ。この時、初めて彼と私の考えの違いがハッキリした。私は、付き合えば付き合うほど山本太郎が好きになって、自分の息子のように思い、役者としての山本太郎の才能も見抜いていたので、この天性の特別な感性に恵まれた男を国会議員にしたくなかった。これほど群を抜いた行動力を持ち、自らの学習能力で日本一と言える男を、退屈な国会の議場に座らせ、バカとしか思えない議員どもに取り囲まれる仕事に追いやるなんて、絶対にできないと思った。だが、私の目の前に座って「自分の言葉を日本中に伝えるには、議員になる必要があります。選挙に出ます」と言っている彼の目に涙が浮かんでいるように見えたので、「やめろ」と言えなかった。そこまで決意しているなら、私も一蓮托生(いちれんたくしょう)、一緒に行動して応援することを約束した。

12月には山本太郎の衆院選出馬の記者会見がおこなわれ、二人で野党の結集を図ろうと共産党にも選挙協力を呼びかけたが冷たくあしらわれた。そこに人気歌手ジュリーこと沢田研二が応援にかけつけてくれると、太郎が当選に近づく人気を日々獲得しながら、12月16日の選挙結果はギリギリ無念の落選であった。そこで２０１３年3月には運動を新規巻き直ししようと、２週間にわたって、二人でドイツの原発現地取材旅行に出た。

私は20年前の１９９３年に、後述するようにドイツ全土の取材旅行をおこなっていたが、二度目のこの取材時は、福島原発事故から2年後で、ドイツのアンゲラ・メルケル首相のもとでドイツが原発「完全廃止」政策を打ち出した実情を調査し、日本もドイツと同様に容易に原発廃絶に踏み切れることを明らかにしようとしたのである。その実証は簡単であった。しかし一方、その原発廃止を宣言した先進国ドイツも、高レベル処分場については断末魔にあることを日本人が知らずに、何もかもドイツは正しいとみなす大きな間違いを二人で徹底的に追及した。そのドイツの実態は、「核のゴミどうすんの⁉　山本太郎と広瀬隆のドイツ取材３０００㎞の旅」と題した2枚組の長編ＤＶＤ（発売元・山本太郎事務所）で報告し、のちに『原発処分　先進国ドイツの現実』（五月書房）でも、その内容を書籍化した。１９９３年に取材した当時からドイツの高レベル廃棄物問題は、現在まで一歩も進歩していないのである。

このドイツ旅行中も、山本太郎の物事に対する冷徹な考え方は、ますます研ぎ澄まされてゆき、私は彼のもう一つの特長に気づいた。彼は役者なのでテレビ・映画の芸能界に明るいのは当たり前だが、サーファーとしても、良い意味の遊び人としても、私と違って海外旅行の体験が豊かで、旅慣れていた。外国に対する見聞の解析力が、傑出してすぐれているのである。そうした博識は、彼が国際政治の舞台で活動できる政治家の資質を備えている証であった。

帰国後の２０１３年6月から、山本太郎の選挙熱が再燃すると、今度は勝てるという自信をもって参議院選挙に出馬を決意したので、「党大会」と称する作戦会議を開き、7月4日の参院選公示日に、山本太郎が東京選挙区から出馬した。かくして見ていると、すさまじい街頭演説に次ぐ街頭演説で東京での太郎人気が沸騰し、２０１３年7月21日に投票がおこなわれると、見事、山本太郎が66万６６８４票を獲得して参議院議員に当選したのである‼　こうして生まれたのが、山本太郎を支援する市民グループ“Taro's NETWORK”であった。この市民集団が、綱領にしばられる政党組織ではなかったことが重要である。このネットワークは無限の広がりを持った自由な人間の集まりであり、そこに集まる人間が、やはり山本太郎と似た無党派の性格であったため、これがその後の山本太郎の活動を支えたのだ。

この2013年秋に、国会議員として園遊会に招待された山本太郎が、平成天皇（のちの上皇）に直訴（じきそ）の手紙を渡したことが事件となったことは多くの読者の記憶にあるだろう。これは足尾鉱毒問題で、1901年に明治天皇に直訴した田中正造以来の出来事だと言われたが、そうではない。ここに山本太郎の人間性が表出していたのだ。この事件後に、右翼から暗殺予告が山本太郎事務所に届いて、天皇が心配したが、この事件の本質的問題はそのようなチンピラ右翼の脅しより、左翼からの山本太郎批判にあった。

というのは、左翼的な人間の中には、〝昭和天皇の戦争犯罪〟を許すことができず、天皇制廃止を求める人もかなりいる。その人たちは、現在の日本国憲法の第一条に、「天皇は、日本国の象徴であり日本国民統合の象徴であって、この地位は、主権の存する日本国民の総意に基づく。」と書き定められていることを問題にしてきた。実際には国民の総意に基づかないのだからこの憲法は間違いであり、〝象徴天皇〟も廃止したいと望んでいるのである。しかし今、憲法に手をつけようとすると、安倍晋三グループの軍国主義者によって第九条の「戦争の放棄」条項などが書き換えられる危険性があるので、第一条の〝象徴天皇〟には目をつぶっても、現行憲法を守ろうとしてきたのが、国民の大勢である。この護憲運動の人たちの考えと、私の考えは、ほぼ同じである。ところが園遊会における山本太郎の行為は、天皇に直訴したのだから、彼が憲法第一条を重視していると受け取る人がいて、「象徴天皇を重く見る山本太郎」を批判したわけである。

そうではない、と言っておきたい。正反対なのだ。この時に、山本太郎が憲法第一条を知っていたか、あるいは〝象徴天皇〟をどのように考えていたか、私は知らないが、天皇に直訴の手紙を渡した行為を見ていて私に分ったのは、山本太郎は「天皇と、広瀬隆を区別できない男だ」ということであった。山本太郎の前では、「天皇も、ローマ法王も、アメリカ大統領も、ただの人間になる」のだ。つまり彼は園遊会で、気心の通じる友人に宛てて手紙を渡したのである。山本太郎には、憲法第一条をはるかに越える思想・信念が体内にしみついている。誰であっても区別・差別しない生まれつきの〝完全平等主義者〟の性格を示したのがあの行為であったのだ。何でもしてしまう太郎を見て、私はますます彼が好きになった。

2014年春には、女優の木内みどりさんと共に、鹿児島の補欠選挙の応援に山本太郎に駆り出された私だったが、太郎がほとんど人のいないところでも平気で街頭演説をおこなうのに私が付き合わされた時、〝原発反対〟大集会の司会をつとめてきた木内みどりさんまでもが、ほとんど人のいないところで道行く人にチラシを配る姿を見て、どうもこの二人は人数を気にしない似たところがある、と感じ入ったものである。

木内さんの旦那さんは、西武百貨店社長で参議院議員をつとめた水野誠一さんで、私はよく知っている。この人がまた、フジテレビ、産経新聞社社長だった財界の大物・水野成夫の息子であった。父親・水野成夫が静岡県浜岡町（現・御前崎市）出身で、東海大地震の震源地に最も危険な浜岡原発を誘致した親分なので、息子の水野誠一さんが親父の悪事の後始末に浜岡原発を廃炉にするため、2001年に静岡県知事選挙に出馬したのだから偉いものである。

普通は「選挙というものは、勝ってナンボの世界」と言って、勝算がなければ出馬しないものだが、その選挙戦に木内みどりさんは知事候補者の妻として暑い夏を朝から晩まで走り回って、夫の「落選」に付き合ったので、彼女は勝てない選挙戦でも平気で実行するのだ。「人生は一度きりで終りがある。だから、自分のやり方で行動する」と言う彼女に勝てる人間は、山本太郎のほかには、いまい（こう書いた直後の2019年に、木内みどりさんが亡くなった）。

2014年の秋には、太郎と二人でまた北海道キャラバン講演会に出て、札幌・旭川・函館などを回って街頭演説を展開し、その間も数えきれないほど党大会と称する果てしない議論をした。その間に私が国会議員・山本太郎に確信をもって言った最も大事なことが、本書で書いている運動論であった。「絶対に〝組織に頼らない運動〟をしろよ。一人で行動する人間は、孤立すれば孤立するほど誰からも信頼されて、最も強いものだ。具体的な政策を打ち出してゆけば、一匹狼の山本太郎は日本で最も大きな支持が得られる」ということだった。これは無組織を通してきた私の体験から、自信をもって言った言葉だったのである。

私のこの言葉を彼が真面目に聞いていたとは思えないが、そんな忠告は無用で、体質的に無組織を実践しているのが山本太郎に見える。その後、軍国主義化の阻止に全力を注いできた太郎の活動は、もはや私には手の届かないはるか遠くの世界にあって、総理大臣を本気で狙う段階に入っているので、私は遠くから、彼がこれまで以上にすぐれた道を切り拓(ひら)くことを祈るばかりだ。

日本が韓国と同じ大統領制ならば、山本太郎は間違いなく日本の大統領になる男だ。長く軍事独裁政権が支配してきた韓国は、1987年6月の〝民主抗争〟の結果、10月29日に「軍部独裁ではなく、大統領を国民が直接選ぶ」という権利を国民が勝ち取って、大統領直接選挙制と、基本的人権の保障の拡大・強化を規定した新憲法が公布されたので、**民主主義において日本を追い**

抜いてしまった国が韓国なのである。では、追い抜かれた日本はどうすればよいか。

第31章　まず住民投票を制度化して第一歩を踏み出すこと

日本では、選挙の投票率が50パーセントを切っているのだから、**国民の過半数は、自民党も野党も支持していないのである。**投票に行った人間も、山本太郎を支持する人のほかは、大半は党組織の指示に従って動いているだけだ。「選挙を棄権した人も含めた有権者総数」のうち何パーセントの票を得たかという数字を〝絶対得票率〟という。この数字が選挙で最も重要な〝真の政党支持率〟である。だが、新聞が「選挙に圧勝した」と書く自民党の絶対得票率は、2割を切っているのである。有権者のうちたった2割の得票を、圧勝と呼ぶか？　バカを言うもんじゃない。山本太郎が最高得票を得た2019年の参院選挙でも、自民党は選挙区の絶対得票率が18・9パーセントだから、8割以上の有権者が自民党の政策を支持していない。にもかかわらず自民党が51パーセントの議席を占有して、新聞が「安倍自民党が過半数獲得、一強」と大嘘を書いて、極悪人を持ち上げ、〝無能の人間〟に自信を与えてきた。安倍晋三軍団の軍国主義者は、アンデルセンの童話『裸の王様』と同様、仲間内で立派な支持の服を着ているとおだてられながら、世間では「あいつは何も着てないぜ」と笑われているのだ。これほどのフェイクニュースはないだろう。新聞記者とテレビ報道界は、政治評論家を筆頭に、これほどの事実に気付いても、安倍晋三軍団の軍国主義者を〝裸の王様〟と嘲笑しないのだから、日本の報道界は、ジャーナリスト精神の片鱗さえも持ち合わせていない。さて、ここから先が本論だ。

私が言いたいのは、この現象が、今に始まった出来事ではないということなのである。20年以上前の１９９６年10月の総選挙は、衆院選挙として戦後最低の投票率59・7パーセントとなり、ついに4割の有権者が棄権する重大事態を迎えた。国民が国会議員を選び、その国会議員が政策を決定する制度、すなわち間接民主主義の崩壊が誰の目にも明らかとなったのだ（最近の２０１４年の衆院選は52・7パーセント、２０１７年は53・7パーセントだから、もっとひどい！）。参院選挙は、すでに１９９５年に44・5パーセントを記録し、**最新の２０１９年も48・8パーセント**で、こちらは**有権者の過半数が棄権したのだ**。20年以上前の１９９８年に発刊した私の著書『地球の落とし穴』（ＮＨＫ出版）には、こう書いた。

――１９９７年、東京で都議選がおこなわれた。その勝者は、報道されたような自民党でも公明党でも共産党でもなかった。史上最低の投票率という内訳は、実に6割を超える有権者の棄権によって大勢が占められ、最大の勝者は棄権者であった。補欠選挙や首長選挙に至っては3割に満たない投票率である。――

つまり7割以上が投票に行かないのだ。国民に嫌われている政治家よ、聞いているかい？　私が選挙のたびに調査してきた絶対得票率の数字は、この時代から、自民党が2割を切っており、選挙に勝ってきたのは、自民党ではなかった。圧倒的な勝者は、無党派層と呼ばれ、選挙で投票に行かない有権者だったのである。与野党の全政党が無能なのだから、有権者を「選挙に無関心だ」と言って批判することは完全に間違いなんだよ。この最も重大な事実が余りに恥ずかしいので、責任者であるテレビ・新聞のマスメディア報道機関が、国民に対して〝日本の末期的現象〟

を隠してきただけなのである。恥ずかしい存在は、事実を隠すテレビ・新聞の報道界なのだ。

ところが現在の日本には、深刻な社会問題が山のようにある。そこで、現在のように投票しない人間が激増しても、目の前の問題を解決するには、どうすればよいかを急いで議論しなければならないことは、火を見るより明らかだろう。おい、ジャーナリストたちよ、これほど簡単なことが分らないのか？ どうすればよいか、そんな解決方法があるのかって？ まず日本では議会制の間接民主主義が崩壊した事実を国民とマスメディアが認めることから、すべてを始めればよいのだ。それを認めて、何をすればよいかというと、第一に、「住民投票制度」を国会で明確な法律として定める必要がある。この制度は、日本人の8割以上が支持しているのだからできるんだよ。

誤解されないよう……必要なのは、「国民投票」制度ではない。47都道府県やそれぞれの市・区・町・村の地域ごとにおこなわれる「住民投票」制度である。現在は、住民投票がおこなわれても、その結果に法的な強制力がないことが問題なのである。重要な問題について住民が投票した結果以上に大事な判断はどこにもないので、住民投票制度に法的な力を持たせればよいだけだ。つまりこの法は、47都道府県や、それぞれの市・区・町・村に起こる個別の問題に対して、住民が賛否の投票をおこない、それによって政策を決定する制度である。この投票結果によって、地方ごとに起っている個々の議題、つまり地域問題を裁くようにすれば、原子力発電所や、沖縄米軍基地や、産業廃棄物の処分場建設のように、住民の生活に密着した大半の悪事には、住民が無関心ではいられないので、無投票の棄権にならないのだ。アメリカやヨーロッパでは、この制度が実施されており、住民の意見が正しく反映されているのである。

実績を見てみよう。これまで日本では、原発建設と米軍基地という国策の是非を問う住民投票が実施された場合、有権者の過半数を超える圧倒的多数が、**国策を否定する結果となっている。**つまり日本の国民は、腐敗した政治家に代って、住民投票という**直接**民主主義に希望を見て、その制度化を求めているんだよ。沖縄県名護市の普天間代替へリポート建設について住民投票がおこなわれた結果でも、建設「反対」の結果が出ている。勿論、現在では米軍の辺野古新基地建設「反対」が、沖縄県民の圧倒的多数を占めている。

ところが日本では、住民投票が法律で制度化されていないため、この投票の結果に従う政策が泥靴で踏みにじられ、住民の意志と正反対の行政が公然とおこなわれているのだ‼ **この野蛮な国・日本**に対して、ヨーロッパやアメリカでは、住民投票が当然の権利として制度化されている。欧米では、住民の意にそぐわないと思われる問題だけをとりあげて、個別に投票にかけることができるので、住民投票の実施が容易である。たとえばアメリカでは、州によって細部のルールは異なるが、基本的には、みな大同小異である。「前回の知事選挙の投票者の数パーセント～10パーセント程度の署名」が集まれば、住民投票が実施されるのだ。投票するかどうかについて、有権者の数パーセントの賛同者を集めるのはどこでも容易でないが、知事選挙の投票者の数パーセントだから、この程度の賛同者はすぐ集められ、投票が実施される。また投票結果の判定は、「投票者の過半数」によって成立するのが普通だ。

ドイツでは、1980年代までは、わずか1州が住民投票を制度化しているだけだったが、1990年代に入ってから現在までに、全16州すべてが住民投票を制度化するまでになった。そして現在では、ヨーロッパ諸国の上にEU議会というものがあるので、国ごとに異なる文化から生ずる地域問題に対しては、ＥＵ議会より、住民投票のほうが重要になっている。なぜならこのＥＵは、ヨーロッパ人の友愛と協力の精神のもとに発足した組織のはずだったが、２０２０年のコロナ・ウィルス危機という最も重要な局面で、最初に感染者が大量発生したイタリア人を見捨てて、友愛の精神的な基盤が完全に崩れる醜態を示した。この通り、どの国の国民も、最後に信頼できるのは自国民だと気づいたはずである。

なぜドイツが急速に、このような変化を示したかというと、ドイツでは１９８０年代から大きな市民運動のうねりが起こった。その大きなきっかけは、ソ連が共産主義国・東ドイツに核ミサイルを配備し、それに対抗してアメリカが資本主義国・西ドイツに核ミサイルを配備する〝核戦争の危機〟であった。これと並行して、森林が酸性雨によって朽ちてゆく自然破壊が顕著になり、これらの問題に取り組む反戦平和運動と自然保護運動がひとつに合流して、市民運動の代表者を議会に送りこむため、「緑の党」が誕生した。「緑の党」が船出してしばらく後、１９８６年4月26日にヨーロッパ全土を震撼させるソ連のチェルノブイリ原発事故が発生した。ミュンヘンなど西ドイツ南部では、空から降下した放射性物質がきわめて深刻な量に達し、そのため、放射能汚染食品の危機に対する市民の不満が爆発して、多くの人たちが「緑の党」に合流していった。

こうして、それまでの〝対決する国際政治〟の価値観より、自分たちの家庭生活を守ることが重視され、さらにそれが１９８９年の「ベルリンの壁」崩壊の原動力となって、雪崩のように東西対立の消滅と自由化の時代に突入していった。そして最後に、住民の生存権の主張が、最大の関心事となったのである。

かくして住民投票制度が、全16州で次々に法制化されてきたのは当然であった。つまりドイツ

における この制度の目的は、主に「緑の党」が要求する自然保護、反戦平和（米軍基地撤去など）、反核・反原発を底流として、市民が政治に良識を要求する手段として生まれたものであった。これに対して日本の自治体には〝議会制〟は存在しているが、住民の大半が選挙に行かないので、〝民主主義〟が存在しないのだ。つまり地方自治体では、民主主義が戯れ言(ざれごと)となっているのである。勘違いしないように。ドイツの政治家や財界が、日本に比べてこれまで手放しで賞讃できるほど立派だったわけではない。ところがドイツでは、住民投票制度の設置そのものが政治家を追いつめたため、政治家の倫理感を高め、議会制が磨かれることになった。つまりドイツも政治家や財界の腐敗が目立ったのだが、それを住民投票制度が修正することになった。そして興味深いことに、住民投票そのものは、それほど実施されていないのだ‼　なぜかといえば、住民投票制度が存在するだけで、政治家は、問題を起こせば住民投票で攻撃され、敗北したり落選することを知ったので、住民の意志を確かめながら毎日の行動をとらなければならなくなった。つまり住民からの威圧と監視を受けた地方政治家のモラルが高められ、住民は署名を集めたり投票を実施せずに、住民の希望通りの自治が守られるようになってきたわけである。

国政でも自治体でも、政治家のモラルが恥ずかしいほど低い日本は、アメリカやドイツより一層強く、住民投票制度を必要としているのだ。「住民投票制度は議会制民主主義を破壊する」と主張する頭のおかしな法学者が多いが、選挙の投票率が5割を切れば、すでに議会制民主主義は大崩壊しているのであり、だからこそ国民は、一刻も早く自分の意見を政治に反映させるための住民投票制度を必要としているのである。住民投票の制度化に反対する発言をする人間は、なぜか法学者が多いが、法とは国民が望む生活のために存在するものであり、因循姑息(いんじゅんこそく)な法学者の言葉に従う義務など、どこにもない。法学者は、直接にはこの問題と関係のないものである。どうしようもない学者が、日本には多すぎる。

中には「原発の建設はエネルギー問題という国策にかかわるものであり、地域問題ではない。沖縄の米軍基地は日米安保という国策にかかわる問題であり、地域問題ではない。このように高度な問題を、一地域の住民が正しく判断することはできないので、最終的には国民の総意を得た国会が決定しなければならない」と、のたまう学者がいる。バカを言うものじゃない。一地域の住民に高度な判断をする能力がないなら、地域の住民によって選ばれた国会の政治家が、高度な判断を下す能力などあるはずはないだろう。いかなる先進国と比べても、今の日本ほどあらゆる問題が逼迫して、住民投票の制度化を必要としている国はなく、国民の8割が制度化を求めているのだから、現在ほどその機が熟している状況はない。

この制度化を主導しなければならないのは、ほかならぬ政治家の腐敗に最も責任あるマスメディアである。報道界は、いつまでもミイラのままでいてはいけない。**テレビと新聞は一体、何をしているのだ。早くやれ！** 空論に時間を浪費することなく、急いで住民投票の制度化を国民的議論に高めなければならない時にあるのだ。国民は、テレビや新聞や週刊誌が、スタイルだけで政治批判・官僚批判を続け、政治家の質の向上にマスコミが一向に実効をあげない現状に辟易して、選挙を棄権しているのである。

一方、われわれ日本国民の側にも、選挙で投票に行かない無責任さに甘えている問題がある。そこで国政に対する責任のすべてを、政治家と官僚から、主権者である国民に戻し、国民の自立的選択にすべてをまかせる制度を生み出す必要がある。われわれ日本人は、他人を批判して満足する態度を改め、住民投票制度によって自立するだけの自覚を持つべきである。総選挙の棄権率を重大に受けとめ、選挙に行かない国民を民主主義の実施によって目覚めさせなければ、末期的な日本は、完全崩壊するであろう。

第32章　無気力な日本の知識人と文化人を突き上げる

住民投票が制度化できたあと、残るのは、日本国憲法のように「国政」に関する大規模の問題がある。憲法問題は、いま述べた地域の住民投票では解決できない。腐りきった安倍晋三らの軍国主義者が目論んできた憲法改悪を阻止する方法に限って言えば、マスメディアが正しく国民意識を高める具体的な言葉を広め、市民が運動を積極的におこなえば、最後の国民投票で勝てるので大丈夫だ、と私は思っている。そのような市民運動が、腐敗政治家に勝てないほど軟弱であるなら、そもそも日本国という国家の土台がないのだから、どのようになっても仕方あるまい。

あとは、自衛隊が米軍に従う「集団的自衛権の行使」をはじめとして、「特定秘密保護法」や、「武器輸出の解禁」から、「軍事予算の歯止めなき拡大」、「北朝鮮／韓国排除政策」までおこなわれてきた一連の軍国主義の強化政策を廃止させなければならないが、これらすべての責任が、ボーッとして、安倍晋三の軍国主義を放任してきたテレビと新聞の報道界にあることは明らかである。この軍国主義化に真っ向から立ち向かってきたのが山本太郎だが、彼は政界でも文化人の世界でも孤立しながら、一方、民衆から巨大な支持を得てきた。そこに民衆側の勝利が見えているではないか！

これは日本の知識人および文化人が、自分が帰属するテレビ・新聞の報道界や映画界、芸能プロダクションを批判する勇気を持たないために起こった、だらしない無気力の結果なのである。したがって、段階としては、まず一般市民が、気概に欠ける知識人と文化人を突き上げて批判するところからスタートし⬇その動きがテレビ・新聞の報道界・芸能界を変革し⬇次いで政界を変革する、という波状的な変革をおこなうほかに、効果的な方法はない。

現在は、軍国主義化の悪政を食い止めようとしている人たち（良識ある民衆）が、選挙で一気に最後の政治改革の目的を果たそうとしているように見えるが、必要な段階を正しく踏まずに目的を達成することはできないものである。

「どうすれば素晴らしい絵を描けるようになれるでしょうか」と尋ねられたレンブラントは答えた。「絵筆を手にとってはじめなさい」と。

われわれが手に取る最初の絵筆は、韓国の大統領選挙のように、直接民主主義を可能にする「住民投票制度の確立」である。これに成功すれば、市民自身が民主制度で勝利した成果に自信を持つことができるので、いかなることも可能になる。つまり、まず一回、良識派の国民が勝って、自信を持たなければならない。そのあとは⬇知識人・文化人に対する批判⬇テレビ・新聞の報道界に対する批判⬇国会議員に対する批判⬇軍国主義政策の廃棄、へと駒を進めることができるのだ。

以上述べてきたのが、私の行動と思想の原則である。この活動の原則は、私が１９７９年のスリーマイル島原発事故後にスタートした市民運動の原則——右翼的で危険な考えを持っている人間さえも味方に呼びこむことができなければ、正しい目的を達成できない——という考えである。その1979年から、私は運動が左翼的な集団の匂いに包まれている雰囲気を嫌ってきた。そのため、私の講演会は、どこに行っても共産党から絶えず妨害を受けた。なぜなら共産党は「組織で活動する」グループなので、私のような態度で、左右いずれの人間にも話を聞いて貰おうとする運動が、地元の人たちから大きな支持を集めてしまって、自分たち共産党が選挙の票を食われるという危機感を持つからである。2011年に福島原発事故が起こってからの現在の共産党の政策は、日本国憲法でも原発でも、軍国主義化反対の姿勢でも、ほとんど私と変らないので、ようやく私を攻撃しなくなってきたが、日本の共産党員は、今さら彼らが〝日本を共産主義国家にできる〟とは考えていないはずだから、看板の党名を変えればいいのだが、変える気はないようである。国民にとって大事なのは、政党ではない！　正しい政策の実施なんだよ。

ここに、組織と私のあいだに、行動の原則の違いがある。組織とは、仲間意識で結束して活動する運動体だが、私は、たとえ自分と同じ目的の活動をする仲間であっても、間違いは間違いだと批判できる人間にならなければ、原子力発電や戦争をくい止めることはできないと考える。私は仲間意識や家族意識や共同組織で支持し合うことより前に、正しい社会的真理のほうを優先する。その行為の原則は、私が25歳の時に「新約聖書」に再発見したものである。教会で祈るキリスト教という〝宗教〟にまったく興味を持たない無神論者の私だが、イエスが語ったと伝承されるニヒルな真理に大変大きな興味を抱いたのである。

その時の私は、イエス・キリストを神の子だとは考えず、ソクラテスと同じ一人の哲学者とみなした。イエスが説いた〝神の愛〟は、家族や友人や恋人に対する個人的な愛より上にあるという思想である。この思考法は、〝神の愛〟を社会的真理（誰もが守るべき普遍的真理）とみなせば、人類にとってすぐれた思想哲学であると現在でも思う。こうして私は、行動する動機は「自分の家族を守る」ことにありながら、社会的真理を家族より上に位置づけたイエス・キリストのニヒルな思想をすぐれた哲学とみなしてきた。言い換えると、私は家族愛や組織運動を重視しながら、その上に、より高い次元の哲学的な思想を求める。キリストだけでなく、仏教の釈迦（しゃか）も同じように哲学者であり、儒教の孔子の教えの一部も哲学であるはずだ。

なぜこの運動哲学を述べるかといえば、私は原発反対運動を始めた時から、〝仲間内の満足感〟が**最もこわい敵**であると気づいていたからである。膨大な数の人間が、「自分は頂点に立った」と思った瞬間に虎の尾を踏んで、断崖から落下し始めたという歴史がある。私の足をすくうのは、己の慢心である。人間の慢心を引き出す誘惑の源は、大抵は仲間内の讃辞である。

そうではなく、仲間の外からの人間の目をもって自分の姿をニヒルに（批判的に）観察し、自分の考えを疑い続けなければ、すべてが崩れ去るのだ。私個人の人生が失敗しても、どうでもよいことだが、現在自分がしていることは、「原発をこの世から廃絶する」という明確な目的を持った**社会的な共同作業**であるから、絶対に失敗は許されないのだ。運動がパターン化したり、マンネリズムに陥る時にも、落とし穴がある。**「人に語る前に、自分の考えを疑え！」**と、私はずっと自分に言い聞かせてきた。自分を疑った時に頭に浮かぶ閃き（ひらめ）が、われわれを正しい道に引き戻してくれるのだ。その知恵は、実際にあった大運動の歴史を知れば、読者がよく理解できるので、これからそれを語ろう。

第3部

第33章　大事故を予告する狼少年が全国を回る

話は、１９８４年に始まった北海道と青森県の核燃反対運動の講演会から一気に現代の政治論と宗教論にまで進んでしまったが、もう一度、時計の針をすっかり逆方向に戻さなければならない。こうした運動の激動期、以上のすべての活動と重なり合って、１９８６年4月26日に、共産主義国家・ソ連でチェルノブイリ原発4号機が大爆発するという事故が発生したのである。

この末期的な事故からほどなく、テレビ朝日の看板報道番組「ニュースステーション」で、久米宏さんに招かれてチェルノブイリ事故の解説をしたあとの私は、北海道と青森県の講演会と並行して、全国の学習会とテレビ出演などに奔走する最も厳しい日々に突入することになった。翌１９８７年に、この事故について書いた著書『危険な話』（八月書館）が30万部も売れて話題になり、１９８８年には、〝1年に３００回の学習会〟という講演のため、私はまるで馬か牛のように、47都道府県――日本中を引き回されることになった。毎日のように2ヶ所以上で2～3時間の講演をおこなうので、正直、死ぬかと思われる苛酷な日々を送った。３００回といっても、それは回数の問題ではなかったからである。

この１９８８年に、四国の愛媛県伊方(いかた)原発で大問題が起こった。チェルノブイリ原発と同じような核暴走事故によって一瞬で日本を廃墟にするおそれが高い「原子炉の出力を調整する最も危険な実験」がおこなわれるというのである。そこで私は、市民運動から四国と九州を回って実験阻止を訴えろと命じられ、大分県の作家・松下竜一さんたちと共に走り回った（図44）。その結果、実験を何としても阻止しようとする人々が、１９８８年1月25日に四国電力本社がある香川県高松市に全国から続々と集まった。市内で反対パレードを展開したあと、四国電力本社に押しかけて、とうとうわれわれ市民が電力会社の本社ビルに泊まりこむという前代未聞のレジスタンスとなったのだ。出力調整実験反対の署名が、この時点でたちまち60万人を超えたのも前代未聞の数だったが、翌2月にはそれが１００万人を突破した。つまり年３００回のそれぞれ1回ずつが、このように激しい活動と同時におこなわれる連続講演会であった。

　この時期の私は、原発反対運動の学者や専門家が「日本でもチェルノブイリのような大事故の可能性がある」と語る言葉を聞いて、「可能性なんて無難な言い方をしているから、原発が止まらないんだ」と、主張するようになった。「もっと強く言わなければ、国民が原発を止めようと思わないじゃないか。自信を持って原発を止めればいいのだ。何のために運動をするんだ？　自分の専門家の肩書のために、穏便な表現を使うことほど、何の益にもならない邪道はない。大事な

図44　1988年2月12日、出力調整実験に反対する松下竜一さん(左)と私。
高松市の四国電力本社前にて。

のは、大事故を食い止めることだっ!!」と。

その結果、私は〝過激なアジテーターである〟と、煽動家のレッテルを貼られることになった。しかし私を非難した人間こそ自分の過ちに気付いていない。私の言葉はほかの人に対する無意味な非難ではなく、冷静な結論であった。学者や専門家が自分の理論に自信を持っているなら、「大事故の可能性がある」とは言わないはずだからである。私は講演で、科学的・技術的なことについて「自分は……と思う」とは、言わないようにつとめてきた。なぜなら、「思う」とか「可能性がある」という曖昧・穏便な表現は、自分の調査がいい加減であるから出てくる言葉である。徹底的に調査したことを、確信をもって断言できるようになって初めて、人前で語らなければならない、と原発反対運動をスタートした時から、私は自分に言い聞かせてきた。つまり、危険なものは「危険である」、「被害がまもなく起こる」と、自信を持ってはっきり断言できることが、私の反原発運動の哲学であった。それを大声で叫ぶ人間を、世界的には〝狼（オオカミ）少年〟と呼んでバカにする。だが、根拠もなく「狼が来るぞ」と叫んで騒ぎ立てる〝狼少年〟と違って、私には絶対の確信があるから人々に警告を発してきたし、今までそれがすべて的中してきたのである。

しかし、こうした私の物言いが学者の耳に届くと、学者たちから私に痛烈な反撃がはね返ってきた。「あいつは原子力の専門家ではないのに、原発反対の講演をしているのは生意気だ」というわけだ。言われる通り、私は大学の肩書がある原子力工学の専門家ではないが、しかしすでに述べたように、放射能の危険性だけでなく、核物理学についても、私なりに日本で最もよく外国の被害について調べてきた人間である。市民が一番知りたいことを断言して、なぜ悪いのだ？原発反対運動は、学者と専門家の持ち物なのか？　そのような権威を、誰が決めたのだ。市民運動が権威を信奉するようになれば、当局側の体質と同じではないか！

私は「日本人は誰でも専門家に遠慮せず、自分の意見を語るべきだ」と日本中に呼びかけると同時に、こうも呼びかけていた。「私の話には嘘が一つもない。しかし、私が話したことをそのまま信じる人を、私は信じない。私の話を自分で調べ直しなさい。そうすれば、私の話が本当だと分る。その時に初めて確信をもって自分の言葉で周囲に伝えることができる。誰もが自分の言葉で語らなければだめだ」と言っていたし、学者の権威など、どうでもいいと思っていた（現在、いかなる問題でも、〝自分の言葉で語る〟ことを実践して、偉いなあと思うのが、山本太郎である）。こうして従来の組織的な運動にとらわれずに自由に行動し、危険性を断言する私の物言いが人々の心に強く響いたので、日本で最も多く、原発反対の講演を依頼されたのである。

のちになって、京都大学原子炉実験所の小林圭二さんが私に向かって、あの温厚な笑顔を浮かべながらこう言った。「日本の原発反対運動には、三つの流れがある。一つは、（大阪大学の）久米三四郎派で、もう一つは、（東京の原子力資料情報室の）高木仁三郎派だ。三つ目が、広瀬隆派だ。僕は、広瀬派だよ」と。

小林圭二さんのこの言葉を聞いた時には、ビックリした。なぜなら私は、運動の一派を持つほど愚かではないし、同じ考えの人間だけが集まって、狭い人間集団の中にとじこもろうとする仲間意識が、一般社会に運動が広がるのを邪魔しているのだと批判する人間であった。そして、学者に頼ろうとする人たちが硬直化してグループをつくったり、誰か有名人の音頭で動く運動の堅苦しい組織化を、私は一番嫌っていた。強い個性と個性がぶつかり合い、惹きつけ合って、自由なネットワークをつくりながら、そこに誰もが参加して議論を深める運動、それを求める人間なので、小林圭二さんが言った「広瀬派」という言葉は、正しい表現ではない。だが、小林圭二さんが見抜いたのは、学者などの肩書を嫌い、人間は自由で勝手に行動すべきだという私の考えであったのだと思う。2019年に亡くなった小林圭二さんこそ、実は私が最も尊敬していた「学者らしくない学者」の一人であった。〝高速増殖炉もんじゅ〟の危険性を日本で最もくわしく知って私に教えてくれたのは小林先生だったが、「〝もんじゅ〟の危険性を話せ」と頼まれた最初の私の関西講演会に、意地悪くも小林先生は話し手ではなく、聞き手として会場に座っていたのである。そのようにして私を困らせた人だが、小林さんは、憲法を守るための運動にも、あらゆる社会悪に身を挺してぶつかってゆく、心から愛すべき人であった。

慶応（慶應義塾）大学の藤田祐幸（ゆうこう）さんも「学者らしくない学者」で、のちに親友となったが、親友になる前の彼が、チェルノブイリ原発事故後のこの時代に、私に面と向かってこう言った。「俺は日本中をまわって講演してるが、どこの町に行っても、あんたの足跡があって、俺は広瀬隆のあとを追っかけてることが分ってきた。そして俺が講演したあとに、高木仁三郎がやって来る」と……この言葉は、私に対する厭味（いやみ）に聞こえたので、その時は素直に受け入れなかったが、私の運動の特徴を言い当てていた。私は、東京、大阪、名古屋などを中心とする〝都会的な市民運動〟が大事であることは百も承知していた。が、それ以上に、誰よりも多く、大都会を離れて、被害を受ける当事者である〝原発現地の住民〟向けの講演会に重点を置いていたからである。日本中で原発のある北海道と12県（青森・宮城・福島・茨城・新潟・石川・福井・静岡・島根・愛媛・佐賀・鹿児島）だけでなく、読者のほとんどが知らない現地に足を運んできた人間である。

現在の日本に存在しない三重県の芦浜（あしはま）原発の現地には、2000年に建設計画が白紙撤回されるまでの20年近く、何度呼ばれたか数えきれない。宮崎県の串間原発、石川県の珠洲原発、和歌山県の日高原発・日置川原発、福島県の浪江・小高原発、京都府の久美浜原発、山口県の萩原発、新潟県の巻原発も、すべて幻になって消えたのは、これら山のような原発建設計画をつぶすために、現地で学習会を開催した人たちの骨折りがあったからなのである。そしてこれらのどこにも私は呼ばれて講演し、地元民と共に反対デモ行進を歩き続けてきた。青森県の大間原発と、山口県の上関原発は、いまだ最終決着がつかず、高知県の窪川原発は私が行く前に地元の人たちが計画をつぶしてくれたが……

　たとえば年３００回の講演のうち1回は、山口県の上関原発をつぶすため、体当たりで一徹な反対運動を続けて名高い祝島を訪れた時であった。瀬戸内海の祝島に向かう小さな船の船底には、私を追跡取材する共同通信の有名な反骨記者・斎藤茂男さんが乗り合わせた。乗客はわれわれ二人だけで、激しい波浪で、船がもみくちゃに揺れ、船のモーター音が大きく響く中で、「あんたは、何でこんな船で祝島にまで行って運動するのかね」と、斎藤さんらしくない愚問を投げかけてきた。私は「島に着けば分りますよ」とだけ答えたが、祝島に着くと、60歳から80歳の高齢の女性たちがたくさん、小さな船着き場に集まって私を歓迎してくれた。その人たちが元気一杯の姿を見て、斎藤さんはニヤッと笑顔を浮かべ、すぐに理解したようであった。その時、祝島漁協組合長となる山戸貞夫さんが、私を島の小高い山に案内してくれ、「ここが地球の中心だ！」と言った時には、なるほど自分の郷里を地球の中心と考える人間の誇りが、祝島の反対運動の哲学なのだと教えられて、頭を一撃されたことを強く覚えている。

　私と現地を結ぶこのような深い関係は、日本中の地元の人たちが「来てくれ」という言葉に応えているうちに自然にそうなったのであって、その結果、私は地元の人に講演して原発や放射能の危険性を教える偉い先生ではなく、師弟関係でもなかった。むしろ逆に、地元の人が、現地で私に山のような知恵を授けてくれ、文字通り47都道府県の人が何度でも講演を頼んで、厳しい世界のルツボに私を投げこみ、私という人間を一人前に鍛えたのである。

一度、台湾の人たちが私に講演を頼んできたことがあって、私が「このテーマでは、みなさんのほうがくわしいのに、なぜ私に講演を頼んだのですか？」と尋ねると、主催者がこう答えた。「中国には、〝師は遠方より来る〟という諺があります。私たちがまわりの人に説明しても信じてもらえない時、遠くから高名な先生を呼んできて、同じ話をしてもらうと、偉い先生の話なら誰もがすぐに信じてくれる、という譬えです。この人間の性格は、都会ではない寒村の地方では、その傾向が強くなります」と言って、意味ありげな笑顔を浮かべた。すると、私は日本中の人たちに〝遠方の師〟として利用されていたのかも知れない。

第34章　新しい運動の潮流が向こうからやって来た

１９８８年に私の講演回数がピークになったのは、『危険な話』が広く読まれたことと、年初からの「伊方原発・出力調整実験反対運動」と共に、講談社が「ＤＡＹＳ　ＪＡＰＡＮ」という月刊ビジュアル雑誌を４月１日に創刊したことが大きな原因であったと思う。その創刊号が32頁にわたって原発特集「四番目の恐怖」を組んでくれ、私が広河隆一氏の取材写真を使って解説し、

「①スリーマイル島原発事故⬇②チェルノブイリ原発事故⬇③ウィンズケール再処理工場の大汚染から見える⬇④六ヶ所再処理工場の恐怖の未来」を予告して執筆したのである。それだけでなく、土屋右二(ゆうじ)編集長は新宿駅のプラットホームから見える壁面に、畳(たたみ)一畳分もある巨大な放射能マーク☢の「ＤＡＹＳ創刊ＰＲ」を打ったのだ。度肝(どぎも)を抜くこの広告は、東京中心の日本社会に絶大な衝撃効果を与えたと思う。このＤＡＹＳ事件は、原発反対運動がメジャーになった瞬間を告げる鐘であった。つまりこれまで長い間、原子力産業と日本政府が声を荒らげて「原発に反対する人間はアカだ」と主張していた言葉は、共産主義国であるアカの国・ソ連の原発が大爆発したこの時期に、ガラガラと崩れ去ったのである。市民運動がこのＤＡＹＳ特集ページ「四番目の恐怖」のカラー海賊版を勝手に市販しても、講談社は意に介さずそれを黙認してくれた。

　その当時、〝おすぎとピーコ〟の人気タレントおすぎさんが、私を招いて繁華街・渋谷の小劇場ジァンジァンで講演会を開いてくれたことも、このような大きな潮流を生み出す大きな力になった。ジァンジァンはアンダーグラウンド芸術の発信地として有名で、その日の会場には長蛇の列の参加者がおしかけて超満員となり、作家の永六輔さんも聞きに来ていた。おすぎさんの絶妙な司会で私の講演終了後、おすぎさんが会場の永六輔さんに感想を求めると、「広瀬さんの話は、話術ではなくて、話芸の域に入ってる」と奇妙な讃辞を語って、場内が笑いに包まれた。

２０１１年の福島原発事故のあと、渋谷の代々木公園で開催された原発反対大集会で車椅子の永六輔さんに再会した時、「私を覚えていますか」と尋ねると、即座に笑顔で「渋谷のジァンジァンでね」と返事があり、20年以上前の出来事を覚えていたのだから、あの熱気はやはり一時代の大事件であった。その後、〝おすぎとピーコ〟ならぬ、おすぎと広瀬隆のコンビは、沖縄に赴(おもむ)いて米軍基地反対の講演をするだけでなく、遠路はるばる石川県能登半島先端の珠洲(すず)市にまで原発反対運動に出かけることになった。われわれを呼んだ珠洲の運動家が「著名タレントおすぎに支払う謝礼の持ち合わせがない」という無責任さで、その謝礼50万円を、講師である小生が自腹を切って（おすぎに内緒で）主催者に手渡し、それがおすぎに渡ったという奇妙な出来事も、珠洲原発の建設計画を完全につぶした今だから明かしてよいだろう。どうやらお人好しの私は、詐欺にあっていたらしいのだが……

　もう一つ、私にとって大きな幸運だったのは、チェルノブイリ原発事故後に私の東京都内の生協講演会にダイヤモンド社の編集者・坪井賢一さんがやってきたことであった。彼がたっぷり話を聞いてくれたあと、「広瀬さんの話は、普通の人の講演の3倍の中身がある」と感嘆した風のお世辞を言ってから、「データベースというものが開発されたので、使ってください。使いこなせる人を探しているのですが、広瀬さんが最適任者です」と相談を持ちかけられたのである。

「データベース……資料基地……それは何ですか」

　聞けば、ロイターやAPなど外電の海外ニュースを即時に入手できる道具だという。同時に、人名を打ちこむと、世界中の人間の正確な公式履歴が英文で出てくるのがデータベースで、それを利用すれば、最新の海外資料を読むことができる通信手段であるという。現在であれば英語など、外国語さえできれば、誰もがインターネットを使って、こうした外電記事や人物履歴を簡単に読めるようになっているが、当時の日本ではまだインターネットが利用されていなかった。チェルノブイリ原発事故が発生して間もない時期であり、事故に関して隠された資料を渉猟(しょうりょう)していた私が、ダイヤモンド社のシステム利用者第1号に選ばれたのだ。あらゆる外電記事を読んで事故の真相を知りたいと熱望していた私は、坪井さんが操作して出してくれるアメリカ・ヨーロッパの英文報道記事を日本国内で誰よりも早く読み、愕然とした。日本の新聞が伝えていた外電ニュースは、大量の記事の中から、新聞社が勝手に取捨選択したわずかなもので、そこには恣意もあり、原発事故の深刻さを伝えていないことが、たちまちにして判明した。ことにソ連政府が、放射能を大量に浴びた危険地帯の住民を、広大なソ連全土に分散してばらばらに移住させる工作をしたことを知った時には、ショックであった。これでは放射能被曝による深刻な癌などの発生率が、ソ連全土で同じになってしまうので、疫学的統計が無意味になるではないか。またソ連の大型船が湖に沈没して全員が死亡した事故でも、船の乗客全員がチェルノブイリ原発事故の重度被曝者である疑いがあった。

こうして結局、**チェルノブイリ原発事故による死者は**、今日までに判明しているだけで事故処理の作業者だけで5万5000人以上である。さらに一般住民の被曝者に関しては、チェルノブイリ事故の汚染除去作業を指揮した放射線生物学者ナタリア・マンズロヴァによる推定値は**死者100万人に達している**。ところが、国連の犯罪組織IAEA（国際原子力機関）を中心に原子力産業が、1986年末までの死者31人というバカげた数字を主張し、それを公式の人数として今日まで日本の電力会社が日本人に伝え続けているのだ。2019年に公開されたアメリカのセミドキュメンタリー・ドラマ『チェルノブイリ』（全5話）は、いかにして原子力産業がこの大量殺人を隠蔽したかを生々しく再現した必見の秀作である。ただし、当時の共産主義国・ソ連だけを批判し、アメリカとヨーロッパがその犯罪に加担した事実に触れていないところは問題である。

実際には、放射能汚染物を口にしてきた人たち、特に子供たちのすさまじい被害は進行中で、全貌は現在でもまったく闇の中にある。こうした事実のうち、１９８８年当時すでに分ったことをダイヤモンド社の月刊誌「ＢＯＸ」に連載したところ、大きな反響を呼んで評判となり、その内容をまとめて、１９８８年4月18日に『ジキル博士のハイドを探せ』（ダイヤモンド社）として刊行し、原発事故の深刻さを伝え広めた。

しかし私がこの種のコンピューター情報を駆使して本を書くと誤解されないようにしていただきたい。私は、データベースを調査の補助手段のひとつにしたのであり、書物に記したかなり多くの知識は、ヨーロッパから直接に郵送される新聞と、友人の手紙から入手したものと、自宅でとっていたアメリカの新聞から得ていた。それが日本では最も早いニュースだったので、私の講演会に多くの人が来場してくれたのである。

かくしてこの最も厳しい１９８８年に、テレビ朝日の「朝まで生テレビ」が、7月30日に原子力発電の「推進派」対「反対派」の討論会を放映したのだが、この放映に関して、世の中に知られていない事実があるので、本書に裏話を書き残しておく。

まず最初、テレビ朝日が、私に出演を依頼する電話をかけてきた。この種の番組には私が二、三回呼ばれたことがあって、番組の進め方に問題を感じていたので、私は出演するのに条件を出した。「舛添要一と西部邁のように、何も知らずに、訳の分らないチャチャを入れて話を混乱させる人間を、討論の参加者から外してほしい。原発の当事者と私が討論しなければ意味がない。電力会社と動燃の責任者との直接対決にしてくれるならば出演する」と。

テレビ朝日は、即座にその条件を承諾したので私は出演した。テレビ朝日がもう一人出席を希望したのは、元日立の原子炉設計者・田中三彦氏だったが、彼は日立製の原子炉に重大な欠陥があることを内部告発したおかげで、その筋から家族の生命に関わる本物の脅迫を受けていたので、出演を辞退した。私が出席を求めた動燃は、北海道の幌延町の高レベル処分場の責任者だったので、どうしてもテレビ公開討論の席で彼らの正体を明らかにする必要を感じていた。逆に私が討論から排除した舛添要一は、のちに東京都知事になって、政治資金を私的に流用した問題を問われて２０１６年に知事辞任に追いこまれた男だが、この当時は「朝まで生テレビ」で論客を気取って、中身のないことをベラベラまくしたて、私に言わせれば〝報道界の原子力やくざ〟だったからである。

当夜の番組は、タイトル通り翌「**朝まで生**」放送で続けられたが、番組冒頭に、原発推進派の専門家を自称する原研（日本原子力研究所）の石川迪夫が「広瀬隆の『危険な話』には間違いが１６０ヶ所ある」としゃべり始めた。１６０は私の曖昧な記憶で正確な数字ではないが、この言葉は、当時の原子力産業が私を貶めようと、分厚い攻撃文書を作成してマスメディア界にばらまいた文字通りデタラメの人格攻撃特集なので、私はよく知っていた。「国を挙げて一個人を攻撃するなんて聞いたことがない」と、報道界と出版界が驚く前代未聞の出来事であった。のちにダイヤモンド社の坪井賢一氏から聞いたところでは、「科学技術庁など国の原子力組織は、広瀬隆のおかげで10倍以上に広報予算が増額されたので、広瀬に感謝している」というふざけた話であった。

そのデタラメ文書は、現在までインターネット資料サイトWikipedia（日本語版）が「広瀬隆の紹介」で引き継いできた恥ずべき原子力産業の宣伝文句だが、『危険な話』（八月書館）は、のちに新潮社で『新版・危険な話』と改題して文庫化される時に、新潮社の編集部が原子力の専門家に依頼して私の原稿全文を校閲してチェックし、「内容には1ヶ所も誤りはない」との確認を得て発刊された書である。「その間違いない書に、間違いが160ヶ所ある」と主張した石川迪夫と原子力産業は、「自分の間違いが160ヶ所ある」と発言して恥じない集団だったわけである。2011年の福島原発事故によって石川迪夫の大嘘はボロボロと暴かれ、彼が大きな恥にさらされたので、本書の読者にこの男の正体は説明するまでもないが、この男は、当夜の番組で、「スリーマイル島原発はメルトダウンしていない」とも発言した。実際にはメルトダウンしたスリーマイル島原発の無残な炉心が公開されて彼が恥をかいたあとも、石川迪夫は平然と発言を続けてきたのだから、原子力の専門家と呼ばれてテレビ報道に出ている推進派の人間は、福島原発事故後の現在もシロウトばかりなのである。

当夜の私は、この男が喧嘩をふっかけてきた不毛の論争には興味がなく、テレビ視聴者に事実を伝えることだけを心がけた。まず第一に、この当時、日本大学の放射線防護の専門家と自称する野口邦和（くにかず）なる人物が、文藝春秋の本誌（月刊「文藝春秋」）に長文で〝広瀬隆を攻撃するための論文〟を掲載し、「チェルノブイリ原発の放射能は住民にとって危険ではない」などと、信じがたいことを主張し、日本の原子力産業がその論調を支持していた。そこで私は、それが事実ではなく、チェルノブイリ周辺がきわめて危険であることを日本全土の人に知らせるために、月刊文春の野口論文をやり玉にあげた。私は北欧のスウェーデンでチェルノブイリ原発事故の放射性物質ルテニウムが検出されたことを示す実物の顕微鏡写真を見せ、その金属ルテニウムが気体（ガス）になる温度（沸点（ふってん））がほぼ3700℃の超高温であることから考えて、チェルノブイリ原子炉内の危険な放射性物質は大半がガスになって一帯を覆いつくした事実を科学的に実証した。つまりそれほど一帯は超危険で、人間は近寄れず、前述のように何人が犠牲になったか分らないほど深刻だったのだ。そしてこれほど危険な状況を安全と主張する野口邦和が、〝広瀬攻撃を書いた論文〟を最初に掲載したのが、実は文藝春秋ではなく、左翼の共産党系の機関誌の紙面であり、その論文を右翼の文藝春秋が引き継いで掲載した経過は、誰が見ても奇妙である。

当時の日本共産党は、〝共産主義国の赤い原発〟は安全だとするとんでもない人間たちで、私を何としてもつぶそうとやっきになっており、東海村の原研（日本原子力研究所）はこの左翼系の人材の拠点であった。しかし文藝春秋は右翼だが、『ジョン・ウェインはなぜ死んだか』という私の著書の版元でもあるという、訳の分らない話を説明できる唯一のストーリーは、背後にこの大嘘を喧伝する原子力産業が動いているからにほかならないので、左派・右派どちらも危険であるという構造をテレビ視聴者に明らかにして、原子力産業がグウの音も出ないほどやりこめた。

さて、裏話というのは、こうである。「朝まで生テレビ」を見ていて真っ青になったのは、ほかならぬ文藝春秋の編集長だったのである。権威ある月刊「文藝春秋」本誌が、野口邦和のデタラメ論文を掲載したおかげで、「朝まで生テレビ」で恥をかかされたのである。そこで放映から二日後ぐらいに、月刊「文藝春秋」編集長が私に電話をかけてきた。「広瀬隆さんから、野口邦和論文への反論を、彼と同じ長さの原稿で書いてください。いえ、何頁になっても構いません」。つまり天下の文藝春秋ともあろうものが、虚言にひっかかった出版社の恥を、紙面で払拭しなければならないと知っての〝敗北宣言〟の電話であった。私は「あれほど低レベルの人間を相手にするほどヒマではありません」とだけ言って、文春の要求を断った。

当時の原発反対運動家と一般市民は、いい加減な伝聞に頼らず、読書量が多く、私はこの当時の人たちの知性の高さを知っていたので、文春に無駄な反論を書くことは、まったく必要なかったのである。現在の原発反対運動家について、こう言うと反発する人もいるだろうが、彼ら彼女らがあまり本を読まずにメールとインターネット情報を読めば物事を理解できると勘違いしているのに対して、当時の人たちの知性の高さは、いい加減なインターネット情報に頼らなかったからである。真実は、責任ある著者が明確にされ、紙に印刷されて社会がその内容を認めた文章にしかないのである。

さて、このような事件を起こした野口邦和がどうなったかといえば、普通このような人間は、報道界から永久追放されて消えるものだが、野口邦和はしぶとく原子力推進派の世界で生き残って、２０１１年の福島事故後に、過去を何も知らない週刊新潮などで引き立てられて復活し、いまだに放射能安全論を広めているのだ。

かくして当夜の「朝まで生テレビ」は、テレビ朝日がスタジオに招いた全国の反対運動の論客から次々と鋭い発言があって、原発反対派が電力会社と動燃を圧倒して終始した。特に、幌延（ほろのべ）の高レベル処分場計画を進めていた動燃のうろたえぶりは、伝説になった。権威ある岩波書店の『近代日本総合年表』にも当夜の「朝まで生テレビ」が記録されて、「朝ナマ」はその後の人気番組となった。

第35章　3日間に14ヶ所で講演しろ、という人たち

この原発反対運動の激動期には、原子力発電所と同時に、高レベル処分場を誘致する危険な候補地が、全国に多数あった。北海道の幌延町だけでなく、岡山県のウラン採掘場の人形峠一帯と、岐阜県の東濃ウラン鉱山一帯と、岩手県では日鉄釜石の廃坑跡などである。その後は、秋田県の岩城町や、高知県の東洋町、鹿児島県の南大隅町、長崎県の対馬市まで、巨額の交付金というニンジンを目の前にぶら下げられ、頭のおかしくなった首長たちが処分場を誘致するため、みなでモグラ叩きのように計画をつぶしてきた。そこで私は、それらすべての現地にたびたび呼ばれて、高レベル廃棄物の危険性を伝えなければならなかった。最近では、私に講演を依頼する人たちは、私のことをかなり丁寧に気遣ってくれる。ところが当時、現地で私を講演会に招いた人たちの大半は、私の自宅に電話して「今すぐ来てくれ」と言えば、私が飛んでくると考える残忍な人ばかりであった。彼らは、自分たち主催者が決めた講演会場に「いかにして多くの人間を集めるか」ということにしか関心がなかった。つまり私に講演を頼んでおきながら、「話をする講師の広瀬隆を大事に扱わなければならない」という意識は微塵も持たず、ほとんど眼中にない不思議な人たちであった。

　その理由は、良く言えば、「自分の地元の問題を解決しなければならない」という意識が強く、それほど問題が逼迫していたからであった。悪く言えば、同じ問題が全国の至る所にあって、講

師の私がすぐにほかの地域にも行かなければならない現実まで頭が回らないのだ。いや、それで結構！

岡山県は、人形峠の高レベル処分場計画をつぶすため、〝3日間に14ヶ所を回って、1時間ずつ講演しろ〟と、聞いたこともないひどいスケジュールを言ってきた。3日間に14ヶ所を回るって意味が、読者に分る？　政治家の選挙遊説ではそんなスケジュールもあるだろうが、それは名前を連呼するだけですむ。私の場合は1日5回ずつ、きちんと話をする連続講演なんだよ。1ヶ所で1時間話し終ると、すぐに自動車に乗せられて次の会場に向かい、そこに到着すると、すぐに話を始めなければならない。岡山県は、相当な広さがあるんだよ。つまり講師の私が生身の人間だとは、まったく気遣ってくれないのである。ところが私も私で、45歳の若さだったので、それぐらい講演しなければ高レベル処分計画が危ないのだろうと引き受け、そのめちゃくちゃスケジュールに素直に従ったのだから偉いものだった。橋本龍太郎首相が選挙区にした岡山県なので、大変保守的な土地だったが、この全県をあげての激烈な住民運動の結果、高レベル処分場に対する反対署名が膨大な数——それはまさしく全県民の世帯が反対していると言っていいほど集まり、岡山県政が始まって以来という巨大な反対デモが、岡山市内をねり歩く感動的な日がやってきたのである。

このようにして私は、愛すべき（?･）知性の高い（?･）、残忍な人たちの〝影〟として動き続けた。政治家の遊説では秘書がスケジュールを決めて切符を用意してくれるが、こっちはたった一人で、インターネットもない時代に、まず講演先の場所を調べて、列車の切符を買う。次に、すべての土地で問題が違うので、主催者に問題点をくわしく尋ねてから、さらに自分でそれを調べあげた上で、ＯＨＰ（オーバーヘッド・プロジェクター）の重い講演資料を数時間分どっさり用意してから自宅を出て、東奔西走・南船北馬の旅を続けたのだ。加えて、講演会主催者が会場に用意したプロジェクターは、古くなってピンボケで映りが悪い機械が多かったので、この時期に私は主催者を信用せず、ポータブルのＯＨＰプロジェクターを自分で持って歩いたので、相当に重い荷物をかついでの全国旅行であった。

１年は３６５日しかないのに、長時間の列車旅行を含めて移動しながら〝年３００回の長時間講演会〟という意味を即座に理解できる読者は少ないだろう。現在の私の心境を率直に表現するなら、原発事故の被害地、福島県出身の漫談師・松鶴家千とせ(しょかくやちとせ)の「わかるかなぁー。わかんねぇだろうなぁー」という言葉通りだ。

だが私は、ベトナム戦争時代にホー・チ・ミンが自分でリヤカーを引きながらベトナム全土を回って民族独立を訴えたという偉業を本に読んでいたので、〝偉大な人〟はそういうことをして米軍を追い出し、勝ったのだ、とホー・チ・ミンの活動を自分に重ねて、われわれがやっていることなんて大したことではない、と考え、黙々と耐え続けた。今までほとんど何も考えなかった日本人が決起したのだから、この「**新しい運動家**」たちの残忍さは喜ぶべき現象だと私は快く受け入れ、今までにない原発反対運動のエネルギーだと了解していた。

第36章　自然エネルギーが自然を破壊する

さて、ちょうどこの時期に、私は自分が話してきた内容に、ひとつ大きな間違いがあることに初めて気づいたのである。それは、福島原発事故のあとに原発反対運動を始めた多くの人が犯している間違いでもあるので、その警告をここに記述しておく。正確な日付は覚えていないが、この時期に、私は自宅に風力発電機を購入したのだ。1979年に原発反対運動をスタートした時から、「自然エネルギーを使って発電すれば、いずれ原子力発電は無用になる」と考えて、そのことを自分の本にも書いてきた。そうしてこの時代のある日、自然エネルギーの普及に取り組んでいる仲間から、「東京のような都会でも、自宅の庭で電気をつくれる風力発電機があり、設置も簡単だ」というパンフレットの説明書をもらい、「なぁーんだ自宅に設置できるのなら」と、喜んで早速注文して購入した。

わが家は、地主からの借地なので他人の土地だが、父母が住んできた家なので、東京の住宅街ながらきちんとした庭がある。その風力発電機がパンフレットの説明通りなら、回転する羽根が大人の身長ぐらいなので、充分に設置できるサイズであった。わが国でおそらく〝家庭用の最初の風力発電〟のパイオニアとなる自分に期待をふくらませた私であった。到着した大きな木箱を開いてみると、さし渡し2メートルぐらいの、風を受ける重い羽根があった。そのほかに、ぐるぐる回転するその重い羽根を支えるのに必要な、大きな支柱が入っていた。その太い支柱を見た瞬間、「これはまずいぞ」と思った。コンクリートを打ってしっかり地面に固定したとしても、強い風の時に倒れて、わが家の小さな娘や、父母が大怪我をする機械だと、ひと目で分ったからである。

技術者として色々と固定する方法を考えるうち、「だまされたな」というのが正直な感想であった。「冗談ではない。都会の真ん中の住宅地で風力発電をするなんて、実におそろしいことだ。危険きわまりないし、騒音が大問題になる。とてもできることではない」という結論に達し、購入した風力発電機を誰かに引き取ってもらうことにした。著名な自然食グループなど、いくつかの仲間に事情を説明して、「無償で寄付します」と伝えると、最後にようやく引き取り手があった。そのグループが東京のビルの屋上に設置する、ということになったのである。ところがそのグループも、結論は私と同じであった。実物を見ておそれをなし、その風力発電機は、その後、北海道に送られたという話であった。

私は、この風力発電機購入事件の失敗を体験し、自分の間違いを知って、恥ずかしくなった。つまり都会人が、何も知らずに、自然エネルギー（再生可能エネルギー）で日本の電力をまかなえると考えることが、間違いだったのである。自然エネルギーと呼ばれる道具は、太陽光発電用のソーラーパネルを、「自宅の屋根や、工場内に設置する」ことは正しい。小さな河川を利用して自然を破壊せずに（巨大なダムをつくらずに）小水力発電をするのも正しい。しかしそれ以外は、私の風力発電機が東京で使えずに北海道に送られたように、ほとんどが自然界に入って私の愛する森林などの景観を大破壊する道具なのである。風力発電だけでなく、地熱発電は、日本では温泉を枯渇させたり、地震を誘発するので、私は反対である。バイオマスも、福島原発事故で山林が放射能を浴びた東日本では、廃物木材を燃焼させると放射性セシウムをまき散らすので、危険である。つまりそれぞれに重大な短所があるので、ひとくくりに自然エネルギーと呼んではならないのである。

加えて太陽光発電も風力発電も、あるいは地熱発電もすべて、大半の自然エネルギーは、電気しか生み出さない機械である。言い換えると、熱エネルギーを生まないのだ。ほとんどの人は知らないが、家庭で使っている実際の総エネルギーのうち、電気エネルギーでなければならないのは、電灯、冷蔵庫、パソコン、テレビなどだけで、合計しても全体のほんの3割ちょっとである。残る6割以上の消費エネルギーは、お湯や暖房の熱エネルギーなのだから、自然エネルギーの道具では、まかなえないのである。電気を熱エネルギーに変換するには、ロスが非常に大きい。例外は、屋根に水をためて太陽熱でお湯をわかす、昔から使われてきた「温水器」だけだ。

わが家が現在、エネファームと呼ばれるパナソニック製の燃料電池を設置して、東京ガス経由で「電気」と「お湯」を同時に得られるようにしているのは、その熱エネルギーのためである。このエネファームは、電気を使うたびに、貯湯タンクにお湯がたまるのだ。排出されるガスもまったく無害なので、「電気」と「熱」を同時に得られる理想的コージェネレーション製品である。2019年現在の価格は少し補助金が出るので、100万円である。

電力を大量に消費するのは、人口が多いわれわれ大都会人である。その都会人が、巨大な風力発電機を、静かな農村地帯や、風光明媚な海岸線や、自然豊かな山の脊梁（せきりょう）に敷きつめる無神経さこそ、原子力発電所を都会を離れた人口の少ない土地に建設してきた都会人のエゴイズムとまったく同じ発想なのだ。挙げ句の果てに、自然豊かな福島県で原発が次々と火を噴いて、そこに住んでいた人たちの郷里を奪ったというのに、まだ無責任に自然エネルギーの普及を主張する人間たちがいる。

東日本大震災／福島原発事故後の正確な電力事情を示す下の表（図45）をしっかり見ていただければ、すぐに分る。

２０１３年９月15日に福井県の大飯（おおい）原発が運転をストップしてから、２０１５年８月11日に鹿児島県の川内（せんだい）原発が再稼働されるまで、**ほぼ丸々２年間、真夏の猛暑期も、真冬の酷寒（こっかん）期も、「完全に原発ゼロ時代」を達成したのが日本であった**。その間、図45の表に示されるように、２０１４年度の原発はゼロ％で、自然エネルギーもゼロに等しいたった３・２％であった。つまりクリーンなガスと石炭と、少々の水力発電で日本全土のほとんどの電力をまかなったのだ。石油火力が10％近く使われているが、これは工業界が輸入した原油を、ガソリンやプラスチックなど石油化学製品に使ったあと、残りの重油を火力に使った廃物利用のようなものだから、実質的にはゼロ％とみなしてよい。それなのに、エネルギー問題を何も知らない河合弘之（ひろゆき）弁護士の音頭で設立した「原発ゼロ・自然エネルギー推進連盟」が、「原発を廃絶するには自然エネルギーがなければならない」という誤った論調で、私

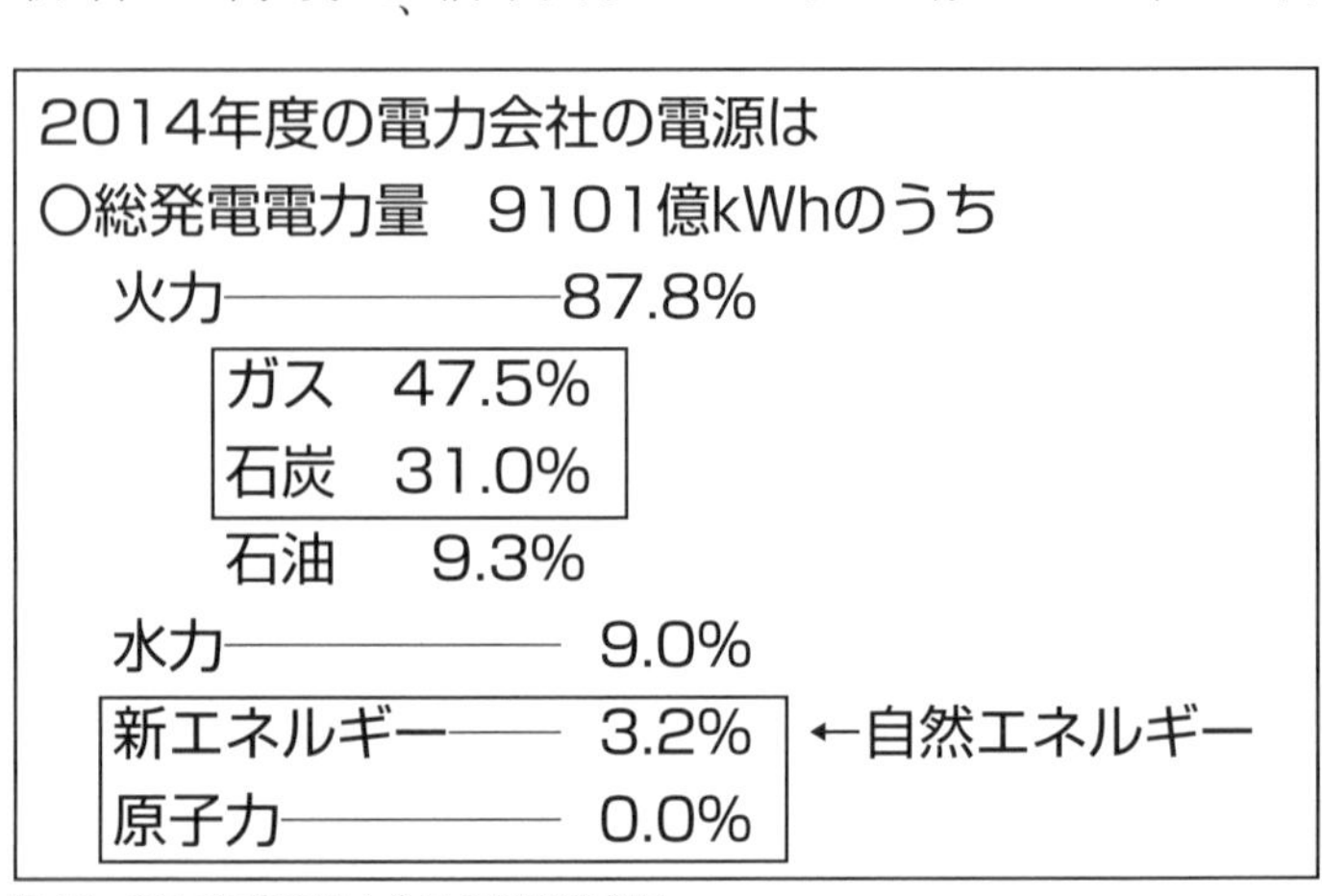
2014年度の電力会社の電源は
○総発電電力量　9101億kWhのうち
火力――87.8%
ガス　47.5%
石炭　31.0%
石油　9.3%
水力――9.0%
新エネルギー――3.2%　←自然エネルギー
原子力――0.0%

図45　2014年度の電力会社の電源構成表

が愛する森や林を伐採してメガソーラーや風力発電機を設置しようと、大自然を平気で破壊する「都会的な頭でっかちの市民運動家」が多くなっている。これが都会人の原発反対運動の主流をなしているのが現状である。**原子力も自然エネルギーもなしで、日本の電力をまかなえる**という事実を知らない人間は、原発反対運動家として失格である。

　彼らのように、自分の家に設置できないものを、無責任に他人の土地に推奨したり、普及してはならない！　私は、長い歳月にわたって、のどかな自然界を歩いて、水彩画のスケッチをしながら、風景と古いお寺などの建築物を、画帳に残してきた。絵を描くことによって、写真機では捕らえられない自然の一点ずつを頭に記憶できるからだ。そうした数々の絵画が語っているのは、レンブラントやセザンヌを愛する人間にとって、「メカニックな匂いがするマティエールは絵にならない」という真理である。ドン・キホーテ時代の昔の風車や、木製の水車は美しい。だが、発電用の現代の機械は、まったく絵にならない。太陽光発電でも、最近ではメガソーラーと呼ばれる大規模な太陽光パネルを敷きつめるために森林を伐採する人間が激増しているのだ。自分が儲かるからといって、大量の大型機械を持ちこんで自然界を荒らすことは、頼むからやめてほしい。若い頃に畑仕事をするつもりで、長野県富士見町の田舎に小さな土地を買った私には、何もない山林が最も美しいのである。

　しかし読者のほとんどは、たったいま私が「クリーンな石炭」という言葉を使ったことに驚いているはずである。つまり現在の日本と世界のテレビ・新聞の報道を見聞きしている人間であれば、「地球の温暖化は、このままでは止まらず、もうすでに地球の異常気象が大災害を起こしている」というストーリーを信じて、「大量に二酸化炭素（CO_2）を出す石炭火力は犯罪である」

という心理に陥っていることは間違いないからである。そこで私は、「CO_2は気候変動にまったく影響を与えていない。異常気象と呼ばれている現象は異常ではない」という事実を実証し、真の科学を、ここに記述した。ところが、それが長文になったので、その章だけ抜き出して、**『地球温暖化説はＳＦ小説だった――その驚くべき実態』**というブックレットをすでに２０２０年３月に八月書館から発刊したので、誤って石炭火力を憎んでいる人は、それを必ずお読みいただきたい。読めば誰でも分ることである。悪いのは石炭火力ではなく、地球の気温データを捏造(ねつぞう)するという悪事を重ねて、非科学的なCO_2温暖化説によって原子力を推進しようと人類を欺いてきた犯罪者、国連のＩＰＣＣ集団と日本の気候ネットワークなのである。また、そうした科学的な事実を知らずにデタラメを報道し、無知をきわめるすべてのテレビと新聞である。

２０２０年4月に、読者ご存知の、スウェーデンの自称「環境保護団体」が地球温暖化の脅威を煽り続けた理由を、ほとんどの読者は知らないであろう。これは、全世界が深刻なコロナ・ウィルス禍に襲われていた時期である。とりわけスウェーデンは、ヨーロッパ全土の中で**コロナ・ウィルス感染者の死亡率が12パーセント以上**で非常に高く、特に北欧の中では一国だけ死亡率が飛び抜けており、防疫政策の恥ずべき大失敗が顕著であった（コロナ死者は5月26日に４０００**人➡6月18日に５０００人を突破した！**）。**それを隠そうと、**「環境保護団体」が別の話に全世界の目をそらそうとしたのだ。地球温暖化説の発祥国がスウェーデンだからだ。「これほど大量の死者を出す医療後進国スウェーデンが、ノーベル医学賞を授与する資格があるのか。いい加減に滑稽な猿芝居をやめて、苦しむ自国民の救済に全力を注ぐべきだ」と言われていたのに。

同じく２０２０年、コロナ・ウィルス禍の時期、東京オリンピック開催計画に全世界で猛烈な批判の声があがる中、開催を強行しようと狂った首相・安倍晋三と東京都知事・小池百合子が、日本のコロナ・ウィルス感染症の患者数を少なく見せようと、おこなうべきウィルス検査を極力おさえた。その結果、オリンピック開催延期が3月24日に決定するまでの3月中に、**東京都内でコロナ・ウィルス肺炎で死亡した人は、「コロナと無関係な死亡」として処理され、その隠された実際のコロナ死者数が、公表値の10倍を超えていたのだ。**おそるべき疫学統計が示した通り、これは安倍晋三と小池百合子による〝医療殺人行為〟であった。スウェーデンと日本のように醜い話で、罪もない人が大量に殺されては、たまったものではない。

第37章　日本社会に適合しない人間がたどった道

話を再び1988年当時に戻すと、このように自然エネルギーに対して新しい認識を持った時期に、私の行動哲学は、このとてつもない回数の講演会ラッシュの時代に突入したため、一考を迫られることになった。2020年に77歳となった現在の私は、「心の通じる人と理解し合えるだけで、人生は満足だ。心の通じない人間は、自分とは関係ない存在なのだから、無視しよう」と思えるようになった。しかし1988年にまだ45歳だった私は、多くの市民運動の人たちが「微力ながら」と己を謙虚に語るのを聞くと腹が立ち、「俺でさえ、これほどつらい作業に耐えているじゃないか。微力なんて言わずに全力を出せ」と叱りつけたかった。私は若い時に読んだ動物学者デズモンド・モリスの著書『裸の猿』にたとえられる〝猿まがいの人間〟という奇妙な生き物であって、この小さな考える猿は、この時期に、矛盾する人生哲学の間で悩んだ。

ひょっとすると読者は驚くかも知れないが、私は、人前で講演する資格も、本を書く資格もない人間なのである。なぜなら私は、そもそも軍事国家アメリカに頼ろうとする日本という国や、意気地のない日本人の性格が大嫌いなので、自分が「日本という国に生まれたことは間違いだ」と思いながら、仕方なく生きてきた人間だからである。現在のように日本の侵略史さえ認めない民度の低い日本人と、ちっぽけなテレビ箱の中で語る人間たちのデタラメを〝正しい〟と思いこんで、自分の頭で考えようとしない日本の国民は大嫌いなのだ。したがって、自分が社会性にまったく欠けており、どこから見ても変人であり、非常識な性格であることを一番よく知っているのは、私自身である。そのように〝日本社会に対する適合性がまったくない非国民〟であることを知っている人間が、不特定多数の日本人に、私の本を読んでもらい、講演会で話を聞いてもらおうとしてきたことほど、矛盾する話はない、という理屈がお分りだろうか？

しかしだからこそ、自分の家族を守るために、放射能の危険性について、あるいはまた「正しい日本史」について、まっとうな意見を世間に広めなければならなかったことも、これまた確かなのである。つまり日本を何とかまともな国に変えて、話が通じる人間を増やしたいという意思は、ほかの人の何倍も強く、そのために一見不可能と思われる社会運動に飛びこんだ人間である。

そこで私は、この時期に、自分と別人格の自分をつくって、その人間をマスメディアの世界で自分で操る（あやつ）ことに決め、〝広瀬隆の虚像〟が世間を歩くことを、自分に許すことにした。虚像とはいっても、その人間が語ることは真実なのだから、神様も許してくれるだろう。虚像ではない本当の私自身は、社会が知る人間と異なる別人格なので、今まで通り、自宅で謙虚に、孤独な世界でひっそり暮らせばよい。どうせ、誰にも理解してもらえない人生なのだから、と。

　この開き直った考えが成功し、私の書籍がよく売れ、またＮＨＫをはじめ民放テレビ局も含めて、ほとんどのテレビ報道界が、私をスタジオに招いて出演を依頼してきたのも、この１９８８年前後であった。日本テレビ系の読売テレビの人気番組「イレブンＰＭ」に、私が一時間の生放送にフル出演を依頼され、直木賞作家・藤本義一（ぎいち）氏の司会で長時間にわたって私が原子力発電の危険性を説明したことがあった。すると番組の半ばでコマーシャルの休憩時間に入ると、控え室にテレビ局営業部の人間が飛びこんできて、藤本氏に「（スポンサーの）関西電力から電話が入って、彼らが怒っています……」と警告し、私の出演を中止させようとしたのである。私はそのやりとりを傍（かたわ）らで聞いていて、どうするだろうと興味深く見ていると、藤本氏が営業部員に向かって「広瀬さんが言っていることはすべて事実なんだぞ。事実を放送して何が悪いのだ！」と毅（き）然（ぜん）たる態度で反論して黙らせ、休憩時間のあとも、また長時間にわたって私は説明を続けることができた。現在の軟弱なテレビ報道界で、大スポンサーの関西電力やディレクターを怒らせても平気だった藤本さんのように反骨精神を貫く人間がどこを見ても一人もいないことに、今の日本最大の問題がある。

　さて一方、こうしてほぼ全テレビ局が私を出演させる状況を、苦々しく見ている人間がいた。テレビ局につとめる人が電話をかけてきて教えてくれたのだが、それはフジテレビ・キャスターの木元教子（きもとのりこ）であった。「木元さんがテレビ報道界を走り回って、広瀬さんの悪口をディレクターたちに吹きこんでいます」というのだ。彼女はのちに、原子力産業の広告塔として大金をかせぐ評論家の醜い姿をさらし、化けの皮がはがれて、ついには驚くまいことか原子力委員に就任した人間である。彼女の夫・木元尚男がＴＢＳ幹部で、青森テレビに出向して県内での六ヶ所村核燃のＰＲにつとめ、息子が東京電力の社員だから、申し分ない原発ファミリーであった。問題は、木元教子本人が原子力について持つ知識は中学生以下だというのに、その人間を飼うほど原子力委員会が腐敗堕落の坂を転げ落ち、大事故に向かって突っ走ったことにあった。

ほかにも山のような人間が、私をテレビ報道界から追放しようと画策していたので、報道界の内部から聞こえる声のけたたましさは言語を絶するものであった。タレントの所ジョージが個人的に主催してくれた「広瀬隆学習会」では、彼から面と向かって「広瀬隆は、テレビ局が〝上映禁止物体〟に指定して何も言わせないようにした」と聞かされたものである（まるで現在の山本太郎が〝テレビ上映禁止物体〟であるのと同じように）。

ところがこの時期に、不思議なことに私の書籍が最もよく売れたのだから、弾圧されるぐらいになれば人間は一人前なのかも知れない。２０１９年までに私の著書は累計で４５０万部が発刊されたので、1年平均で11万部を40年間続けてきたことになるが、部数はどうでもよいことである。そのうちの一冊が知性の高い読者の手元に届いて読んでもらえたことが、本当に幸運な結びつきであったと思う。ところが、私の本の発売部数をもって小生の収入を計算する輩もいる。計算すれば確かに私が億万長者になっていても不思議ではないのだが、その人たちの期待を裏切って申し訳ないが、小生は最初に１９７8年に自費出版で本を発刊して以来、一貫して、金持にならない宿命の道をたどり、現在は預貯金が見えないほど限りなく透明に近い。だからといって、私は観音様や仏様のように模範的で気高い魂を持ち合わせていないし、清貧の生活を一途に求める清廉潔白な人間ではない。人間の欲望にはさまざまある。食欲、金銭欲、性欲、睡眠欲、権力欲、出世欲のほかにも、音楽中毒、読書狂、絵画癖、スポーツ闘魂、大酒飲み、タバコ中毒、ギャンブル射幸心など色々あって大変だが、私はそれら欲望のうちいくつかは人間に大切な本能であると認めており、私にも多少の邪心がないわけでもないので、ごく普通の人間である。

　それがなぜ金持にならなかったかといえば、「私の印税（書籍の売上げ）収入は、私の書籍を購入した人が支払った貴重な金である」ということを、強く自覚していたので、ほぼ全額を社会に還元するよう工夫し、ホームレスや社会福祉事業、原発反対運動など、世の中の色々なところで金を必要としているところに投じたからである。これに関して付記しておくと、１９８０年代に、「緑の会」編集の書籍は、2冊あって、『東京に原発を！』のほか、最初にガリ版刷りで出した『原子力発電とはなにか……』も活字化されて、野草社からきちんとした本として発行されていた。だが、責任者である著者の私が、先に述べたように東京を離れて地方で山のような活動に追われたため、「緑の会」は集まる人が次第に減って消えたようになり、事実上、会が存在しなくなった。会の自然消滅について、私は大きな責任を感じていたが、出版社は相変らず、私に黙って「緑の会」編集の私の著書を増刷して発行していた。誰も印税を受け取らないまま、私の知らないうちに増刷されており、私が金銭的に誤解を受けるおそれがあったので、やむなく出版社に連絡して発行を止めて（絶版にして）もらうほかなかった。大判の本として出版した『東京に原発を！』も、印税は本の製作協力者と地方の原発反対運動に全額を寄贈した。チェルノブイリ原発事故から4ヶ月後の１９８６年8月25日に同書を集英社が文庫化してくれたので、その機に内容を全面的に書き直し、作家の野坂昭如さんに「あとがき」を書いて貰ったところ、32万部も売れた。この収入もそっくり運動にお返しできた（映画『東京原発』は、私の原作を基に、私の許可なく勝手な脚本で製作したものである。集英社編集部によれば「断りなく映画化して、原作者に一銭も払わないのは、盗作になる」そうだが、この興行収入は運動にも寄付されていないはずである）。

チェルノブイリ原発事故の頃、石川県で能登原発（のちに志賀原発と呼ばれるようになった原発）の反対運動が活発だった時期のことである。ある日、私は石川県小松市での講演を頼まれ、スケジュールが詰まっていたので、珍しく飛行機で小松飛行場から講演会場に向かうことにした。ところが当日、悪天候の強風となって、羽田空港で私が搭乗した飛行機が飛行不能と判断され、私は機内に閉じこめられたまま、どこにも動けなくなった。あとで聞くと、おかしなことにその時、首相の中曽根康弘が乗った飛行機は、羽田空港から飛びたったそうである。こうして私は、生まれて初めて講演会をキャンセルする失敗を犯したが、この事件では、小松の講演会場に300人もの参加者が私を待っていたのだ。その人たちは、確か教職員などの組合員で、参加者の氏名が分っていたので、私は自腹を切って自分の著書を300冊買い上げて、小松の主催者に発送し、私の講演を聞く予定だった人全員に配ってもらい、許していただいた。

このように、書物から得た収入を、社会で金を必要としているところに投じたこの選択は、実は自分のためであった。資金を必要としている人を探す時に、私が知らなかった数々の、実に多くの社会問題を学ぶ機会を得られたからである。原発反対運動をスタートした時から、東京の山谷と、大阪の釜ヶ崎と、横浜の寿町にある、現在は寄せ場と呼ばれているドヤ街に入って日雇い労働者と接してきたので、この方面に仲間は多かった。その中でも外国人労働者は、帰国費用もなく、不法滞在扱いされて苦労している人が多く、日本社会に助けを求めていた。

それでも多少の金が手元に残れば、石油王ジョン・D・ロックフェラーが死ぬ直前に「世界一の富豪になったが、得た金には何の意味もなかった」と後悔した通り、私は父の生き方から「人間の財産は金ではない。自分の知恵と知識を生み出す書籍にある」ことを知っていた。「金は天下の回りもの」の諺通り、私にとって「金は出版界の回りもの」であった。持っている金で良書を購入して出版界に戻し、私の書斎は本だらけとなった。私が人生で唯一、金銭的に贅沢をしたと正直に告白しなければならないのは、私の書斎に、膨大な数の書籍を購入したことである。これらの書籍の大半が、外国の事情を知るための資料であり、輸入された高価な洋書であった。つまり私の知識がほかの文筆家と大きく違っているところは、海外の調査に基づいた事実にあるので、これら外国からの輸入洋書が、物書きとしての私の生命を維持して、〝金の卵を産むガチョウ〟となったのである。

第38章　書籍を執筆する時の文筆家としての秘訣と人生哲学

私が育てたこの金の卵を生むガチョウについても、読者に私独特の面白い考え方を説明しておきたい。私が最初に書籍の執筆にとりかかり、社会運動をスタートした時から、すでに述べたように私は〝売れる本〟をめざしてきたが、その特徴は、「まだ誰一人、他人がしていないこと」をめざしたところにあった。すなわち「現在まで社会に伝えられていない事実の伝道者になること」をゴールとし、「誰一人調査していない事実を発掘すること」を自分の役割と定めた。

これはジャーナリストとして当たり前のように聞こえるかも知れないが、自分の役割を限定するのだから、ある面で特異なものであった。私が調べた新発見によって、社会に新鮮な驚きを与えられれば、膨大な部数の本を売ることができる。その一点に目標を置いてきたということである。

私のこの執筆哲学は、あまり多くのジャーナリストが気づいていない原理であった。別の分りやすい表現をすれば、ジャーナリストの世界では、オリンピック競技の第2位以下になることは、意味がないのである。ジャーナリストで唯一の役割は、先頭に立って「金メダル」をとることだ、ということになる。私の最も嫌いな発想なので、偉そうに聞こえるが、本当の意味は違うのだ。報道界で言われる〝真実のスクープ〟とは、「現在まで誰一人調査していなかったため、社会に伝えられていない事実」を発掘して、大きな声で報道することであろう。「他人の真似をしない」、そういう意味である。

ただしこの新発見は、必ずしも、「事実そのものの新発見」ではないことが含まれるところに、文筆家の秘密と秘術がある。小説家エドガー・アラン・ポーは、こう言っている。「（作家の）成功の所以は、大部分その題材にある。即ちその題材は、よく人の頭に浮かぶが、まだ徹底的に表現されていないことである。よく人の頭に浮かぶのは、興味があるためであり、表現されていないのは、困難だからである」と、作家の成功の秘訣を書き残している。ポーが指摘したこの名言は、当たり前のように見えるものの中に、誰も気づいていないものが隠れているという意味であり、これこそ、ジャーナリストが知っておくべき奥深い真理である。またモーパッサンは『小説論』で、「誰からも言われず、見られなかった面を見出すまで、充分ながく、充分注意深くながめよ。どんなささいなものでも、いくらかの未知の部分を含んでいる」と、これまた謎めいた言葉を書き残している。短編小説家として私が最も好きだったこの二人の天才が、私たち人類に教えたヒントは、「誰もが感じていながら、その理由が〝なぜ〟であるかに気づいていない事柄」は、世の中に山のようにある。それを突きとめて執筆するのが、物書きの役割だ、という点にあった。金の卵を産むガチョウを探すこの原則は、書籍に限らず、読者がめざす政治運動と社会運動においても、大きなヒントになるはずである。世の中を俯瞰(ふかん)して、付和雷同せずに、ユニークな視点で、民衆の心をつかむには、それ相応の事実の発掘に対する努力だけでなく、人間としての高度な哲学的な知恵が必要になるものである。そのような考え方で、私が捜し求めた知恵の宝庫は、かなりの金額を要する書籍にあり、日本全国の図書館と古本屋にあったのである。言い換えれば、手あかのついたインターネット記事には興味がない。

　私の著書が、『東京に原発を！』だけでなく、誰もが感じている共通の怒りや悲劇の感情に、別の表現で命を与えることに力を注いできたのは、すべてポーとモーパッサンの知恵のたまものであった。その結果として、ほとんどの書が、大量の部数売れたのである。

　核実験で降り注いだ放射能が膨大な数のハリウッドの映画スターの体をむしばんで癌にしたのだから、この事実を実証すれば、原子力発電が危険きわまりないことが明らかになる。この理屈で1982年に書いた前述の『ジョン・ウェインはなぜ死んだか』の内容も、実はアメリカの娯楽雑誌〝People(ピープル)〟が、核実験場近くの西部ユタ州ロケ地で撮影されたジョン・ウェイン主演映画『征服者』のスタッフとキャストに癌死者が多いと報道し、放射能と癌の因果関係の入口を示唆していたことがヒントであった。私がその映画界の洞窟に深く入って調べあげた結果、ツタンカーメンの王墓を発見したように、アメリカ人の気づいていない新たな視点で、ハリウッド全体を包む大きなニュースに生まれ変ったのである。

また多くの人が、「いつまでたっても人類はなぜ戦争の殺し合いをやめないのだ」と怒りを覚えながら、あきらめを感じていた。その時、私は、日本では1945年8月15日以後を「戦後」と呼んでいるが、実は1945年以後に全世界ほとんどすべての国で戦争がおこなわれてきたので「戦後は戦後ではない」という奇妙な事実を調べ上げて、毎年の年表地図に示した。さらに、それら〝戦後の戦争国〟を黒く塗ってゆくと、世界地図が真っ黒になるのである。ところが地球上で、日本だけは小さく白く残る。ではなぜ戦後に日本だけが戦争に巻きこまれなかったか（1950年からの朝鮮戦争では日本人が米軍に利用されて戦死することがあっても、公式には日本は参戦しなかった）、それは戦争を放棄した日本国憲法があるからだ、という単純明快な史実関係を実証し、1984年に『クラウゼヴィッツの暗号文』（新潮社）を書いた。これほど当たり前の事実であっても、それを毎年の戦争地図に語らせた結果、この書も、非常に多くの反戦平和運動家から驚きをもって迎えられ、社会に勇気を与えることができた。

アメリカ政府が軍需産業の〝死の商人〟に乗っ取られていることは、ベトナム戦争を通じて多くの人が気づいていながら、その軍需産業や核兵器を動かしている正体が、金融王モルガン家と石油王ロックフェラー家の巨大財閥であることには、ほとんどの日本人が気づいていなかった。ホワイトハウスの歴代すべての大統領が、共和党と民主党いずれも、この二大財閥の指一本で動かされている事実は、日本ではほとんど知られていなかったのだ。そこで、アメリカ政府の大統領と全閣僚に結びつく企業を調べ上げ、それら企業の資本関係から、歴史的なモルガン＝ロックフェラー連合の支配力を証明して1986年に書いた『億万長者はハリウッドを殺す』（講談社）

も、大変に多くの読者を得られた。これも、ポーとモーパッサンの知恵のおかげである。

以上が、著作の「内容」に関する知恵である。だがもう一つ、私の多くの著作には、「技術的な工夫」もこらしてある。私が中学時代から無類の**音楽好き**、**映画好き**、**絵画好き**、**小説好き**だったので、自分のほとんどの著書に、豊富な図版と写真を用いて、そのイラストレーションを文章と一体化させて、一つのドラマを生み出すことに、誰よりも大きな知恵をしぼってきた。この**映画的技法**は、読んだ人があまり気づいていないが、本に「読みやすさ」と「内容に対する信憑性」を生み出す泉になっているという点で、私の著書が多くの読者を獲得できた簡単な「手品の種」なのである。著書だけでなく、私の講演は2、3時間が普通で、3時間でも「アッという間に話が終った」と感じるはずである。そして、長時間でありながら、私が講演を依頼された回数は誰よりも多くなった。それは、豊富な図版と写真を用いる私の映画的・小説的な秘術――永六輔さんが「話芸」と呼んでくれた技法のためであり、ダイヤモンド社の坪井賢一さんが言ったように「普通の講演の3倍の中身がある」ことに、秘訣があったのである。これは私の前半生が根っからの遊び人で、その人生経験から自然につかみとった奥儀(おうぎ)で、私はその話の内容には、絶対に人を裏切らないという自信を持っている。

ほとんどの社会運動家を見ていると、この点で、芸も努力も足りないように思う。人を話に引きこむには、話が知的に面白くなければならない。「理論的に正しいことだけを語って、その自分に満足する」態度では、社会を変えるという究極の目的を達成できない。この言葉は、常に私自身に聞かせている自戒でもある。

こうして原発問題だけでなく、世界的な軍需産業についてくわしく記述するようになった私の新しい調査結果に、多くの人が素直に耳を傾けてくれるようになったわけである。映画界の黒澤プロから、黒澤明監督の映画『生きものの記録』のビデオに解説文を書いてくれるよう依頼されたのが、この時期であった。この作品は、アメリカとソ連の核兵器開発レースに翻弄される日本を舞台に、主演の三船敏郎が珍しく老人役を演じていた。静岡のマグロ漁船・第五福竜丸が太平洋のビキニ環礁の水爆実験で被爆した大事件を背景に、原水爆の恐怖を取り上げた社会派ドラマである。私は映画作品そのものを解説したのではなく、米ソの原水爆開発競争の狂気がどのようにして生まれているかについて時代背景をくわしく解説した。この解説原稿を依頼してきたのは、黒澤プロの映画スクリプター（記録担当者）の野上照代（のがみてるよ）さんだったと記憶しているが、野上さんは、山田洋次監督、吉永小百合主演の映画『母（かあ）べえ』を実話に基づいて書いた原作者であった。こうした人間関係から、のち1990年に黒澤明監督が映画『夢』を製作した時に、原発6基が爆発するという事故をシナリオに組み入れて描いてくれたのだろう。

さて、私自身の生き方に戻ると、30歳になるまでに読んだ数々の外国文学から、「人間は、楽するようになれば人生の喜びが消える」という人生学を学んでいた。つまり「逆境に落とされるほど、人間は這い上がろうとして努力し、大きく成長する」ことを知っていた。そしてわれわれの時代には、大学を中退したり、大企業をやめてドロップアウトする反逆的な人間ほど魅力的に見えたものである。そこで私は、常にギリギリで生活を保ち続けるように、経済的に綱渡りの生活に自分を追いこんで、苦難の峠を越える生き方を楽しんできた。これは、バルザックやチェーホフの小説にしばしば〝年金暮らし〟の人間が出てきて、なぜかその姿が醜いものと感じられたからだ。自分は絶対にそういう楽な手段で老後の人生を送らずに、死ぬまで苦難の骨折りを続ける、と20代の時に心に決めていた（誤解のないように、生きるために必要な生活保護や年金を受けることを、私はまったく否定しない。国が与えるべきこうした支援は日本国憲法に定められている正当な権利なので、必要な人は請求しなければならない）。また日本では、社会運動の講演会の主催者はほとんどが低所得者層であり、多くの場合に私に無償の活動を求めていたので、ほとんどの社会運動家と同じように、手弁当の活動が当然のことと考えていた。さらに私は、軍事費に高額の予算を組む日本の国家に一銭でも税金を納めたくなかった。

こうしたさまざまな理由から、私の担当税務署がよく知る通り、たとえ膨大な数の著書が売れても、小生の実収入は、絶えずコンビニのアルバイト学生と大差なく、質実剛健な生活を送ることになったわけだが、生活が苦しいと思ったことは一度もない。つい最近２０１８年に『カストロとゲバラ』（集英社インターナショナル新書）を書いた時に初めて知ったのだが、キューバ革命を成功させた英雄フィデル・カストロも、私と同じように自分の財産をまったく築かず、貧しいキューバ人と共に人生を歩んだので、あれほどの立場にあった政治家としてまことに偉大な人間だと感心した。加えてカストロは、自分の生活を一応満たしたあとに、余った部分を貧困者に投じるのではなく、貧困者と共に歩んだのだから、私たちには到底近づけない思想家であった。

私の人生哲学はカストロとは違っていた。私自身は、社会運動の成功のために絶対に貧乏人にならないようにつとめた。誰からも一銭もカンパを受け取らない代りに、自分の最低限の生活はギリギリ自力で支える。誰かから援助を受ければ、それが私の人生の終りだと考える人間である

（ほかの人やグループ活動に対する協力者としてカンパ呼びかけ人になることはあるが）。そのため、「読者が代価を支払って購入するだけの価値ある書籍」を書き続け、それによって生活の資を得る。読者と知性を競うそのスリルに、現在も私の人生の意義がある。今になって、まだまだ日本で膨大な数の人が苦しんでいるのを見る時、もう少し手元に金を残して〝富豪〟にでもなっておけば、多くの人を助けられたのに、と思うことはなきにしもあらずだが……

2019年、そろそろ必要な生活費も底をつきそうになって、出版社が出版しそうもない本『テレビ報道の深刻な事態』を一冊書いた時、出版社から出版されないので、「広瀬隆文庫」の郵便振替口座を開設して、初めて書店の手を経ずに直接読者に原稿を購入していただくことにしたところ、意想外に多くの人がそれを購入してくださった。その購入者には、住所が分る限り本書を寄贈できた。が、住所不明の方にも寄贈したいので、「広瀬隆文庫」の口座に払い込みながら本書を受け取っていない方は、八月書館までご連絡いただきたい。

この口座は、マッチ売りの少女と同じであった。

読者はアンデルセンの童話『マッチ売りの少女』をご存知だろう。貧しいマッチ売りの少女が、大晦日（おおみそか）の寒さの中、街ゆく人々に呼びかけても、いつまでもマッチが売れないので、マッチに火をつけて暖をとろうとした。その時、空に流れ星が見えた。その星に、自分を可愛がってくれたおばあちゃんの姿が見えたように感じた少女は、何度もマッチに火をつけた。するとおばあちゃんが、少女を抱いて天国に連れていってくれたのだ。新年を迎えた翌朝、幸せに包まれた笑顔でマッチ売りの少女が死んでいた。だが街ゆく人々は、少女が天国に連れてゆかれたことに気づかなかった。

私は小学生の頃、この童話が好きで、何枚もの画用紙にクレヨンで少女の姿を描きながら紙芝居をつくり、幸せな少女の気持を想像した。それから数十年たった現在の私は、笑わないでほしいが、マッチ売りの少女のように、自分に〝美しい死〟が訪れるよう、素直に神に祈っている。自分が無神論者でありながら、バルザックの名作『無神論者のミサ』のように、私の心は純粋に神に祈るように変った。これまで精一杯生きたのだから、もし望めるならば〝美しい死〟のほかには、何もいらない、と。

第39章　公安の尾行者と、運動に潜入するスパイども

以上が私の人生哲学である。いや、ちょっと待て！　まだ話は終っていない。1988年当時を思い起こすと、現在とは違って、私はもっと生臭い世界に生きていた。この年には、テレビ出演料と、印税収入などを合算して、年収額があまりに大きかったので気持悪いものに思えた。おそらく本書の読者のほとんどは、こういう大金を得たことがない〝貧しいマッチ売り〟なのでその気持は分らないだろう。翌年の1989年末に日経平均株価が4万円近くの史上最高値を記録したバブル経済の絶頂期であった。バブル経済の批判者である私は、大金収入をひどく恥ずかしく感じたので、1年で300回の無償講演会で、全国の講演会主催者に20万円ずつカンパして歩き、収支がちょうどプラスマイナス・ゼロになって、ほっとした。

こうして1988年には、疲れのため歯がボロボロになり、立ったまま2時間以上の講演続き

で足の裏一面に血豆ができるほどになった。私は、公安警察と、原子力産業の人間に尾行されており、電車のプラットホームで、ほんの時折だが周辺に〝殺気〟を覚えるようになったのが、この時期であった。公安警察が私を尾行していることは、四国の丸亀（まるがめ）市で講演後に、神戸新聞の記者から教えられて初めて知ったのだが、地元の新聞記者に尾行がバレるほどだからマヌケな男たちであった。彼らが何のために私を尾行するのか、その意図が分らないながらも、丸亀駅まで歩く時に何気なく背後に気をつけていると、耳にイヤフォン、身なり服装からすぐに公安と分る男の姿が見えた。そこで私はアーケード商店街に入ってから、とっさの機転で文房具屋に飛びこんだ。尾行者というものは、尾行する相手が店に入ると、自分の行くあてがなくなって困るわけである。男が店の前でモジモジしていたので、その前にヌッと顔を出して、ジロリとにらみつけると、ばつが悪そうな顔で逃げて行った。

　のちに分ったが、この時期は、原子力産業が公安警察と組んで、日本中の原発反対運動家の一般市民に、すさまじい組織的ないやがらせをおこなっていたのである。

　多くの読者や大学教授から「あんな本を書いてよく殺されないですね」と心配してもらった私だが、今日まで私が〝世界的な諜報工作機関〟に殺されなかったのは、確かに不思議である。しかしそれは、たった一人で行動して、いかなる組織にも属さない、つまり敵のいない性格だったからだと思う。アメリカのCIAは、公然と実名を名乗って、私に面会を求め、自宅にやってきて、本にサインを求めた。勿論、私の筆跡を入手するためである。アメリカのロサンジェルスの大手テレビ局からインタビューを申し込まれた時には、怪しげな数人のクルーがわが家にやってくると、私の書斎に入って撮影しまくったこともあった。

多くの日本人は、日本の外国特派員協会を高く評価しているようだが、日本で活動する彼ら外国人ジャーナリストが、二面を持っていることを知っておく必要がある。一面では日本人ジャーナリストよりはるかに自由な発想を持っている彼らだが、イスラエル（ユダヤ人）問題になると突然にレベルが低くなり、自己主張ゴリゴリの偏屈者になるのである。私の著書を日本語で読めず、読んだこともないくせに、「広瀬隆は反ユダヤ主義者だ」という根拠のない偏見に満ちた噂を信じきる付和雷同型の集団が、彼ら外国人特派員である。

彼らと違って、私に批判された当事者であるユダヤ人国家イスラエルの諜報工作機関モサドと、ユダヤ人財閥ロスチャイルド家は、もっと真剣であった。彼らは私が執筆したユダヤ関係の著書を完全に精査して、私が反ユダヤ主義者どころか、ユダヤ人が体験してきた苦難と抵抗の歴史について日本で最もくわしく、ユダヤ人問題を正しく理解していることを知り、書かれた内容がすべて事実であることを確認している。そのためモサドもロスチャイルド家も、私を反撃批判すると、かえって自分に火の粉がふりかかることを知っているので沈黙を保っている。

世界的な諜報工作機関が、どこの国でも、私に手をかけなかった理由は、私が貫いてきた真実の報道姿勢にある。「誰も味方のいない孤独な人間には敵がいないので、最も強い」、これが、私が何者もおそれない行動哲学である。この原則は、私が暗殺されずに生きている限り正しい。

それでも、何事も裏の裏まで注意することを怠らないように、周囲には常に気を配り、ホテルは必ず偽名で宿泊し、日本中を講演で走り回った私だったが、二度三度だけ身の危険を察知したことがあったので、読者の参考までに記録しておく。

青森県では、講演会で走り回る私の行動を、六ヶ所再処理工場の事業者である日本原燃(げんねん)が追跡している形跡があった。ある日に列車で青森県の三沢駅に到着した時、いかにもそれらしい工場労働者が着るナッパ服の男が、改札口から少し離れたところに立っていたことがあった。ところがその男が、誰も出迎えていない様子を見て、変だと感じた。私がわざと彼をやり過ごしてから見ていると、その男が外の公衆電話ボックスに入って電話をかけ始めたので、背後から近づいて聞き耳を立てると、「広瀬隆が到着した」という声が聞こえたので、私がノックすると、男は奇襲を食らって取り乱した。そういう状況なので、三沢では、相手のふところが盲点だろうと考えて、わざと「核燃サイクルを推進する北村知事の弟」が経営する豪華ホテルを選んで泊まったことがあった。勿論、偽名で宿泊し、濃いサングラスをかけて、私と分らない姿で翌朝にレストランで朝食をとっていたのだ。すると、若いウェイトレスが近づいてきて、私の耳元にそっと「広瀬さん、頑張ってください」とささやいたのだ。この時は、変装したはずのサングラスに意味がないと知って取り乱したのは、私であった。

この時代には、敵も多かったが、このように味方も多かったのである。北海道行きの飛行機に乗ると、私はわざと客の少ない最後部の座席をとることが多く、しばしばスキーヤーの三浦雄一郎さんが近くにいた。ある時、東京から北海道に向かって青森県上空にさしかかると、私の顔を見分けたスチュワーデスが近づいてきて、窓から下を指さして「ちょうど今、六ヶ所村の上空です」と、笑みを浮かべて意味ありげに教えてくれた。こうして航空会社の多くのスチュワーデスが、原発の問題に関心を抱いて、言葉をかけてくれることは、私にとって特別大きな励ましであった。

しかし、原発反対運動に入りこむスパイを確認した時には、事件があった。運動内部に潜入する当局側のスパイは、たいていは集会や講演会の入口で「参加者に名前を書かせ」、それを管理したがる人間、つまり反対運動家のリストを手に入れる輩に多いが、青森のあるスパイは、ジャーナリストと自称していた。ところが青森県内で「その男が書いた文章や写真を誰も見たことがない」ので怪しいとにらんで、われわれの仲間もスパイだと疑っていた。ある日、私が直接カマをかけて問い詰めると、うろたえて正体がバレたのである。その男と会う予定になっていた青森県社会党の衆議院議員・関晴正さんに電話してそのことを厳重注意してから、私は青森市内の宿泊ホテルを早朝に出発した。私はホテルを偽名で泊まって、関さんがしつこく尋ねてもホテルを教えなかったので、誰一人、私の動きは知らないはずだった。半日の休みを利用して、まだ訪れたことがなかった青森市郊外にある縄文時代の三内丸山遺跡に向かったが、縄文遺跡に向かうバスの車中で、どうも目つきのおかしな男が気になった。三内丸山遺跡を見学している時も、遠くから絶えず物陰に隠れるその男に見られているので、薄気味が悪くなった。青森駅に戻って、そこから八戸に向かおうとした時、プラットホームにまたしてもその男がいて、遠くから私の顔を見とがめると携帯電話でどこかに連絡をとり始めた。携帯電話など当時ほとんど誰も持っていなかった時代で、いやな危険を感じたのはこの時だった。列車が八戸駅に到着してすぐ、私は急いでタクシーに乗り、「核燃サイクル阻止1万人訴訟原告団」を率いる浅石紘爾さんの弁護士事務所に逃げこんで、講演会の開始までそこにかくまってもらった。

　青森県では、警察官がスパイだったこともあった。ある日、青森から岩手県の盛岡に向かう特急列車で、三沢の親しい運動仲間と乗り合わせて、隣の席となり、歓談しながら同行したのである。ところがその仲間が、途中で下車した時、うっかりして財布を座席に落として気づかず、置き忘れていったのだ。私はその仲間に「忘れ物」を送ってあげようと、彼の住所を書いた名刺が入っているだろうと分厚い財布を開いて探し、「おやっ」と思った。

きちんとした「警察官の同じ名刺が何枚も」入っていたからである。えっ、あの男が警察官だなんて……聞いたことがなかった。盛岡から財布を彼のもとに郵送したあと、次に三沢で仲間が集まった時に、その話をすると、みなが「間違いなくあいつはスパイだった」という意見で一致した。

あとは、福井県の敦賀市が、どうも私には苦手だった。この街には、以前から右翼の街宣車が集まってきて、見るからに危険だったからである。ある夜かなり遅くなって、敦賀駅に向かう乗客の少ない電車に一人で坐っていると、明らかに私のまわりに、ジリジリと詰め寄ってくる風体のよくない数人の男がいた。これはまずいと殺気を感じたので、敦賀駅のすぐ手前の駅で、彼らの目を盗んで列車から飛び下りて、彼らから逃げたことを覚えている。こうして私のわずかな危機の体験から推定すると、青森県の再処理工場と、福井県敦賀市の〝高速増殖炉もんじゅ〟、つまり核兵器原料のプルトニウムを結ぶ線上で、危険な右翼集団が動いていたのかも知れない。

このように、時には疲れ果てて死にそうになりながら、47都道府県に孤独な旅を続けて講演している私を観察していた朝日新聞が、この時期の１９８８年に〝広瀬隆現象〟という記事を出したのである。その記事を目にして、日本の報道界の人間が、いかに問題の深刻さを理解していないかという事実に、無性に腹が立ち、不快きわまりない心境になった。記者諸君、これは私の問題ではないんだよ。日本の国家の命運がかかっている問題なんだろ。この1988年には東京で、のちに世田谷区長となる保坂展人さんから、「話したいだけ話してください」と言われて、原宿で6時間の講演をしたほどだった。その日の大会場は超満員となったため、ステージにもたくさんの聴衆があがって坐りこみ、休憩を挟んで6時間の話を聞いてくれた時期に、何が〝広瀬隆現象〟だ。

お前さんたち報道界が怠けているから、代って俺のような人間が必死に走り回らなければならないんだ。そんな意味もない記事を書くヒマがあるなら、原発の危険性について中身のある記事を10行でも書いたらどうなんだ。マスメディアというものは、放射能の危険性と原発問題を、愚劣な現象論で抽象化して、忘れさせる犯罪者なのだと分った。彼らはジャーナリストではなかったのだ。彼らの薄汚い〝評論家〟としての本性を思い知ったのが、この時期であった。そのため私は内心で、マスメディアとの決別を誓って、この頃を境に彼らと対立し始めた。テレビ報道界を含めて、全員ではないが、大半のマスメディアの評論家的な傍観者精神を軽蔑するこの考えは、今日現在でもまったく変っていない。テレビと違って、私が書物を愛し、書籍に命を懸けるのは、「気概のある編集者が健在の出版社」だけが唯一、自由に意見を述べられる世界だからである。

第40章　韓国に初めての原発反対運動を興す

この時期の1989年頃から私は、韓国を生まれて初めて訪れるようになった。ソウル・オリンピック翌年のこの当時、盧泰愚大統領のもとで最後の軍事政権が支配する韓国では、原子力発電＝核兵器テクノロジーとみなされて、「反原発運動は死罪になる」と言われた時代であった。にもかかわらず、この時期に、私は韓国の民主化運動に招かれて、「広瀬隆は入国できない」と言われながら、韓国を訪れた。おそらく韓国政府が私を入国させたのは、泳がせるために違いなかったが、韓国人にとって恐怖の諜報工作機関であるＫＣＩＡの後身・国家安全企画部（安企部）に監視・尾行されながら、私は何年か続けて反原発講演をたびたびおこなった。日本にいた時から、韓国電力公社が私の東京の自宅に脅迫めいた電話をかけてきており、韓国の安企部は、大統領の暗殺さえ実行するおそろしい組織で、マヌケな日本の公安とは違うことを知っていたので、安企部には、私もかなり用心した。

　こうしてソウル滞在中のある日、韓国人の運動家からホテルに「今日は国会でアポイントメントをとってあります」と電話連絡があった時には、盗聴どころではなかった。何しろ受話器をとると、電話線の奥からガチャガチャと音が聞こえるのだから、ひどいものである。ホテルを出て、待っていた韓国人としばらく通りを歩くと、「尾行されているので、あそこの角まで全速力で走って、右に曲がって隠れます」という指示通りに走りながら、たびたび尾行をまいて、韓国国会に到着した。そこでＶＩＰの要人と会って話を終えてから、ホテルに戻って部屋に入ると、私は仕掛けておいた罠をすぐに確認した。そこに、ネズミがかかっていた。私は〝００７〟映画でジェームズ・ボンドのショーン・コネリーから色々と学んできた人間である。ホテルを出る前に、韓国の原発と米軍の核兵器に関する大量の資料を束ねて引き出しに入れておいたのだ。そしてフロントには「部屋の掃除はしないでいい」と告げ、誰も部屋に入らないよう断っておいたのである。部屋の中は、出発した時と何も変らず、人間が入った形跡は何一つなかった。しかしその分厚い資料を、引き出しから、そっと静かに取り出すと、私が気づかれないよう紙のあいだに挟んでおいた髪の毛が、予想通り、消えてなくなっていたのだ。安企部の目的は、その資料を見ることであった。そこで翌日に、安全のため大きな豪華ホテルに移ったが、韓国人が「だめですよ。どこのホテルに行っても、広瀬さんの動きは向こうに筒抜けです」と言うのだ。

そのように安企部と、いささか戦慄を覚える知恵比べをしながらも、ある時には、韓国独特のシャーマニズムのリズムに乗せて、景気よく太鼓を叩く〝韓国で初めての反原発デモ〟の先頭を歩かされ、まことに爽快な時間を味わった。本書の前半に書いたように、私の先祖が日本の植民地統治時代に朝鮮の富豪で、現在の韓国人に対して犯罪的な存在だったのに、私はそうした過去について罪の意識の片鱗もなく、いま考えれば韓国民に対して失礼にも、日本における原発反対運動と、公害反対運動と、反戦平和運動の延長線上に立って、韓国民を啓蒙することに力を注いでいたのである。

その間、韓国内に米軍の核ミサイルが大量に配備されている図面を見せられた私は、南北朝鮮の軍事的対立の実情を知るため、列車に乗って北緯38度線の北朝鮮国境まで連れてゆかれた。途中で列車の乗客がほかに誰一人いなくなると、いささか不安に襲われ、心細くなった。ようやく南北朝鮮の国境・板門店(パンムンジョム)の駅に到着後、タクシーに乗って米軍基地まで行って貰ったが、運転手は米軍の核ミサイルが北朝鮮に向けて並んでいる基地近くまで行くと、「これ以上近づくと殺される。絶対に写真は撮らないでくれ」と言ったので、一帯を目撃して震え上がって帰ってきた。いま日本のテレビ報道で知識人ぶってしゃべるコメンテイターの一人残らず全員が「北朝鮮の非核化」などと口角泡を飛ばしているので、私は、バケツの底が抜けたような彼らの無知を笑ってしまう。朝鮮半島を危険にしてきたのは、北朝鮮軍でも韓国軍でもなく、米軍なのだ。

また韓国名画『タクシー運転手』に描かれた1980年の光州（クァンジュ）事件現地の丘にある広大な市民虐殺被害者の墓地を民主化運動の人に案内してもらい、全斗煥（チョンドゥファン）軍事独裁政権時代の蛮行をくわしく教えられ、「韓国軍が民衆を虐殺している現場を米軍が市庁舎から目撃していて、市民虐殺を容認していた」ことも知ることができた。光州で私の講演会後の懇親会に参加してくれた韓国の民主化運動の知識人は、ほとんど全員が投獄された体験者であった。さらにソウルにあった大日本帝国時代の朝鮮総督府（75頁）の建物の中を見学するうち、ようやく過去の日本人が植民地統治時代に犯した数々の出来事を教えられ、恥ずかしさに身の縮む思いをした私であった。

ここまでの記述について、おそらくほとんどの読者は本当の意味にお気づきでないだろうが、この時期に韓国の民主化運動家が、〝**進歩派**〟と呼ばれる人間として初めて認められ、現在のように国民の過半数を占めるように変ったのである。その事実経過は、つい先年の2017年末に公開され、ほんの1ヶ月で700万人の観客動員数を超えた韓国の名作ドキュメンタリー映画『1987、ある闘いの真実』に生々しく記録されている通りだ。私の初めての韓国訪問のほんの2年前の1987年1月14日に、**ソウル大学生・朴鍾哲（パク・ジョンチョル）がソウル駅から1キロ南にある恐怖の南営洞（ナミョンドン）対共分室の警察で取調べ中、浴槽での拷問（ごうもん）によって死亡する凄惨な事件**が起こった。その事実をもみ消そうとした共産主義対策「分室」（つまり対北朝鮮・工作部隊）の残忍きわまりない日常的な拷問行為を全国民が知って、民主化のために立ち上がったからであった。この映画『1987……』には描かれなかったが、惨殺されたソウル大学生が釜山(プサン)出身だったので、釜山市民の怒りは天を衝(つ)くほどで、この民主化運動の先頭に立ったのが、当時、釜山で人権弁護士だった盧武鉉(ノムヒョン)（２００３年大統領就任）と文在寅(ムンジェイン)（２０１７年大統領就任）であった。『１９８７……』の映画化は文在寅政権下だから可能になったのであり、文在寅を批判し続けてきた日本の全テレビ報道界は、このように基本的な朝鮮半島の民主化の歴史さえ知らないアホ集団なのである。

この１９８７年６月の民主抗争の結果、10月29日に**「軍部独裁ではなく、大統領を国民が直接選ぶ制度」を国民が勝ち取って、韓国の民主主義が日本を追い抜いた**、と２２７頁に書いた通りである。しかし、私が韓国を初訪問した時は、まだ最後の軍事独裁政権が生き残っていたので、今になって知ってみれば寒気のするような旧世界の韓国を私は歩いていたのだから、映画『１９８７……』が描いた恐怖の実在組織が私の滞在ホテルを調べていたのだ。そして、もう一つ！　彼らが韓国民に対して日常のように実施していた電気拷問、水責め拷問こそ、大日本帝国時代の朝鮮総督府が朝鮮人に対して駆使し、日本の降伏後に〝親日派韓国人（北朝鮮を敵視する集団）〟がそれを引き継いだ技術であった。つまり、わが日本の悪魔の遺産だったのである。

私の初めての韓国訪問当時、ソウル市内は、自動車事故が世界一と言われた時期で、タクシーが日本の昔の神風運転のように暴走して、ヒッチハイクのように客を次々に拾って何人も乗せる乗合方式が流行していた。住宅街に入ると自家用車がひしめくように列をつくり、動けないほど駐車していた。ちょうど韓国が新しく生まれ変ろうとする時期であった。この時の私は本当に、まったく恥ずかしいことに、韓国人の置かれた厳しい状況を理解していなかったので、聞くこと見ることすべてが驚きであった。

第41章　『黒い雨』上映と沖縄体験の衝撃

　この時期の１９８９年、新潮社の編集者・今村大介さんが、私の著書『危険な話』を『新版・危険な話』と改題して文庫化してくれ、１９９１年には『新版・眠れない話』、さらに１９９４年には『新版・最後の話』と八月書館の原発シリーズがすべて文庫化され、もはや大手出版社が原発反対書籍を刊行することが日本のタブーではないところにこぎつけた。つまりそれまでの文藝春秋、講談社、集英社、ダイヤモンド社に加えて、新潮社、光文社、小学館、ＮＨＫ出版、のちには朝日新聞出版も、私の原発反対書籍を普通に発刊してくれる時代を迎えた。

　この編集者・今村大介さんは映画界の名監督・今村昌平（しょうへい）さんの息子さんであった。原爆投下後の広島の惨状を描いた井伏鱒二（いぶせますじ）の記録文学『黒い雨』を映画化したのが今村昌平監督で、市民運動が主催した映画『黒い雨』のプレ上映会には、私が映画解説をつとめた。１２４頁に述べた通り私の父・広瀬三郎が建築家として井伏鱒二（いぶせますじ）邸を建て、井伏鱒二全集の編集委員でもあったという世に知られない関係はあったが、この出来事は偶然だったので経緯（いきさつ）を述べておく。

　父と井伏さんが親しかったので、私は父に連れられて時折、天下の大作家・井伏鱒二と会う機会があり、話していても個人的に面白い人物と感じ、長文の手紙をもらったり、翻訳の手伝いを頼まれたこともあった。私が井伏さんから『黒い雨』（新潮社）を直接寄贈されて読んだのは同書出版直後の１９６６年だから、原発反対運動を開始する13年も前であった。その時の私は『黒い雨』を小説だと思っていたが、井伏鱒二が自分で「これは小説ではなく、資料を集めた報告だ。医者の日記もそのまま書いた」と語った通り、これは、井伏が釣り仲間だった被爆者の重松静馬から姪の病床日記を託されて読み、それから膨大な資料集めを始めて、50人以上の被爆者の話を聞いて、原爆の惨禍のあまりのひどさに絶句しながら、自ら「書き続けなければならなくなった」という作品である。現在になって『黒い雨』を再び読むと、原爆炸裂（ピカドン）によって、広島市民がどのようにおそろしい体験をしたかという史実を知るには、原爆投下後の毎日の出来事を、井伏鱒二の鋭い筆力によって克明につづったこの実話記録の描写にまさるものは、ほかにない。「原水爆禁止」、「核兵器廃絶」の言葉を百万遍口にするより、すべての人間が当時の惨禍をこの書から具体的に知るほうが重要である。さらに黒い雨が降った被爆地・広島市における放射能の二次被害と「原爆病患者」に対する差別について、家族愛の視点からこれほど深く考えさせる記録文学もまた、ほかにない。日本人なら、誰もが再読すべき書である。

広島県（福山市）出身の井伏鱒二が、改めてこの凄絶な事実を世間に伝え広めるため、登場する被爆市民の証言録をもって反戦平和の感情を表現させる方法をとったので、誰もが、知っていたつもりの数々の出来事を読み進めるうち、体が震えてくる。父の世代より上の日本の作家や芸術家に対する私の「人格」評価基準は、戦時中に日本の軍国主義をどのように思って行動したか、あるいは戦後にその戦時中をどのように振り返っているかにあるので、多くの作家に対しては、複雑な気持で見ていたというのが正直なところであり、へそ曲りの私は、文壇と呼ばれる著名な文学者の権威が大嫌いであった。しかし井伏さんもまた〝権威ぶる文壇〟を嫌っていたと、父は言っていた。『黒い雨』の文中には、軍医兵士が東京の昭和天皇に向かって拝礼した直後に原爆に被曝した苦痛の体験が克明に描かれ、「井伏鱒二に文化勲章を授けた昭和天皇」の戦争犯罪を見事に暴いて、〝天皇にお返し〟しているのだから、井伏鱒二の腹の中は到底読めるものではない。私が原発反対運動を始めてからは、井伏さんも原発反対を口にするようになった。

　多くの文芸関係者が言うように、〝井伏文学〟と称される日本語の絶妙な文体に誰もかなわないのは本当で、『黒い雨』と共に、短編小説『山椒魚（さんしょううお）』は最高傑作だと思う。今村昌平監督が『黒い雨』の映画化の承諾を得ようと井伏鱒二に会った時は、この大作家を畏（おそ）れ多い人物だったかのように面白く回顧している。時折井伏さんに睨（にら）みつけられたことがある私には、その気持がよく分る。父が親しくしていた文学者で私が尊敬していたもう一人は、日中友好に貢献した中島健蔵さんであった。

　そうしたことと関係なく、新潮社の編集者・今村大介さんは沖縄で幅広く活動した賢人で、世間知らずの私を面白がって、沖縄に連れていって案内しながらさまざまな実情を教えてくれた。地元紙・琉球新報の写真家・國吉（くによし）和夫さんの案内で、嘉手納（かでな）か普天間（ふてんま）の米軍基地の滑走路近くの小高い丘に隠れて見ていると、轟音を立てて米軍機が発着する空路下で、どれほど沖縄県民が苦しめられているかを教えられた。そのあと國吉さん、今村さんと共に、みなで沖縄米軍の北部訓練場を訪れた。そこでは、米軍が中南米のパナマや中東のレバノンなどで実施している〝都市型ゲリラ戦〟の実戦訓練がおこなわれているというので自動車で行ってみよう、となったのだが、ぞっとすることが起こった。ヤンバルの森の小さな草原の広場に出た時、われわれは小銃を構えた数人の米軍兵士に取り囲まれ、「車から降りろ！」と命じられたのだ。シルヴェスター・スタローンの主演映画『ランボー』に出てくるようなこの海兵隊の米兵は、サバイバル訓練中で、へリコプターから森林地帯に放り出されると、野生の動植物をとって食い、一人で生き延びる訓練を受けている獰猛な部隊で、何をされるか分らないというので、生きた心地もしなかった。國吉さんがうまく彼らをなだめて、われわれは北部訓練場を逃げ出した。その訓練場に行く途中の海兵隊本拠地が現在、辺野古の米軍新基地に化けようとしているのである。

　こうした沖縄の初体験によって目を覚まされた私は、１９４５年の日本の敗戦直前、沖縄戦で米軍が上陸したすさまじい被害を受けた沖縄の島々を、何度か訪れるようになった。沖縄戦当時の戦禍を知っている離島の高齢の女性たちから、敗戦までのすさまじい体験談を聞き、また伊江島に反戦平和資料館をつくった阿波根昌鴻さんから米軍の横暴さについて話を聞き、読谷村のチビチリガマでは、敗戦時に85人もが洞窟の中の集団自決で命を断たれ、その遺族からの証言聞き取りを続けている知花昌一さんから、米軍にも日本政府にも、両方に抱いている沖縄県民の怒りの深い感情を教えてもらった。

　こうして私を導いてくれた今村大介さんは、のちに新潮社を退社して天願大介と名乗り、ユニークな映画監督になって、日本映画大学の学長として活躍中だ。しかし今村さんがいなくなった新潮社は、私の書籍をすべて絶版にしたのだから、すさまじい出版界である。それは、新潮社が右翼の有名な某女流作家の圧力を受けたからである、という話が新潮社から私に伝わってきた。読者は、その女史が誰かすぐに想像がつくだろうから、名前を書かないことにする。

第42章　人間の系譜と人脈を追及し、反戦平和運動を興す

1991年秋、『赤い楯　ロスチャイルドの謎』（集英社）を、分厚い上下巻の菊判という豪華本で発刊して、世界経済と戦争の歴史的な黒幕ロスチャイルド財閥の正体を暴くという新しい分野を開拓し、自分の調査作業の新境地に立った実感を得た。この書は、のちに文庫化され、2019年までの出版累計が私の書籍中で最大の部数を記録している。

そう、この時期から私の著作は、人間の系譜を詳細に調査して、全世界と日本の悪事の多くが、あるいはまた佳き文化の伝承も、狭い人脈の中で実行されてきた歴史を実証することに全力を注ぐようになった。私がこのような〝人間の系譜〟を世界的に深く調査し始めたのは、この数年前からだったが、それには理由があった。1986年に『億万長者はハリウッドを殺す』（講談社）を出版した時に、世界を金融支配するアメリカ合衆国のモルガン家とロックフェラー家という二大財閥について詳細な歴史調査をしながら気づいたことだが、アメリカだけでなく、世界にはイタリアのメジチ家や、オーストリアのハプスブルク家などが昔から多くの財閥構造を持っていた。どこの国でも、彼らが国王や、皇帝、法王といった玉座を占め、民衆の上に勝手に君臨してきた。加えて、その周辺に公爵・侯爵・伯爵・子爵・男爵を名乗る、地主の貴族階級がゾロゾロと控え、その配下で軍需産業が威を張ってきた。日本で天皇や、幕府の将軍の下に、地主としての大名や家老たちがいたのと同じ構造である。物書きたちはそれを当然の存在として歴史をひもといてき

たが、われわれ庶民は、彼ら上流階級とは違う人種で、貴族階級が財産を増やすのを傍観しているわけである。そのような金と権力で世の中を牛耳られ、薄給で働かされ、彼らの資産増大のために戦争までさせられていいものだろうか。冗談ではない。

軍需産業を動かすモルガン家やロックフェラー家の人間一人ずつを調べればすぐに分るが、彼らは人間という生物なので、結婚して、代々自分の子供に巨大な資産を継がせるわけだ。ところが、世の物書きが説明している、国籍という民族的な結びつきや、あるいは宗教的な利権構造ではない人脈が、そこに存在することが分ってくる。つまり、たった一つそれら一切の人脈を説明できる姻戚関係として、**国境を越えた金銭の強大な結びつき**が生まれるのである。

たとえば、つい先年まで、イギリスだけでなく、どこの国にも王室と貴族が存在したヨーロッパ上層階級では、彼らに資金を与えてきたのが、ユダヤ人のロスチャイルド財閥とされていた。しかしロスチャイルド家が全世界に展開してきた広大な閨閥を調べると、そのユダヤ人という表現が間違いであることは、明白であった。ユダヤ教徒もキリスト教徒も、富豪連中は、みな互いに結婚し合って、地球規模の、たった一つの巨大な閨閥の中に住みついているのだ。これが現在の先進国のマネー・ウィルス感染ルートなのである。そのように単純明快な事実を調べた人間が、これまで世界中に誰もいないのはなぜか？　それは結局、地球規模の報道界や、映画界や、ジャーナリズムそのものが、彼ら彼女ら財閥一派の手先であるからなのだ。そのことを明らかにしようとして、私の徹底的で、世界的な、つまり国境を越えた人脈調査が始まったのである。

人間の世界には、深刻な問題が満ちあふれている。戦争や、公害や、植民地支配や、労働者支配や、自然破壊などである。オリンピック利権であれ、ノーベル賞であれ、何であれ、それらを百パーセント説明できるのが、悪しき人脈である。つまり**上流階級の金の力**が彼らをこうした数々の犯罪に駆り立てる動機になっている。ところが一方で、**上流階級の金の力**によって、人類の進歩という名のもとに、近代的な文化・文明が築かれてきたこともまた、事実なのである。その善悪の両者を峻別せずに、欺かれてきたのが、庶民という名のわれわれ愚民なのだ。あなたたち読者が、その事実をどのように受け入れ、理解するかは、自由である。しかし、そうした人脈を知った上で生きるのと、知らずに生きるのでは、まるで違う人生になるであろう……

私の著書のうち、この時代以後、新たな図版として、人脈を実証する「**系図**」を加えた作品の代表例を示すと、以下の通りである。

1991年の『赤い楯　ロスチャイルドの謎』（集英社）
1992年の『黒い輪　オリンピックの内幕』（光文社）監訳・解説
1993年の『ロマノフ家の黄金　ロシア大財閥の復活』（ダイヤモンド社）
1994年の『地球のゆくえ』（集英社）
　　　　『プルトニウム人体実験』（小学館）監訳・解説
1996年の『ハリウッド大家族』（ダイヤモンド社）と『腐蝕の連鎖（リング）』（集英社）
1997年の『私物国家』（光文社）
1999年の『アメリカの経済支配者たち』（集英社新書）
2002年の『世界石油戦争』および『世界金融戦争』（NHK出版）
2004年の『一本の鎖』（ダイヤモンド社）

2007〜2008年の『持丸長者・三部作』（ダイヤモンド社）
2009年の『資本主義崩壊の首謀者たち』（集英社新書）
2014年の『文明開化は長崎から』（集英社）
2016年の『日本近現代史入門』（集英社インターナショナル、集英社文庫）
2017年の『ロシア革命史入門』（集英社インターナショナル新書）

以上は、いずれも人脈の詳細な系図を掲載（または系譜を記述）した書籍であった。このように歴史を人間個人の系譜と重ねて立証する作業は、過去の日本の出版界でほとんどおこなわれてこなかったので、「無から有を生み出す」新鮮な衝撃を与えたようで、今日まで膨大な数の読者に私の著書を読んでもらうことができた。私は現在でも、こうした歴史的人脈の資料をすべての日本人が持っておくべきだと思っている。たとえば1995年1月1日にＷＴＯ（世界貿易機関）が発足して以来、現在の日本農業がＴＰＰ（環太平洋パートナーシップ協定）によって追いつめられてきたメカニズムは、国名だけでは理解できず、いくつもの国にわたって活動する穀物商社など、グローバリズムを食い物にする多国籍企業の歴史的人脈を知らずには、まったく分らないからである。日本では無責任な政治家と無知な官僚がそうした事実をまったく知らずに動いているので、彼らに国際政治と貿易交渉を任せてはならないのである。

この種類の私の著書の読者は、これまでの原発関連書の愛読者ではない新しい読者が多く、商社マンや証券会社などに勤務する経済人と、歴史愛好家の人たちに読んでもらう機会が生まれ、その人たちが今度は、私の原発関連書を読んでくれることにもつながったのである。

そして、ブラジルなどの「熱帯雨林保護」を訴えるために来日した世界的なイギリス人ロック歌手スティング（図46）と週刊誌対談する機会があり、彼がよく知る財閥の存在や、自然保護と原発問題を議論することになった。

　一方、日本国内では、『赤い楯』の大きな反響を受けて、驚いてはいけないが、四大証券会社の大和証券が私を〝国際経済ジャーナリスト〟と呼んで講演に招いたのだ。東京・銀座のど真ん中の大会場で、〝株を売買する投資家〟相手に講演するという機会を与えられた私が、何を話したと思いますか？　私が会場に入ると、「国際エコノミスト　広瀬隆氏」という聞いたこともない垂れ幕がかかっていたのだが、私はそこで場違いにも青森県の六ヶ所再処理工場の危険性を長時間にわたってくわしく講演したのである。「投資家にそんな話をして、反応はどうだったか」って？　私本人が驚いたことに、会場には私の宿敵・東京電力の元重役が来場していて、「再処理工場がこれほど危険なプラントであるとは、まったく知らなかった。社内にしっかり伝えます」と、大和證券の担当者に感想を伝えて、講演が評判になったそうである。その後も、大

図46「熱帯雨林保護」を訴えるために来日した世界的なイギリス人ロック歌手スティングと週刊誌対談する私。

和證券はたびたび私に講演を依頼してくれたが、「危機管理」を専門にする警察官僚として名高い佐々淳行と私が一緒に講演に呼ばれることもあり、誰が見ても奇妙なこの対立する組み合わせで、日本の何が「本当の危機か」を論じることになったのだから、私が、単に市民運動の世界だけでなく、世の中と政治経済界に言いたいことを言えるようになったのがこの時代であった。こうした別世界の活動を私がおこなってきたことを知る市民運動家は、まずいないと思われるので、少し往時のことを記述しておきたい。

実際、この当時の日本で、「バブル経済大崩壊」の経過を解析する能力では、いかなるエコノミストよりも、私のほうが人間を中心に歴史を調べてきたので国際事情にくわしく、世界経済を支配するあくどい人間についての解析が具体的であった。というのは、日本のエコノミストはそれまで、いや現在でもそうだが、意味もないＧＤＰ（国内総生産）だとかダウ平均株価だとか、つまらない数字の解析によって経済を説明することしかせず、誰が世界を動かしているかについて、ほとんど何も調べていないのである。それに対して、私の経済解析は、その国の民衆の生活が「巨大資本家」によってどのように苦しめられてきたかという歴史との対比に基づく分析であった。したがって私にとっては、経済問題最大の着眼点が、戦乱や、植民地統治のメカニズム、および貧困を生み出す原因の追及にあって、人々を苦しめる上流階級の人脈を調べてきた。

地球上の真の問題解決には、人脈を追跡するこの目がなければならないはずである。そのため海外の現場で活動する商社マンたちの多くは、この時期から私の著書を座右に置いて、株式市場にしろ、原油価格にしろ、金価格にしろ、為替相場にしろ、穀物相場にしろ、外国人投資家の動きから考えるようになったと言われたが、それは本当だったようである。

なぜなら、中東貿易をいかにして進めるべきかについて大規模な国際シンポジウムを日本の大手商社が企画した時には、「原油問題とアラブ・イスラエル紛争について、両方のことをくわしく語れる人は、日本では広瀬さんしかいない」と言って司会のコーディネイター役を依頼してきたことがあった。勿論、実際の商取引き現場を知らない私がコーディネイターをつとめられるはずはないので、その大役を断ったが、大手商社マンがそのように評価してくれたのだから、私のビジネス解析の手法は間違っていないと思う。

そしてアメリカの放送局CNNが「日本で報道番組を開設するのでニュース・キャスターになってほしい」と、テレビ報道の司会者を私に依頼してきたこともあった。彼らとしては、世界的な事件を解説できる人間を日本で探していたからだと思う。しかし私は、日本のテレビ・コメンテイターのように、ニュースに対して即座に口を開くほど無責任でおっちょこちょいの人間ではない。国際的事件の場合、そこに登場した人物をテーブルの上に全員並べて、一人ずつの膨大な家系と、歴史的な関連事件をすべて洗い出さなければならない。この調査の手法は、アメリカのCIAと似ているが、目的はCIAたちを調べるのだから、正反対である。そこに、誰も気づいていない〝何か〟の共通項を発見するまで徹底的に調査してから、重大な結論を導く人間なので、調査には時間を必要とする。そこで私は「司会者は不適です」と、CNNの依頼を断った。

一方では、アメリカの原爆開発「マンハッタン計画」を動かした人脈が、モルガン＝ロックフェラー＝ロスチャイルド連合の資本家グループであったという構造を私が監訳書『プルトニウム人体実験』の解説で明らかにしたため、広島の原爆投下記念日、8月6日の朝に、広島のテレビ局で被爆者の人と共に出演を依頼され、解説したこともあった。

後年、ニューヨークの世界貿易センタービル崩壊事件後、2003年3月20日に、アメリカの息子ブッシュ政権下で米軍が狂気のイラク攻撃を開始することになった時にも、その攻撃開始を小泉純一郎首相が支持したことを批判するよう求められて、何と自民党の国会議員から、攻撃開始前日の3月19日に講演してくれるよう依頼されたことがあった。「自民党の講演会ですか？私は広瀬隆ですよ。何かの間違いではないですか？」と聞き返したが、「間違いではありません」というので、会場に行って「イラク攻撃は許されない殺人行為だ」と、アメリカが過去におこなった中東イスラム世界での米軍の虐殺行為の史実を山のように示して、長時間の講演をした。会場は、「小泉純一郎は戦争を知らないから、あんなバカなアメリカ追随になるのだ」という声に包まれた。本当に日本の政治家は、国際情勢を何も知らない子供なのである。

しかしその前、『赤い楯』を発刊した1991年には、米軍を主体にしたイラク攻撃の中東湾岸戦争が開戦し、日本の自衛隊も戦争に巻きこまれる危険な世界情勢が迫った。そこで、これまで長い間、私に水俣病や公害反対運動と、日本国憲法の成り立ちについて教えてくださった師である歴史学者の色川大吉さんに急いで相談し、日本の自衛隊が外国に派兵されることを絶対にくい止めようと、反戦市民運動を立ち上げることにした。私が「アジア市民の会」と銘打って、色川大吉さんや津田塾大学教授のダグラス・ラミスさんと共に国際的な反戦平和運動をスタートしたのである。日本の植民地統治・侵略時代に、日本の帝国主義によって被害を受けた全アジアの国々――特にフィリピン、台湾、中国（香港)、韓国、カンボジア、タイ、ミャンマー（ビルマ)、インドネシア、インド、シンガポール、マレーシア、ベトナムなどの市民に広く呼びかけて、翌

１９９２年までに自衛隊の海外派兵に反対する膨大な数の国際署名を集めたのだ。

　これらアジア諸国では、当然のことながら民衆のあいだで「日本の自衛隊の海外派兵は大日本帝国時代のアジア侵略につながる」として、強い反感が広がっていたが、各国とも経済状態が悪く、市民運動がまだ成熟していない時代であった。彼らには活動資金がないので、私が自腹を切って各国に数百万円を援助し、アジア各国語に翻訳した反対署名をラミスさんが国連に提出して、日本の軍国主義化を阻止しようとした。この活動には、おすぎさんと美輪明宏（みわあきひろ）さんも声援を送ってくれたが、１９９２年９月17日に日本の自衛隊のカンボジア派兵が強行されてしまった。カンボジアには、軍隊ではない形で、日本人の真の援助ができるにもかかわらず、大手マスコミと、軽薄な文化人の煽動によってこの犯罪的な派兵がおこなわれ、日本国憲法の根幹が揺るがされたことは、われわれにとってショックであった（軍隊ではない形で日本から援助するという同じ目的でアフガニスタンで活動していた医師・中村哲さんとの接点を持っていた私の活動は、２０１９年12月４日に中村哲さんが凶弾に倒れた今、言葉を失う精神状態にある）。

第43章　ベルリンの壁崩壊直後のドイツ原子力産業を取材する

　１９９３年には、ドイツ全土の原発取材旅行をおこない、翌年に『ドイツの森番たち』（集英社）を発刊し、のちに『恐怖の放射性廃棄物』と改題して文庫化した。この原発取材は、日本と同じ問題を抱えながら、原発廃絶の方向に舵を切った先進国ドイツの原子力産業を、現地で実際に見て、その責任当事者の考えを聞いて、日本が今後どうすべきかを判断する参考にしようという企画であった。そこで、調査の対象を、原発本体ではなく、原子力発電所で電気を生み出したあとの巨大な問題、「高レベル処分場」の予定地ゴアレーベンと、「再処理工場」の予定地ヴァッカースドルフと、「高速増殖炉」の予定地カルカーの3点に絞って、それぞれのプラントにおける責任当事者と反対運動の両者に語ってもらうことにした。まったく驚いたのは、ドイツの原子力産業側が、私をゴリゴリの原発反対運動家と知りながら、取材インタビューを拒否せず、何にでも答える態度であった。つまりドイツでは、反対運動に対してきちんと答える民主的な態度をとらなければ、原子力産業が人間として認められないのだ。ここに、日本の電力会社の傲慢な閉鎖性とまったく違う点があった。

ドイツ国内の原発反対運動家のあいだで〝原子力界の帝王〟と呼ばれ、おそれられてきた大人物ヘルマン・クレーマー博士と会見した時には、彼がまず英語で私に「君は原子力に、賛成かね、反対かね」と尋ねてきた。私が「反対です」と答えると、「分った」と言ってうなずき、原子力に批判的なことを書かれることを承知で、ドイツで〝再処理工場と高速増殖炉〟の巨大プロジェクトがなぜ断念されたかについて、社内と原子力産業全体の実情を語ったのである。勿論彼は、都合の悪いことをすべて語ったわけではなく、原子力技術の重大な欠陥を隠していたが、自ら先頭に立って進めてきた巨大プロジェクトを断念するまでに、ドイツのヘルムート・コール首相と渡りあった経過が、自分にとっていかに無念であったかを説明し、フランスのフランソワ・ミッテラン大統領との交渉と、今後の計画まで、ヨーロッパ全体の状況を話してくれたのである。

このインタビュー内容は、彼の立場を考慮して、私は一部しか書籍に書かないようにした。というのは、コール首相とミッテラン大統領という独仏二人の政治家に対して、クレーマーが怒りをもって、「われわれはあの政治家たちにだまされたのだ」と、はっきり言ったからである。それはヨーロッパにおける核兵器の問題であり、ドイツの原子力もまた、目的は、電力ではなかったからである。戦後の西ドイツの政治家は、勿論ヒットラー時代を全否定し、ファシズムに反対する勢力だったが、決して純粋な平和主義者だけではなかった。内心では西ドイツ政府もまた核兵器を保有する欲望を持っていたのだ。〝原子力界の帝王〟と呼ばれ、原子力技術を愛するクレーマーのような人間が、政治家に振り回された怒りの原因が、原子力技術ではなく、秘密の核兵器保有政策にあったのだ。われわれがインタビューした時期が、１９８９年の「ベルリンの壁」の崩壊後、つまり東西冷戦の終了後であったために、クレーマーがその真相を語ることができたと言ってよい。

一方、高レベル処分場が計画されていたゴアレーベンは、私にとって、日本の北海道・幌延町や、岡山県の人形峠などの問題と重なるので、ドイツで進められていた具体的な計画について、現場担当者に技術を厳しく問い詰めた。現地の責任者である狸（たぬき）のように腹黒い原子力マフィアの親分は、ノラリクラリと逃げ回ったが、最後に「ワインを飲みながら話そう」と懇談会に私を招いてくれた。そして彼が何と言ったかといえば、「六ヶ所再処理工場なんて無謀な計画を、なぜ日本人が強行するのか、われわれドイツ人には理解できない。日本のような地震国であれば、われわれドイツ人は原子力プラントを絶対に建設しない。日本人は水俣病を体験したではないですか」と言ったのである。このようにまともな言葉を、ドイツの原子力産業の腹黒い幹部から聞かされて、日本人であることに、私がどれほど恥ずかしい思いをしたかを想像していただきたい。

この取材旅行後、個人的に、ベルリンの壁が崩壊したあとのオーストリアのウィーン、チェコのプラハ、ハンガリーのブダペストも旅して、大混乱する東ヨーロッパの実情を調べたが、この時期はアメリカ人観光客らとのツアーでなければ危険だと言われて団体客と共に行動した。ポーランドだけは「あまりに危険なのでやめなさい」と諭(さと)されて断念した。3年前の1990年に東西が統一されたドイツは、東ヨーロッパの民衆からは、決して歓迎されていないことが、町を歩いて分った。しかしこのチェコのプラハ城訪問の体験を一節として、私は後年、久しぶりに本格的なミステリー小説『カレル橋の1ユーロ』という贋札(にせさつ)づくりの物語を書くことになった。

第44章　阪神大震災と東日本大震災に襲われた日本

このドイツ取材旅行をした1993年に、敬愛する作家・井上ひさしさんが郷里の山形県東(ひがし)置賜郡(おきたまぐん)に開いていた「生活者大学校」の講師として招かれた私は、その学校で、もう一人の講師だったわが国最初の宇宙飛行士・秋山豊寛(とよひろ)さんと出会った。以後、懐疑的なジャーナリストの秋山さんがわが家に訪ねてきて語り合った。当時TBSの政治部記者だった彼が、2年後の1995年に退職して、福島県の田舎に〝秋山ファーム〟と称して農業を始めたので、「都会人が農夫になって大丈夫だろうか」と私はひそかに心配していたが、その不安は完全に外れて杞憂(きゆう)に終った。秋山さんが汚い長靴をはいて軽トラを運転する泥まみれの本物の農民になって、お世辞ではなく本当に〝日本一うまいシイタケ〟を自分で栽培して送ってくれるようになった時には、心底から平伏して「大した男だ」と尊敬した。色々と話をするうち、私が若い時代に酪農体験者であることを知った彼が、私を農業仲間だと信頼してくれ、福島県内で秋山さんが無農薬・低農薬の有機農業をめざし、農家を集めて彼が主宰する「あぶくま農学校」での原発の講演を頼んできた。以来、何度か秋山さんの学校で話をしたりして、すっかり気心の通じる親友となった。

彼は、社会的には私よりはるかに奇人変人で、パソコンもインターネットも電子メールも使わないへそ曲りであった。ところがよく聞くと、「マイクロソフト社のビル・ゲイツの投資先は、モンサント社を含む遺伝子組み換え食品の研究分野にあり、この男は、人類を危険な食べ物で支配しようとする許しがたい人間だ。このような者にインターネット情報を握られてはならない」という至極もっともな根拠に裏打ちされたパソコン拒否の哲学にあった。間抜けな新聞記者は、ゲイツが以前から感染症研究の重要性を訴えていたとコロナ・ウィルス禍の中で賞讃したが、日本のコロナ専門家会議が**悪魔の細菌戦731部隊**の人脈から誕生した通り、**病原微生物の研究は遺伝子組み換え研究**なんだよ。それを見抜いた秋山さんは高度な炯眼（けいがん）を持つ農民（兼）ジャーナリストである。その貴重なジャーナリストは、3・11の福島原発事故によって秋山ファームのすべてが放射能汚染され、失われたので、「この恨みは七代祟（たた）る」とばかり、以後は、原発反対運動の世界で私と手を組むことになり、原発反対デモでは、福島・東京・愛媛・福井・鹿児島まで、どこへ行っても二人一緒にデモ行進する仲になった。福島で農業ができなくなった秋山さんには、原発事故を食い止められなかったことを本当に申し訳なく思っているが、2017年には、彼が三重県の山中で農業に復帰したので、今後の農民ジャーナリストの活躍を祈るのみである。

自然災害に明け暮れる日本では、１９９３年の北海道・奥尻島(おくしりとう)大津波に続いて、１９９５年１月17日に、兵庫県南部地震が起こって阪神大震災となった。私はそのすさまじい惨状を調べるため、現地・神戸市に広がる大被災地の海岸線を訪れ、まだガスの匂いが漂う長田(ながた)区、東灘(ひがしなだ)区から宝塚市方面まで、一帯を何度も歩いて、知人・友人たちが受けた大被害に打ちのめされた。

阪神大震災からしばらくして、東京の市民運動グループ「たんぽぽ舎」の柳田真(まこと)さんから電話があり、地質学者の生越忠(おごせすなお)先生を招いて「地震と原発の研究会」を発足させるから参加してほしいとの依頼があった。私は一も二もなく承諾し、毎週一回10人ほどの精鋭が集まって、難解な地震学の解析に取り組み始め、私も毎週の議論に参加した。「地震と原発の関連性」を追及して、日本の原発がいかに危険な状態にあるかを調べて実証する研究会だったが、みなの議論と理論が、余りに高度で難解に感じられることも多かった。しかし生越(おごせ)さんは過去の地震を徹底的に調べる実績主義なので、地震を起こす震源と、実際に大被害を受けた地域が、距離ではなく、大きな断層線と、プレート境界線による〝高速道路〟で結ばれているという大原則を教えてくれた。そのヒントから私の地震学は、常に世界的な地震発生地点の関連に向けられるようになり、この原則に沿った考え方に基づいて、私は、過去１０００年以上の地震記録を徹底的に調べて自分の頭に記憶してから、大地震の予知もできるようになった。のち２０１０年に『原子炉時限爆弾　大地震におびえる日本列島』（ダイヤモンド社）を発刊して、その半年後に東日本大震災が発生し、予言的な書として驚かれることになったが、これは世界的な地震発生地点と、日本の地殻変動を調べていれば、誰にでも予測できるはずの出来事だったのである。

このたんぽぽ舎の地震研究会は、机上の学問だけでなく、地震学のいわゆるフィールドワークも体験しようと、日本の色々な土地を訪れて地震を起こした実物の断層を見学した。これは地震の断層を現地で調査した体験がなかった私にとって、のちのちの断層解析に役立った。中部地方では明治時代に起こった「内陸地震として日本最大の記録であるマグニチュード8」の濃尾(のうび)地震で出現した岐阜県の根尾谷(ねおだに)断層を見学した時には、まさに目の玉が飛び出すような驚きであった。上下方向に6メートルも岩盤が割れて動いた巨大断層の現物を見たのだから、「日本の原発はいかなる対策をとっても、何をしても無駄である。大地震に襲われればそれで終りだ」ということを誰もが確信した。さらに関西地方では淡路島に渡って、阪神大震災の震源となった野島(のじま)断層も見た。ところがみなで最大の被災地である神戸市内を歩き続けた結果、どこにも明確な断層が表出していないことを確認して、「数千人の命を奪ったこの大地震でさえ、断層が地表に出ていないって、本当か？　では、われわれが地震の危険性の予測に活用している〝活断層地図〟の意味はどこにあるんだ？　大地震で活断層が地表に出ないなら、活断層地図を基に大地震の予測ができないことは科学的に明らかではないか。日本地震学会の専門家たちが、地震予知の発表をしているとは、いかなる意味か？」と、権威ぶってテレビに登場する地震学者に対する一連の猜疑心が私の胸に突き刺さってきた。その原因を生越さんに尋ねると、「日本の地震学者は、わずかな人を除けば、ほぼ全員が、電力会社から研究予算をもらっている御用学者だから、嘘ばっかりで信用ならない」ということを教えられた。

なんだ、そういうことか。1995年の『柩(ひつぎ)の列島　原発に大地震が襲いかかる時』（光文社）と、1996年の『腐蝕の連鎖(リング)』（集英社）は、そのような日本の末期的な社会構造と、その人脈を暴露した内容であった。つまり私が取り組んできた公害・薬害から、原子力発電・地震学までのあらゆる問題は、過去の〝悪魔の細菌戦７３１部隊〟から原子力学会・薬害エイズの加害企業、さらには最高裁判所の裁判官に至るまで、日本の腐敗した一族郎党の人脈によって、みな結びついているのだ。それに気づかずに、いかなる社会運動をしても無駄なのだ。

　そこで、この地震研究会とは別に、私は自分が原発の設計技術者であれば、原発の耐震性をどのように計算しなければならないかを調べ、それに必要な計算式を全部テーブルの上に並べてから、それらの計算式が導かれた科学的な根拠を、国会図書館に一人で通って確かめることにした。若い工場時代のエンジニアに戻った気分であった。

　この国会図書館の文献調査は、たちまち大きな収穫があった。原発の耐震性を求めるすべての計算式が導かれた科学的な根拠は、中学生でも分るほど、全部、すっかり、すべて嘘だらけのもので、正しい式はひとつもなかったのだ。愕然とするその結果に、声もなく驚いて、地震研究会で親友となった慶応大学の物理学者・藤田祐幸(ゆうこう)さんと共に、理論よりも実践的な活動をしようと、阪神大震災の地震データを一から解析し直してみた。現代人がパソコンを使いこなし、高度なＥＸＣＥＬ(エクセル)の表計算ソフトを日常使っていることから見れば笑ってしまうような、富士通の原始的なＯＡＳＹＳ(オアシス)ワープロを使って、藤田さんと一緒に地震データを解析して、日本の原発がすべて大地震だけでなく中地震でも壊滅することを実証したのだから、たいしたものであった。

　こうしてたんぽぽ舎を拠点に、何をするにも藤田祐幸さんとのコンビで活動を開始すると、以後は、東海大地震の脅威におびえる静岡県の浜岡原発の増設を食い止めるための浜ネット（浜岡原発を考える静岡ネットワーク）の創設と、全国の高レベル廃棄物の最終処分場計画を食い止める全国集会などに追われる日々となった。

そうする中、２０１１年3月11日に、東北地方太平洋沖地震により太平洋岸を巨大津波が襲って東日本大震災が起こったのである。その地震と共に、私が強く予感していた凄惨な福島原発事故がついに発生したのだ。その３・11の当夜（まだ福島第一原発が爆発していない段階で）、テレビ局からの電話に「福島原発はすでにメルトダウンしているから、原発から１００キロ圏内の住民を即刻、避難させなさい」と強く言ったが、彼らは「ひゃーっ」と叫んで電話を切るような人たちであった。30年以上前のスリーマイル島原発事故を知っていれば、まず最初に「水素爆発のおそろしさ」を頭に思い浮かべるのが〝原子力の基礎の基礎〟だというのに、翌朝になっても、誰も水素爆発を気にせずに記者会見がおこなわれているので、電話をかけてきた新聞記者に「あんたたちは何をしているんだ。水素爆発は時間の問題だ。質問しなさい！」と叫んでも、その意味が分らないらしかった。その電話からほどなくして、1号機で水素爆発が起こったのである。福島第一原発トップの吉田昌郎（まさお）所長が、「水素爆発はまったく考えなかった」というのだから、全員シロウトの人間が原子力発電の運転をおこなっているのが、現在の日本なのである。加えて、そのような基礎知識も持たずに、津波対策を切り捨てた大事故責任者の吉田所長をヒーローに仕立てた映画『Fukushima 50』を製作する日本の映画人の愚かさには、言葉を失う。

大事故が起こった時、西日本の何人かが、私に「わが家に避難してください」との電話をくださったが、この大事故を予測して『原子炉時限爆弾』を出版していた私が、東京から逃げ出すわけにはゆかなかったので、多くの企業を含めた日本中の人に被曝を避ける知識を伝えるために、その後今日まで４００回を超える講演会に奔走することになった。しかし自分の孫たちは、東京における放射能の被曝を避けなければならなかったので、孫娘を岡山県の友人に預かっていただき、残る3人の孫は中国の上海（シャンハイ）と、佐賀県の武雄（たけお）に避難した。

　福島原発事故のあと、原発反対市民運動の側で、このように企業の人たちと共に活動したのは、私だけであった。原発を廃絶するのに最も重要なことは、原発から脱却しようとしない悪質な電力会社にとって代る、すぐれたエネルギー産業（ガス会社や石油会社などの新電力）と原発反対市民運動の連携なのである。ところが原発反対運動が、不勉強なテレビと新聞が叫ぶ間違いだらけのCO2悪玉説に洗脳され、その上「原子力か自然エネルギーか」という誤った二者択一の論争を日本社会にしかけているのが現在である。〝日本の最大の電力消費者である工業界〟が求めているのは、原発でも自然エネルギーのどちらでもない「**安価でクリーンな電源である安定したガス火力と石炭火力**」なのである。『地球温暖化説はSF小説だった』（八月書館）に実証した通り、日本ではすでに工業界が「原子力と自然エネルギーのいずれも必要ない」という世界一の技術力を確立しているのだから、狂っているのは時代遅れの大手電力会社・原子力産業と政治家とテレビ・新聞の報道界だけなのである。電力をあまり使わない貧しいわれわれ市民の側が、これほど基本的な日本のエネルギー事情を知らず、「今、電力が足りているのは、都会の小さな面積で大きな電力を生み出すことができ、自然界を破壊しないガスと石炭のおかげだ」という感謝の念さえ持たず、不要不急の自然エネルギー拡大論を騒ぎ立てている。そのような意見は、大量の電気を使う産業界から見れば意味もないのだ。原発反対の市民運動がこれほど利己的な言動を続け、産業界のすぐれた人たちと庶民生活の間に対立を生むようなことをしていると、いつまでも原発廃絶を達成できないことを知るべきである。そして運動は、社会全体を輝かせるべきものだ。

　これ以上のことは、多くの読者が知っているので、本書で書く必要はないと思う。

あとがき

3・11の8年前、2003年に、私は60歳の還暦を迎えていた。この時期から、高齢の母の近所の散歩に付き添い、小一時間ほど歩きながら、朝鮮生まれの母の昔話を聞き取るようになった。私自身が、わが家の先祖について、自分から初めて好奇心を抱いて、興味深い日本人民衆の歴史を知りたいと思うようになったのは、この時からであった。つまり私は、その歳になるまで日本史・世界史をくわしく調べながら、本書前半に書いた個人的な家族のことに、深い関心を持たずに生きてしまったのである。そしてかなり多くの日本人もまた、このような自分の先祖の歴史を振り返らずに、生涯を終えているだろうということに気づいて、思い切って本書を執筆することにしたのである。

ハリウッドやヨーロッパの映画を見ていると、絶えず家族が抱き合い、口づけし合っているが、彼らと正反対に、日本人という生き物は、家庭内でほとんど愛情表現ができない性格で、私も同じであった。私が書籍を書く時には、できる限り私語を避け、私生活についてほとんど記述したことがなかったのも、そのためであろう。小生がそのタブーを破ろうとしたのは、福島原発事故後の連続講演で疲労困憊した2018年4月に脳血管が破れて1ヶ月にわたっては半身不随になり、その後、ほぼ完全に回復してからも、死期が近いと自覚したことと無関係ではない。そうして初めて〝死〟とは何だろうと不思議に感じ、父母に対して私が素直に表現できなかったことを後悔し、敬慕と愛情をこめたこの記録を書き始めた。

　すると、これが、自分だけの「ファミリー・ヒストリー」ではないことに気づいたのである。つまり日本史の重要な時代の記録として、「前半」には自分の家族の生活と重ね合わせて、日本の植民地統治時代を描き、「後半」には私自身が原発反対運動と反戦平和運動に巻きこまれた時代まで、人生の一部始終を描くことになった。左翼運動については、これまで多くの著名な論客によって思想の流れが書かれてきただろうが、そうしたものを嫌う私のような性格の人間によって〝生存のための無名の住民運動〟が全国で展開されたのに、その人たちについては、書き残されたものがないのだ。私自身を中心に記述したこの物語には、実際には、名前こそ記さなかったが、何万人もの方々が登場している。その一時代の激動は、本に書き残しておく価値があると思い、台風の日の中心に立たされた自分の感情から見た運動論を書いてみたのが、本書である。


　２０１６年10月、私が「これから講演会で、韓国のソウルに行くよ」と言うと、寝たきりで99歳の母は「私は京城（けいじょう）（現ソウル）生まれよ。京城の小学校を出たのよ」と答えた。きわめてはっきりした記憶と意識があった。

　それからほどなく12月15日の朝、母が亡くなった。

　しばらくして母の寝室に入ると、「お母さんは、一体どこに行ってしまったのだろう。人の死とは何だろう」と、とても不思議なことに感じられた。

　かくして、母が亡くなったこの機会に、この記録をまとめることにした。

　さようなら、お母さん。

この社会運動40年間を振り返れば、私の講演会は、何千回にも達したが、回数はどうでもよいことである。私はそのすべての講演において、毎回、絶えず新しい扉を開こうと来場者の知性に呼びかけ、振り向いてもらえるまで、命懸けの活動を続けたのだから……

その一回ごとの講演会主催者と、わざわざ講演会場に来場され、共に活動してくださった人たちに対して、この機会に、心からの敬意と感謝を申し上げたい。

また私の著書一冊ずつを読者に届けてくださった出版社の方々に対して、言葉につくせぬ敬意と感謝を申し上げます。特に本書の原稿段階でご協力くださった三一書房の小番伊佐夫（こつがいいさお）さんに対しては、格別の謝意をここに記します。言うまでもなく、八月書館の尾下正大（おしたまさひろ）さんが本書を発刊しようと決意してくださった勇断と、毎日のように原稿を修正する私に、伊藤ゆり子さんが原稿から図版作成まで一切の献身的な編集実務作業を成し遂げてくださったお蔭で、この書が完成し、読者に届けることができた！　二人が大粒の種をまいた上に、川島進さんの装幀が花を添えてくれたので、私は読者からの慈雨に一層の期待をかけ、天は正義を見放さないと信じている。

この原発廃絶運動は、私が生きている間に終止符を打つ決意で生きてきたが、いまだその最後の目的を果たせないまま、幕を閉じる役割を後世に託さなければならない。私からバトンを受け取った読者に、この世の極悪人の始末をお願いします。

しかし勿論、私は生きている限り、社会に資料と知識を提供する形で、読者の知性と再会し、共に活動し続けることをここに誓います。読者も、私がこれまでお伝えした事実を決して忘れずに、多くの人に本書の内容を広め伝えてくだされば幸いです。

２０２０年6月　広瀬隆

短編小説集『魔術の花』

（広瀬隆35歳の時の作品）より

短編小説『逮捕』

——「この小説はゴーゴリの『検察官』の現代版だ」　羽仁五郎

おとき婆さんが逮捕された。

後でおまわりに訊いてみると、あの婆さんは猿みたいに腰が酷く曲ってるし、土色の膚をして生い先も短いことだから、できれば逮捕なんかしたくなかったそうである。それでも、二、三人のおまわりを相手に、噛むやら蹴るやら大立ち回りをしたので、止むなく手錠をかけたという。

そのおとき婆さんは、今は見る影もなくしょんぼりして、暗い廊下のベンチに腰かけていた。抜け落ちる髪を気にして時々手を頭にやったり、すっかり条の皺んだ顔を両手でさすったり、信玄袋から煙草を取り出し、竹細工のように折れ曲がった節だらけの指で本数を勘定してから、また元通りに仕舞い込んでいた。ひとりぼっちで、うそ淋しかったのだ。胸の中はがらんとして、空しさがこみ上げていた。

「市川トキ」と呼ぶ声がした。

「へえ。どこでがしょう。」婆さんは答えてから、ベンチに片手をつき、その力でよいこらしょっと腰を上げ、守衛の腕に取りすがって部屋まで歩いた。まるで、鉄分の足りない貧血患者のように、よろよろしていた。

入って来た女が驚くほど老いぼれているので、検事はなにかの手違いではないかと、報告書をもう一度改めて、さっとひとわたり読み返した。

「難儀なことだね」と、薄笑いを浮かべながら検事が言った。

「へえ。もうこの年ですから」と、おとき婆さんは眼に改悟の情を表わして、俯(うつむ)き加減のまま椅子に坐った。

「それにしては、大暴れしたそうじゃないか。えっ」と、検事は詰問の口調に変った。「どうしてあんなことしたんだ。」

「こうしないと、一人前になれないって言われたもんで。」

「なに。一人前だと。警察官に石を投げて、しかも噛みついて、それで一人前になれるとはどういう意味だ。答えてみろ。」

「そうですよ。だって、みんながみんなしてたから、あたしだけ、じっとしてるって訳にはいかなかったんで。」

婆さんは必死で弁解しながら、椅子の坐り心地が気に入らないとみえ、もじもじと体を動かした。

「どうした。体の具合でも悪いのか。」

「あんたら、この年寄りを小突(こづ)いて、ずいぶん乱暴にしましたからね。」じろりと検事を見上げて、また床に目を落とした。「それより、この椅子が高すぎるもんで」

そう言えば、膝から下がぶらんぶらんして、床に足が届いてなかった。ぼうふらが水面にぶら下がっているようだった。

「この上にしゃがんでもよござんすか。」

「楽な格好にしなさい。」

婆さんは両脚を折って椅子の上に坐り込んでから、猫みたいに丸くなって、片側の腕木に両手をちょこりと乗せた。検事はその所作をじっと眺めて、やりきれないという表情を見せた。

「いいかね。ここにあんたのした事が一部始終書いてある。ざっと読むから聞いてなさい。それが終ってから、あんたの意見をうかがうことにする。いいね。」

「へえ。やってください。」おときさんは神妙な顔で、相変らずその老スフィンクスのような姿勢を崩さずに待った。

「ええと、市川トキはデモ隊にまぎれて投石をくり返し、つまり、石を投げたんだな、それが警察官多数を負傷させた。それから、石を多数拾っては、持参の袋に詰め、デモ隊の投石に協力した。やがて、竹ザオや角棒の整理、ガラス片の準備にも怠りなく、この日の乱闘事件に共犯者として連座した。さらに、この市川トキが高齢であるので、危険と見て庇護しようとした警察官二名に噛みつき、腕に数ヶ所の裂傷を負わせている。実に、とんでもない婆さんだ。助けようとした者に噛みつくとは、どういう了見なんだ。しかもその後、取り押さえた警察官の大腿部を故意に蹴ったとあるぞ。申し立てることがあったら言いなさい。これを自分で通読しなさい。」

検事の手渡した調書にちらりと眼を通すと、婆さんは黙って返した。

「なぜ石を投げたのかね。」

「さっき言った通りで」

「空港建設に反対だからって、石を投げていいのかね。気に食わんから人殺しするのと、どこが違うのかね。」

「いいえ、あたしゃ、別段悪気があったんじゃないんです。だから、当たらないように投げたんです。ただみんなが、石を投げて逮捕ぐらいされんと、とっても一人前じゃないって言うもんですから。あの、旦那さん、この話は部落のもんに黙っといてくださらないか。」

「無論、誰にも言わない。何かそれで、ほかに言えることがあるのかね。」

「へえ。実は、あたしゃ、空港には反対じゃないんで。ただ部落で」

検事は苦笑しながら、しばらく調書を見ていたが、やがて机に乗り出して来ると、おとき婆さんの顔をのぞきこみ、声を落として尋ねた。

「もう二度とやらんね。」

「へえ、金輪際やらんです。逮捕されればもう顔が立つんで。ただ、あとで聞いたところじゃ、石を拾っただけでも逮捕できるんだそうですが、あれはほんとかね。」

「兇器準備集合罪。立派な罪だ。」

「石ころを拾っただけでね。へえ。驚いた。そんなら、そっちにしておきゃよかったか。」

「それより、もうやらんね、婆さん。黙ってたって一年帰さないようにできるんだが、やらんと誓えば、帰してやるように手を打つよ。」

「もうやりません。飛行場も一つは必要だろうしね。」

おとき婆さんは、程たたぬうちに部落へ戻った。これが、木の芽だちする春の一件であった。

やがて、婆さんの家の近くに完成した新しい飛行場が開かれ、春から夏に向けて、一斉にジェット機がその辺り一円を飛来し始めた。

その頃になると、婆さんの暮しはすっかり以前と風向きが変って、年寄には、ひどくこたえるようになった。どうしたわけか、おときさんの飼っている鶏が九羽とも卵を産まなくなったのだ。

それに、一日も欠かさず、夜昼(よるひる)の分かちなくジェット機が飛ぶもんだから、まるで地鳴りと海鳴りの中に寝床を敷いたみたいで、ちょっとの間(ま)もじっとしてられなくなった。事態を静観していた人も、寄り合っては「これはどうしたもんだ」と愚痴(ぐち)を並べて、気遣(きづか)わしげに空を眺めるばかりであった。

そのうち、おとき婆さんの稲が枯れ始めた。調べてみると、何でも、ちょうど稲の株分れが順調に進まなかったあたりは、飛行場の拡張のため空から除草剤をまいた場所だという。おとき婆さんは根っからの薬ぎらいだったので、自分の田圃(たんぼ)にもこわくて近付けない有様で、誰がどんな薬をまいたもんか、あちこち近在に訊(き)き合せてみた。すると、よもやま話の一説には、あれはボロシルという名の恐ろしい除草剤で、ヴェトナム戦争でジャングルを掃蕩(そうとう)する時に米軍が利用したものだと、もっぱらの伝聞(でんぶん)であった。折角地力(ちりき)のついた土に、そんな毒でもまかれてみれば、反当り十俵のところが、良くて七俵、へたすれば半分の五俵どまりになってしまう。何せ婆さんの田は農薬をやらず、ほっとけば隣郷(りんごう)の五分減収を覚悟で米を育成していたのに、十俵とれるのは、全部地神(ちのかみ)のお蔭だったから、田の益虫(えきちゅう)どもが劇毒にすっかり殺されては、お手上げであった。

一足(いっそく)あけて千鳥(ちどり)に植えた筈の苗(なえ)が、茎(くき)に育った時は、おときさんの歯並びのようにまばらになっていた。これは入れ歯でもせにゃなるめえと、もう一度籾(もみ)からまき直したが、一画、二画と潰滅(かいめつ)してしまった。

「市川トキ、入りなさい。」

今度は手慣れたもので、おとき婆さんは一人で歩いて部屋へ入って行った。

秋を迎えていたが、検事は春と同じ顔だった。

「何で婆さん、またやったんだね。」

「今度はね、あたしゃはっきり飛行場に反対なんですよ。だって、ほんとにうるさいんだからね。一日じゅう、ああしてゴウゴウやられちゃ堪らんですよ。旦那さん、あたしゃ眠れないんだからね。みんなで嘘ついたんだ。大してうるさくないなんて。とんでもない。真赤な嘘だ。」

「罪は重いぞ。これで二度目だ。しかも私に嘘をついたんだからな」と、検事は威嚇した。「しかし、この間より随分元気になったようだな。」

そう言えば、心なしか足腰が伸びたようで、実際、同じ椅子に坐っているのに、足の底が床にぺったり着いている所は、春と大違いである。

「そりゃそうですよ。あたしゃ、いい時代に生まれたもんで、若い頃は戦争戦争で、この年になってからあ、飛行場だからね。こんな生きがいをくれりゃ、気もきりっとしますよ。何たって、冥土に旅立つまでは反対しますからね。死ぬまでやりますよ。悪をやっつけるのは愉快だからね。」

婆さんは、ぺっと床につばを吐いて、ゆっくり構えた。鉄砲瓜が熟して、中の種子が威勢よく飛び出す時のようだった。

「よく喋るようになったな。すると、婆さん、誰かに吹き込まれたな。えっ。話しなさい。空港反対の講演会や集会に行ったんだろ。」

「行きましたよ。実際、もっと早くから行っときゃよかったんだ。」

「どうだった。余程面白かったらしいな。左翼の思想家が気に入ったか。」

ここで婆さんは憤然色を成して立ち上がると、信玄袋を検事の机に叩きつけた。

「旦那さん、馬鹿におしでないよ。これは共産主義も資本主義も関係ないんだからね。」

「どうしてだ」と、痛くも痒くもないといった能面のような顔で、検事はぶっきら棒に言った。

「冗談でないよ。共産主義者も資本主義者も米は作らないんだ。米は、わしら百姓が作るんだ。着る物は洋服屋が作るんだ。家だって、鳶と大工なんかの職人が作るんだ。それでお前さん達の衣食住が足りてるんだよ。」

　婆さんはもう一度床につばを吐いた。もう死ぬ気で喋っているのが、検事にも分ってきた。皺くしゃの顔が突っ張ってきて、顔面がにぶく紅潮していた。

「あんたらを食わしてるのは、世界じゅうの百姓なんだ。あんな集会だって、訳の分らんことを喋る奴ばかりで、あたしらにはちっとも分らんよ。どうすりゃ飛行場をなくせるかなんて、これっぽっちも言わないんだ。ただ反動だの、闘争だのって、情ないよ。だがね、あんたらや、そこらをうろついている新聞記者よりゃずっとましだ。はっきり反対してくれるんだからね。あの連中、少し世間を知らずに、自分が何をしたら成功するかまだ良く分ってないんだね。百姓がどんな気持で田圃を毎日見てるか、飛行機がどんなにうるさいか、誰も分ってくれんのだよ。うちの息子は電線工場に務めて、朝から晩まで電線をより合わせる音で気違いになりそうだって言ってたが、ああいう工員やわしら百姓でなきゃ分らんのだ。誰一人分らんのだよ。何しろね、飛行場の反対集会で、ここの空港からはわたしは絶対に飛びません、なんて威張って言う奴が居るんだ。わたしは大阪空港を使います、なんてそいつが言うんだ。大阪から飛べば、わしらが喜ぶと思ってるんだね。そうじゃないんだよ。大阪の百姓だって死ぬ思いで生きてるに違いないんだ。」

　婆さんは一気に喋って、椅子に坐った。渋茶色に焼けた額には、汗さえ吹き出していた。

「ただ、集会には、百姓がいっぱいおったからね。心強かったよ。最後にはいつも、部落のもんが喋るからね。なに、わしらと同じ百姓だから分りやすく言ってくれて、それで分ったんだよ。どうして田圃(たんぼ)が枯れたり、めんどりが卵を産まなくなったりするかね。百姓はみんな、集会の時は決死の覚悟なんだよ。そりゃ、決死の覚悟なんて、この平和な時代に普通の人が聞いたらこわがるだろうね。気違いだ、行き過ぎだ、なんて思ってるだろうね。なぜ金を貰って、ほかの土地へ行かんのかといぶかるだろうよ。しかし、そうじゃないんだよ。誰だって自分の家を一軒構えて、その上に、勤める会社をもう一軒構えとるだろ。そのどっちだって、口で言うほど簡単じゃないはずだ。それなのに、もしその自分の家で夜も眠られんとしたら、どうするかね。あんた、検事さん、あんたの家が地下鉄ん中みたいにうるさくて、話もできなかったらどうするね。すぐ引越せるのかね。それにだよ、会社に勤めとる人が、うるさくってとても仕事できなかったら、どうするんだ。机の上やら工場の中に毒をまかれても、腹も立てずに見ておれと言うのか。それじゃ、金を貰って、はいはいと別の会社へ移れるのかね。」

検事はどこかで話の腰を折ろうと窺(うかが)っていたが、どうもうまい文句が見つからなかった。

「いいか。自分の家にしろ会社にしろ、地の利や因縁(いんねん)があって選んだものなんだ。おいそれと出て行く訳にゃいかんのだ。わしらは、薄ら馬鹿みたいに、詰らん土地にしがみついとるんじゃないからね。あれは、すばらしい土なんだ。あんたらのやっとることは、わしらに死ね、死刑だというのと同じなんだ。百姓にとっちゃ、家と会社がくっついとるんだから。だがね、田舎の百姓だと思って馬鹿にするでないよ。何なら、農協が日本じゅうでぐるになって、野菜ひとつ出荷しないようにだってできるんだからね。検事なんか居なくたって世の中あつぶれねえが、百姓が一揆（いっき）おこしたら、お前さんたちゃどうする積りかね。勿論、検事だけじゃねえ。威張りくさってる政治家や新聞記者だけでねえ。世の中のもんが全部食えなくなって、自分の子供や赤んぼが飢えてゆくんだからね。それにね、わしらが反対すると、こうやって逮捕するのはどういう訳だ。逮捕するのは仕事だから仕方ないかね。ところが、あんたらにはまだ、わしらに罰を与える権利なんかないんだよ。わしらが間違ってるなんて、まだ決まってねえはずだ。ところが、罰を加えてるじゃねえか。留置（りゅうち）ってのは、百姓にとっちゃ大変な苦しみなんだ。大根は今のうちに間引（まび）いとかなきゃならねえし、白菜だって早いとこ苗床（なえどこ）から畑に移さなきゃ、霜（しも）にとっつかまってお釈迦になっちまうんだ。お前さんが逮捕されて、しばらくの間でも自分の仕事をうっちゃらかしてご覧。戻って来た時は、あんたの仕事なんて消えとるかも知れんよ。普通の人だったら、首がとぶだろうね。いいかい。どこから考えても、あんたらは間違っとるし、わしらに同情して本気になってくれなきゃ困るんだ。分るね、旦那。」

「だが、騒音基準てものがあって、それを守りさえすればいい訳なんだが」検事は渋い色になっていた。「科学者がきちんと決めているんだし。」

おときさんは信玄袋をごそごそ探っていたが、一枚の紙きれを取り出して検事の机に置き、どすんと叩いた。

「何だこれは。むっ」検事の顔色がさっと変った。「これは、英語じゃないか。」

「英語がこわいんか。」

「いや、そういう訳じゃない。」

「お前、英語を分らんのだな」と、婆さんは人を食ったような口をきいた。

「何だ、これは。空の公害の、ええと、医学だな。」

「読みな。これが科学者ってもんだ。日本の科学者なんて、どいつもこいつも太鼓持ちばっかりだが、そのルヴェールさんとデーヴィスさんてのは、わしらの気持がよく分って書いとる。いいか、お前さん英語がよく分らんようだから教えてやるが、いいか、この二行目に書いてるだろ。ジェット機の騒音を八十デシベルから六十五デシベルまで下げても、人間の脳波の動きから見て何にも効果がないって。うるさくて、とても眠れないってな。しかも、五十五デシベルまで下げたって、精神的にも生理的にも、効果がないのと同じだってな。いいか、この人達は脳の医学者なんだよ。そこらのおたんこなすが言ってるのと違うんだ。これが正直な話だ。ところが、こんなことは誰でも知っとるんだ。お前さんだって、何もこんな物を読まなくったって、うるさきゃ困るぐらい分るだろ。しかし馬鹿だよ近頃の人間は。こういうアメリカの医者の書いた物でも見せなきゃ、わしらの言うことが分んねえのだからな。恐ろしいことだ。」

「あの、お前さん、この英語が分るのかね。」

「何だい。妙なことを訊くね、検事さん。こんなもの造作もないよ。わたしはこれでも混血なんだからね。イギリスのハーフだよ。」

こうからかってから、おとき婆さんは、にっと笑い、ちょっと声を低めた。

「どうだい。わしらのデモに協力せんかね。」

「馬鹿な。」だがこの検事の声は、消え入るように、か細いものだった。

「分っとるよ。あんたらにはこわいんだ。自分の家がうるさいわけじゃないからね。わしらを助けたくっても、まあ小人数が苦しんでるだけだから、目をつむろうって魂胆だろ。それが人間てもんだ。何も悪かないよ。でもね、この歳んなって分ったが、死ぬ思いになって正しいことを一度やっとくと、実に嬉しいもんだよ。それは、胸んなかがすっきりして、大往生できそうな気がするもんだ。さてね、旦那、どうするかね。」

「だってお前、デモなんかに行きたくなっても、何も逮捕されたり、怪我したい人間なんていないよ。」この頭の中に、混乱が生じているのが見てとれた。「だって、俺にはとても無理だよ。」

「だから言っとるだろ。危ないことはわしら百姓がやるんだ。あんたらは、なに、普通の人はな、来てくれるだけでいいんだ。いいか旦那、あんたが奥さんや子供を連れて来てくれればいいんだ。一人だって多い方がいいんだ。多ければ多いだけ、わしらの計画がやりやすくなるし、何と言っても気強くなれるからね。普通の人に迷惑かけるようなことは、わしらも絶対にせんよ。」

「今度のデモは、いつかね」と、検事は意味ありげに尋ねた。

「さあ。でも、新聞をよく見てれば分るさ。」

「あんたも、またやるのかね。」

おとき婆さんはちょっとの間考えてから、はっきりこう言った。

「やるだろうね。」

「今度つかまった時は、俺が検事じゃないかも知れんよ。そうなれば、五年はくらいこむことになるよ。」この男は、何かを言おうとして、それがどうしても声にならないようだった。「またやるかね。な、トキさん、それでも、またやるかね。」

すると、おときさんは驚き怪しんで、問い正した。

「どうして、またやっちゃいけないかね。」

童話『水男の物語』

いまから、何年も何年も前のことだった。

水くみの少年がひとり、木の桶を肩にかついで、ひょいひょいと、三河万歳のように愉快そうにとびはねながら山の泉にやってきた。

「ここまでのぼればな、もう誰にも見つからんやろ。」

少年は、こうひとりごとをつぶやいて、桶に縄をしばりつけ、ぽうんと、泉のまんなかにほうりこんだ。そして、桶が水のうえに浮くのをながめながら、その縄のはしっこを、ズボンのバンドにゆわえつけ、草はらのうえにおっかぶさった。

この少年の名は、紅一といい、草のうえで空に向きなおり、右手でポケットのなかをさぐってみた。

「あったで。へへ、わかるもんかいな。」

たったいま、紅一がポケットからとりだしたのは、友だちから盗んだばかりの、真新しいナイフだった。紅一は、ナイフがほしくてしょうがなかったのだ。近くの小枝をひろって、そのぴかぴかのナイフでけずってみると、すばらしい切れ味だった。

「これさえあればな、模型ヒコーキやて、なんでもつくれるがな。」

紅一は、うれしくて、ナイフになん度もさわってみた。

「うちでは、なにも買うてくれへんからな。盗んだって、しかたないもんな。」

こういうと、半分くやしそうにナイフを見て、ポケットにしまってから、顔に日があたっているので、とてもいい気持になり、眠くなってきた。眠ると、お釈迦（しゃか）様のように優しい顔だった。

紅一がぐうすか眠っているあいだに、泉では、不思議なことがおころうとしていた。

この泉は、ふたつの大きな岩の、ちょうどまんなかから湧き出していて、その岩が少し高いところにあるので、遠くからみると、まるで象の尻（しり）から、下の方へ水がざあざあこぼれているようだった。落ちた清水（しみず）は、ちょっとばかり広い池をつくってから、小川になって、村の方へくだっていた。

さっき紅一がこの池に投げこんだ桶が、うまいぐあいに、泉の落ち口にきて、そのなかに水が注いでいたが、そのとき、水にまじってキラキラ光るふたつの石が、桶のなかに入った。

桶はそのまま池の底まで沈み、きれいに澄んだ水のなかで止まった。と、この拍子に、桶にゆわえた縄がピーンと張り、ついでに、ズボンのバンドが引っぱられたので、紅一はびっくりして、目をさましてしまった。昼寝をやめると、縄をたぐりよせ、水の入った桶を池から引きあげようとした。ところが桶は、びくともしなかった。

「変やな。」

さて、もういちど、渾身（こんしん）の力をだして引いたところ、どこにもひっかかっていないのに桶はやはり動かず、こんどは縄が岩にこすれてぶつりと切れてしまい、紅一はその勢いで、草のうえに尻もちをつき、転げてしまった。

「妙やな。」

そこで、水のなかへ入ってゆき、腰までぬらしながら、桶の両端（りょうはし）を持ってみた。そこは、ほとんど泉の真下だったので、頭も背中も、冷たい水でぐしょぐしょになってきた。

「えいっ」と、紅一はかけ声をかけて、持ちあげようとした。

それでも桶は、底に吸いついたように動かなかった。一寸法師が石臼を動かそうとするみたいだった。

「どないしたんやろな。なんだか、気味が悪いな。」

けれども、大切な桶をこのまますてて帰ったら、親爺にひどく叱られるにきまってる。いつものように、竹の棒で、尻を二十回もひっぱたかれて、まっくらな納屋にひとりで閉じこめられるだろう。

こう考えると、紅一はおそろしく力持ちになり、最後の力をふりしぼって、桶を底から抱きかかえ、岩のように重くなった桶を、少し動かすことができた。今度は、金太郎のように力が出た。

「えい、負けてなるもんか。」

少しずつ、少しずつ、桶を泉から遠くへずらし、とうとう浅いところまで、持ってきた。体はもう、頭から全部びしょぬれになっていた。

「なんで、木の桶が、こんなに重くなったんやろな。ほんま、不思議や。」

そう言って、桶をしげしげ見ると、その水のなかに、さっき泉から落ちこんだ、美しいふたつの石が目についた。

「あれ、石が浮いとる。まるで、生きとるみたいやな。」

石は、ほんとうに動いており、ふたつの石が、ちょうど目玉のように三センチぐらい離れたまま、あっちへ行ったり、こっちへ来たりしていた。

紅一は手をつっこんで、石をとろうとした。

「こいつを、おれの新しい宝物にしてやろ。」

ところがどっこい、石はどうしても、手にさわらないのだ。水のなかで、魚のようにすっと逃げてしまい、どうしてもつかまえられなかった。

「桶の水を、草のうえにあければ、そや、そうすれば取れるやろ。」

紅一はこう考えて、桶を草のうえまで引きずりだしたところで、もうへとへとに疲れてしまったので、ちょっとだけ休もうと、蛙（かえる）のように四つん這いになった。目のまえには、水のいっぱい入った桶があった。

どうしたのか、紅一は目を大きくみひらき、手と足が、ぶるぶる震えだした。それもそのはず、なんと驚いたことに、中の水が、桶より高くもりあがってきたのだ。まるで餅（もち）を焼いたときのようだった。

その水は、ちょうど人の頭みたいな形をして、ぬうっと、桶のうえへ出てきたのだが、その頭の目玉のあたりに、さっき逃げまわったふたつの光る石が、並んでいたのだ。紅一はそろりそろりと、後じさりした。

「水のお化けや。」

そう叫ぶと、一目散に林のなかへ逃げこみ、木の蔭にかくれて、遠くから、もう一度こわごわ桶をのぞいてみた。お化けの頭は、ゆっくり動いていた。

「きっと、水のお化けや。あの石みたいのが、ほんまに目玉なのや。ほれ、見とる見とる。目玉で草のうえを見とるぞ。あっ、手が出た。手もあるんやな。おや、どうしたんやろ。手で頭をこすっとる。」

紅一が空をみあげると、春にしてはめずらしい、暑そうな太陽が、照りつけていた。

「ははあ、暑いのかもしれんな。水のお化けやから、きっと、桶のなかでお湯になるんやろな。そや、きっとそうや。ほら、参っとる様子や。」

紅一は水のお化けが弱っていくのを、遠くから見ていた。

「けど、かわいそうやな。」

ガラスのように透き通って、むこうがわの林がキラキラ映っていたのに、いつしか、お化けの体がぼんやりしてきた。

紅一は思いきって、木の蔭から出ると、近づいてみた。そばで見ると、お化けの体は霧のような水滴でつつまれていた。

「湯気がたっとる。熱いんで、湯気になるんやな。」

もう、お化けとは思えなかった。紅一と同じぐらいの背たけの水男が、桶のなかで、暑くるしそうに立っていた。紅一は、いちかばちか、もっと近づいてみた。

「おい、水男。なあ、おれの背中につかまれや。おれがおぶって、冷たい水のなかに、つれてってやるからな。肩に手をかけろや。さあ、早くしろや。」

水男は、なにも言わず、紅一の背中に乗ってきた。

「おまえ、ずいぶん軽くなったのやな。」

水男の体は、すっかり熱くなっていた。紅一は水男をかるがるとおんぶして、泉の落ち口まで急ぎ足でもどると、そのままゆっくり、二人で冷たい水中に、頭のてっぺんまでもぐった。と、そのとたん、背中の水男が、岩のように重くなってきたので、紅一は水のなかで、足を踏んばってがんばった。

「もうだいじょうぶやな。おまえ、生きかえったんや。」

紅一は水男をおんぶして、泉から浅瀬まで歩いてきた。

「さあ、立てや。自分の足で、立ってみろ、おれは、つかれたからな。重いんや。」

水男は、ひとりで、水のなかに立っていた。

紅一は水男の目をみた。

「おまえの眼は、ほんま、宝石みたいきれいやな。清水から出ただけあってなあ。」

水男には、この目玉のほかに、耳も鼻も口も、すっかり揃っていた。ただ、目玉だけが石で、ほかはどれも水ばかりでできていた。

「元気になったんやな」と、紅一が言うと、水男は初めて、笑い顔をみせた。

紅一もつられて、山彦のように笑い返した。

「あのなあ、おれは野田紅一っていうんや。野田の紅一っていえば、ここらでは有名なんやぞ。だれでも知っとるんや。ほら、下の村ではな。」

紅一は山の下のほうを指さした。

「見えるやろ。ほら、あの柿の木の近くに、おれのうちがあるのや。」

冷たい水のなかで、水男は気分よさそうに、こっくりしてみせた。

「おまえにもな、名前をつけてやるわ。」

紅一は土のうえにすわって、泉の落ち口をじっと見つめていた。象の尻のような岩を、しばらくのあいだ見つめていた。

「水男やと、雪男みたいであかん。まるで化け物みたいに聞こえるやろ。あの、ここの泉はな、うちの村では水神様と呼んどるのや。でな、神太と呼びたいのや。おまえは水神の子やから、神太だな。ええやろ、神太と呼ぶのや。」

水男の神太は、紅一の愉快げなようすをじっと見た。紅一の丸顔のなかについている目は、笑うと、ほとんどなくなってしまうようだった。まつ毛だけが、一の字になって、ひくひく動いていた。

水男ジンタはそれを見て、やはり愉快な気持になってきたのだろう。紅一が手招きすると、さっそく水からあがって、横に並んでしゃがんだ。

「なあジンタ、おれは、ほんまは忙しいのや。予定があってな。きょうは、ここに水くみにきたのが、昼寝とか、おまえとかで。もう行かないと親爺にしかられるのや。わかるやろ。どうして泣くのや。泣くのやめろ。水男が泣いたら、体の水が、なくなってしまうやろ。みんな涙になって、ほれ、だんだんにやせてくるやないか。ここで、待ってろな。」

紅一は、残り水の入った桶を、とってきた。

「ほら、飲めや。水を飲めや。そうか、きたない水はきらいか。」

紅一は泉へゆき、注意ぶかく、新しく澄んだ水をくみなおしてきた。

「そうか、うまいか。ほんま、よかったな。おまえは、きれいのが好きなのや。」

ジンタが水を飲みおわるのを待って、紅一は言った。

「さあ、何かしゃべれ。口はしゃべるためにも使うのや。そうか、おまえは、口があっても無口なのや。」

それから、さびしそうに下を向いて、こう言い足した。

「この泉のうえに畑があって、豆を植えとるんでな。おれは、もう行くぞ。種をまいたばかりやから、水をかけんと、親爺にどやされるからな。あのな、春はおれ、一等いそがしいのや。」

水の入った桶を背中にかついで、紅一は、林のなかに一歩入ったのだが、すぐに戻ってきた。

「あのう、帰り道に、また寄るからな。待っててくれろや。どうした。水のなかで待っとれ。いいか、この水の外に出たらあかん。帰りに、また寄るからな。な、ジンタ。およぎながら、遊んどれや。」

紅一は大豆とインゲン豆の畑へゆき、じょうずに少しずつ、水をまいた。三日まえに種をまいたばかりなので、どの豆も、まだ芽を出していなかった。

「早く育って、味噌になれ、芋(いも)を煮こんで、汁になれ。うまい味噌汁、食うてやる。」

紅一は親爺の口まねをしながら、大豆を埋めた土のうえを、ぽんぽんと軽くたたいた。きょねんは、まいた豆が芽を出さないうちに、鳥に食われて、大失敗だった。ことしは、金網をかぶせたから、だいじょうぶだろう、と親爺は言っていた。

山のうえからおりてきた紅一は、ジンタの泉まで戻ってきた。ジンタは元の場所にいたが、体に泥や砂がまじって、こんにゃくのような濁った色になっていた。

「どないしたんや。ほら、泉のしたへ来い。よう洗うのや。」

泉の水にうたれているうち、ジンタの体から、少しずつ泥や砂が流され、きたない水ときれいな水が入れかわって、はじめと同じように、透きとおったガラスみたいになってきた。

「おれんとこの先生がな、人間の体はほとんど水でできとる、それだから、きれいな水を飲まんと病気になると、いつも言うとるのや。おまえは知らんだろうが、水はな、酸素と水素という二つのもので、できとるんや。これもな、その先生に教えてもろたのや。だけどな、ジンタは目玉だけが石で、ほかは全部水やから、もっと水を大切にせんと、あかんのや。その、酸素と水素やな、大切なのは。分るか。あしたまた、本を持ってきて、教えてやるからな。おれもまだ、習ったばかりで、よう分らんのや。」

紅一は帰りたくなかった。それに、ジンタが泣きそうな顔をしているので、かわいそうになってきた。しかし、そろそろ日が沈みそうな時間になっていたので、しかたなく、手を振りながら山をおりて行った。山は、暗くなると危険だ。

帰りながら、桶のなかに少しだけ残った水を、なん度もなん度ものぞいてみたが、水に映るのは自分の目玉だけで、もちろんジンタはいなかった。

なにやら、もう会えないような気がして、こわくなってきた。こういう優しい気持になったのは、生まれてはじめてだったからだ。

紅一がうちへ着くと、

「こんな遅くまで、どこで遊んでた。親が心配しとるのが、わからんのか」と、親爺に叱られたが、紅一は黙っていた。ジンタの顔ばかり思いうかべて、親爺の言ってることは、耳に入らなかったのだ。

飯(めし)のときも、紅一ひとりだけ、おし黙っていた。うちの人にならきょう泉でおきた不思議なできごとを、話してもかまわないだろう。おれは、水神様の子に会ったのだ。みんな驚くだろうなあ。きっと信じてくれるだろう。そう思って、ジンタの輝くばかりの美しい目を思い出したときだった。

「さあ、紅一、早くめしを食って、とり小屋をそうじしろ」と、親爺が言った。

「いやだ。」

「なんだと。」

「おれは、いやだというのや。」

「もう一度いってみろ。」

「いやだ。いやだ。」紅一は食事もしないまま箸をおいて、自分の部屋に行ってしまった。腹が立ってならなかったのだ。ジンタのことを思って、胸がつまるような気持でいたのに、あのくさいニワトリ小屋のそうじをしろと言われて、このうちがたまらなくいやになったのだ。

部屋に入ると紅一は、学校の教科書をとりだして、水について調べようとしたが、すぐに、ジンタはいまごろ何をしているだろうと考えてしまうので、ちょっとも読めなかった。

そのうち、強い風が、山から吹きおろしてきて、窓をガタガタ鳴らしはじめた。ふとんに入っても、ジンタが気がかりで、とても眠る気にならなかった。

「木の枝が折れて、泉にとびこまないといいがなあ。いまごろ、どうしてるやろう。山は寒いやろな。夜だもんなあ。」

とうとう不安が胸いっぱいにふくれあがったため、紅一はふとんから出て、そっと山へ登ろうと考えた。

さあ、外へ出ようと、裏の戸をあけたときだった。

「だれだ」と、親爺の声がした。

「おれや」と、紅一は返事した。

「こんな夜おそく、何しとる。」

「なんでもない。外を見とるんや。」

「はやく、家に入れ。ねろ。」

紅一は、しかたなく、山へ行くのをあきらめて、あったかいふとんに戻った。けれども、やはり心が落ち着かず、眠れなかった。

「水神様、ジンタを守ってやって下さい。ジンタが寒くないように、なあ。」

両手を握りしめて、ふとんの中で祈った。

「もう、悪いことはしません。きょう泥棒したナイフは、ともだちに返します。水神様、代りに、ジンタが夜も寒くならんようにしてやって下さい。盗んだものは、ナイフだけじゃなく、全部持ち主に返します。もう使ってしまった鉛筆は、おれが小づかいためて、きっと買うて返します。水神様、お願いです。ジンタを寒さから守ってくれるように、なあ。」

ひとすじ、目から涙が落ちた。

「飯くうも、眠るも、おれはいやだ。おれは眠りたくないのや。」

そうは言いながら、紅一はいつしか、深い眠りに落ちていった。


鳥の声が、耳に入ってきた。

「朝やな。」

紅一が、こんなに威勢よく目がさめたことは、いままで一度もなかった。

夜明(よあ)けて、紅一は山に走った。そっと家をぬけ出すと、泉にむかって、走って走って、走り続けたのだ。赤い陽が、地上に半分ぐらい顔を出そうとしたところだった。

「ジンタ、生きてろな。死ぬんでないぞ。」

とうとう泉についた。林の中には、まっ白な霧が立ちこめていたが、泉には、朝の冷ややかな空気を通して、日の光が絹のように美しく差しこんでいた。

すぐに、泉のうえに浮いている山ほどの木の葉を、そうっと、どけていった。はじから少しずつ、ジンタを踏まないように、水をにごさないように、葉っぱをとってみた。しかし、あの美しくキラキラ輝くふたつの石は、どこにも泳いでいなかった。

「ジンタ、どこや、どこに隠れとるのや。紅一だぞ。野田の紅一だ。」

するとその時、きのうの草むらのほうで、ガサガサという音がした。紅一がふり向くと、ジンタが笑いながら、草のうえに立っているではないか。

「ジンタ、生きてたのか。どうや、夜は寒くなかったのか。」

ジンタは元気そうだった。それから、草のうえについた露(つゆ)を、うまそうになめた。

紅一はうれしかった。ほんとうに、いままで、これほどうれしいと感じたことがあっただろうか。喜びのあまり、目が熱くなってきた。

しばらく遊んでから、紅一は安心して家に帰り、とり小屋をきれいにそうじしてから、学校へ行った。

学校では、ともだちの机のなかに、まえになくなったはずのナイフや、はさみや、ノートが入っていた。ジャン・ヴァルジャンが銀の燭台を返したように。

それからの毎日は、紅一にとっても、ジンタにとっても、夢のように愉快なものだった。二人とも、恋びとのように、相手を好きになった。

わらびを集めたり、たらっぺを取ったりして遊んだ。ただ、ことしの紅一は、畑の手伝いで、とてもいそがしくなった。学校から帰るとすぐに、田植えがあり、ジャガイモの植えつけがあり、ナスやキウリの苗作りがあり、とうもろこしの種まきがあるのだ。それでも、ことしの春は、仕事をつらいと一度も思わなかった。ジンタがいるので、楽しくてしょうがないほどなのだ。

ことに、一番きらいだった田植えが、一番好きになった。

たんぼへ出ると、となりのおかみさんが、こう言うのだ。

「紅ちゃん、手伝いかい。ほら、水を引いたよ。」

すると紅一は、

「水源の水や」と、答えるのだった。

「そうさ。よく知ってるね。ことしの水神様は、とってもいい水だよ。」

これを聞くと、紅一はうれしかったのだ。

夏がきても、紅一とジンタは、山の花畑のなかで遊んでいたが、いつでも、水源地にもどり、泉の清らかな流れをみるとほっとした。ただ、夏になると都会から人がきて、かならず水源にゴミを投げこむので、ジンタを守るため、見張っていなければならなかった。ゴミを投げている人を見ると、紅一は狂ったようにおこった。

「水かて生き物や。かわいそうや。水は、きれいにしておくもんや。水はな。」

こうどなると、たいていの人は、投げるのをやめた。


秋がきても、紅一とジンタは、季節を忘れて遊んでいた。けれど、いつしか強い風が吹き、冬がすぐ近くまで来ていた。

その、ある朝のことだった。紅一が顔を洗おうとして、水道の栓をひねったのだが、水が凍って出て来なかった。

「出えへんの。」

そうつぶやいてから、むかし自分が井戸に落ちた時のように、紅一はどきりとした。ひょっとして、ジンタまで。

紅一は山へむかって走った。さあ、泉へくると、ジンタの姿が見えなかった。一面に氷が張って、水の中が見えなかったのだ。それに、ジンタをさがそうにも、氷を割ったらたいへんだ。ジンタは、氷になっているかもしれないのだ。

氷は、一日一日と、厚くなっていった。

しかたなく、紅一は春を待つことにした。

「父ちゃん、水源の氷は、いつとけるんや。」

「水源は流れとるから、氷は張らんぞ」と、親爺が答えた。

「それが、張っとるんや。」

「ほな、ことしは、よほど寒いんだ。」

それから本格的な冬に入り、親爺の言うとおり、いつもの年よりずっと冷えこんだ。

毎朝、毎晩、紅一は山を見ては、さびしくこう言った。

「ジンタ、すまんな。」


そうしたある日、紅一が泉をおとずれると、ああ、なんというひどいことだろう。誰がしたのだろう。泉に張りつめていた氷が、何者かの手で、こなごなに砕かれていたのだ。こまかくなった氷は、小川の方へ押しよせ、ちょっとずつ溶けては、流れだしていた。

紅一はいそいで、枯れ枝をあつめ、氷が流れないように出口をふさいだ。こうして春まで、毎日見張りをした。

待ちわびた春になると、木の芽がもえ出るより早く、泉の氷が溶けはじめた。

「ジンタ、どこだ。ジンタ。」

紅一はさがした。しかし、どうしても、ジンタはあらわれなかった。泉の底に、小さな石がふたつ、並んで輝いているばかりだった。

大きな網ですくっても、ジンタは入ってこなかった。あの小さな石がふたつ、キラキラ光って、水の底に残っているばかりだ。

「氷を割るもんやない。」

紅一は泉のなかにそっと入り、水をよごさぬよう、なんどでもジンタをさがした。

「水はよごすもんやない。」

紅一はボロボロ泣いた。

「泣くとあかん。おまえの体がなくなる。おまえは、泣くとあかん。」

そう言いながら、紅一は自分で泣き続け、泉のなかをさがした。

「おれの体かて、なくなるといいのや。」

紅一は言い続けた。

「ジンタ、出てこい。紅一だ。おれや。野田の紅一を忘れたか。ジンタ、どこだ。そうや、おまえは氷になって割られたんやない。どこかへ流れたんや。きっと、生きておって、近くの川にいるのや。」

出版社	分類＆原著者・共著者など
医歯薬出版	翻訳
鼎書店	短篇小説集・小冊子／10のペンネーム
鼎書店	短篇小説集・小冊子／10のペンネーム
話の特集	短篇小説集・正本／10のペンネーム
まほろば出版	絵物語・大判／画ピエール・クードロワ／ペンネーム由木匡（ゆきただす）
野草社	広瀬隆著／緑の会編／イラスト野崎裕一郎・大野美智子
JICC出版局	広瀬隆著／緑の会編／大判
文藝春秋	
新潮社	
廣松書店	
光文社	小説／カッパブックス
講談社	
八月書館	
ダイヤモンド社	アーマンド・ハマー著／翻訳・解説
太郎次郎社	小説／ドキュメント・ノベル
ダイヤモンド社	
講談社	広河隆一共著
八月書館	
ダイヤモンド社	レイトン・マッカートニー著／翻訳
八月書館	
集英社	菊版
講談社	小説
光文社	ヴィヴ・シムソン、アンドルー・ジェニングズ共著／監訳
八月書館	ブックレット
ダイヤモンド社	菊版
集英社	
集英社	

【次頁につづく】

広瀬隆の著書および翻訳書

■単行本【初版発行順に示す】

初版発行日	書　　名
1973・9・10	『リハビリテーション・クリニックス――物理療法のすべて』
1978・12	『魔術の花』(1)
1979・2	『魔術の花』(2)
1979・9・10	『魔術の花』
1980・8・15	『なぞの旅』
1981・1・31	『原子力発電とはなにか……そのわかりやすい説明』
1981・3・1	『東京に原発を！――新宿一号炉建設計画』
1982・12・25	『ジョン・ウェインはなぜ死んだか』
1984・4・15	『クラウゼヴィッツの暗号文』
1984・7・10	『越山会へ恐怖のプレゼント』
1985・5・31	『ゴルバチョフの処刑台――回答期限8月6日8時15分』
1986・4・21	『億万長者はハリウッドを殺す』上・下巻
1987・4・26	『危険な話――チェルノブイリと日本の運命』
1987・11・12	『ドクター・ハマー――私はなぜ米ソ首脳を動かすのか』
1988・2・10	『チェルノブイリの少年たち』
1988・4・18	『ジキル博士のハイドを探せ ――データベース全地球取材報告』
1988・7・20	『四番目の恐怖――チェルノブイリ、スリーマイル島、 ウィンズケール、そして青森をつなぐ運命』
1988・10・26	『眠れない話――刻々と迫る日本の大事故』
1988・12・15	『ベクテルの秘密ファイル ――CIA・原子力・ホワイトハウス』
1991・4・26	『最後の話――死の灰と世紀末』
1991・11・10	『赤い楯――ロスチャイルドの謎』上・下巻
1992・4・15	『いつも月夜とは限らない』
1992・5・30	『黒い輪――権力・金・クスリ　オリンピックの内幕』
1992・8・15	『国連の死の商人』
1993・3・25	『ロマノフ家の黄金――ロシア大財閥の復活』
1994・7・10	『地球のゆくえ』
1994・7・10	『ドイツの森番たち』

出版社	分類＆原著者・共著者など
小学館	アルバカーキー・トリビューン編／監訳
光文社	小説
光文社	
ダイヤモンド社	菊版
光文社	小説
集英社	
集英社	
光文社	
ＮＨＫ出版	
光文社	小説
ＮＨＫ出版	
集英社	新書
東京書籍	藤田祐幸共著
ＮＨＫ出版	
集英社	新書
恒文社21	小説
ＮＨＫ出版	
ＮＨＫ出版	
集英社	新書
ダイヤモンド社	
日本実業出版	
ダイヤモンド社	
ダイヤモンド社	
ダイヤモンド社	
集英社	新書
集英社	新書
ダイヤモンド社	
朝日新聞出版	新書
ＮＨＫ出版	
集英社	新書／明石昇二郎共著
ＮＨＫ出版	
朝日新聞出版	
朝日新聞出版	新書
集英社	新書
五月書房	

【次頁につづく】

初版発行日	書　　名
1994・12・1	『プルトニウム人体実験 —— マンハッタン計画』
1994・12・15	『兜町の妖怪 —— 世紀末黄金伝説』
1995・3・10	『柩の列島 —— 原発に大地震が襲いかかるとき』
1996・3・22	『ハリウッド大家族 —— 華麗なる黄金時代』
1996・8・30	『脅迫者の手』
1996・11・30	『腐蝕の連鎖（リング） —— 薬害と原発にひそむ人脈』
1997・9・30	『予言された二十一世紀 —— 歴史を目撃した映画』
1997・10・30	『私物国家 —— 日本の黒幕の系図』
1998・3・24	『地球の落とし穴』
1998・11・25	『漢方經濟學 —— 聴け、万国の労働者』
1999・6・25	『パンドラの箱の悪魔』
1999・12・1	『アメリカの経済支配者たち』
2000・11・18	『原子力発電で本当に私たちが知りたい120の基礎知識』
2001・2・25	『燃料電池が世界を変える —— エネルギー革命最前線』
2001・4・17	『アメリカの巨大軍需産業』
2001・9・20	『カレル橋の１ユーロ』
2002・6・30	『世界石油戦争 —— 燃えあがる歴史のパイプライン』
2002・11・30	『世界金融戦争 —— 謀略うずまくウォール街』
2003・9・22	『アメリカの保守本流』
2004・4・15	『一本の鎖 —— 地球の運命を握る者たち』
2004・9・20	『日本のゆくえ　アジアのゆくえ』
2007・2・1	『持丸長者 —— 日本を動かした怪物たち［幕末・維新篇］』
2007・7・26	『持丸長者 —— 日本を動かした怪物たち［国家狂乱篇］』
2008・4・10	『持丸長者 —— 日本を動かした怪物たち［戦後復興篇］』
2009・4・22	『資本主義崩壊の首謀者たち』
2010・7・21	『二酸化炭素温暖化説の崩壊』
2010・8・26	『原子炉時限爆弾 —— 大地震におびえる日本列島』
2011・5・30	『ＦＵＫＵＳＨＩＭＡ　福島原発メルトダウン』
2011・6・5	『象の背中で焚火をすれば』
2011・7・15	『原発の闇を暴く』
2011・8・15	『新エネルギーが世界を変える —— 原子力産業の終焉』
2011・8・30	『原発破局を阻止せよ！』
2012・2・29	『第二のフクシマ、日本滅亡』
2012・11・21	『原発ゼロ社会へ！　新エネルギー論』
2014・4・28	『原発処分　先進国ドイツの現実 —— 地底1000メートルの核ゴミ地獄』

出版社	分類＆原著者・共著者など
集英社	菊版
ダイヤモンド社	
集英社インターナショナル	
集英社インターナショナル	新書
DAYS JAPAN	2018年1月号 DAYS JAPAN別冊号
集英社インターナショナル	新書
八月書館	ブックレット
八月書館	

出版社	分類＆原著者・共著者など
文藝春秋	
集英社	大判に大幅加筆
集英社	短編小説集／画ピエール・クードロワ
新潮社	
講談社	
新潮社	小説／ドキュメント・ノベル
新潮社	
講談社	広河隆一共著
新潮社	
新潮社	
講談社	小説
集英社	
集英社	
集英社	
光文社	小説
集英社	旧『ドイツの森番たち』
光文社	
文藝春秋	
文藝春秋	
ＮＨＫ出版	普及版／準文庫
ＮＨＫ出版	普及版／準文庫
集英社	

初版発行日	書　　名
2014·11·30	『文明開化は長崎から』上・下巻
2015· 7·16	『東京が壊滅する日 —— フクシマと日本の運命』
2016·11·30	『日本近現代史入門 —— 黒い人脈と金脈』
2017· 2·12	『ロシア革命史入門』
2017·11·20	『日本列島の全原発が危ない —— 広瀬隆白熱授業』
2018· 2·12	『カストロとゲバラ』
2020· 3·31	『地球温暖化説はＳＦ小説だった —— その驚くべき実態』
2020· 7·20	『日本の植民地政策とわが家の歴史』

■前記・単行本のうち文庫化された書——

初版発行日	書　　名
1986· 6·25	『ジョン・ウェインはなぜ死んだか』
1986· 8·25	『東京に原発を！』
1988·12·20	『不完全犯罪』
1989· 4· 1	『新版・危険な話 —— チェルノブイリと日本の運命』
1989· 4·15	『億万長者はハリウッドを殺す』上・下巻
1990· 3·25	『チェルノブイリの少年たち』
1991· 6·27	『新版・眠れない話 —— 刻々と迫る日本の大事故』
1991·10·15	『悲劇が進む —— 新版・四番目の恐怖』
1992· 3·25	『クラウゼヴィッツの暗号文』
1994· 1·17	『新版・最後の話 —— 死の灰と世紀末』
1995·11·15	『いつも月夜とは限らない』
1996·11·25	『赤い楯 —— ロスチャイルドの謎』(1)・(2)
1996·12·13	『赤い楯 —— ロスチャイルドの謎』(3)・(4)
1997· 8·25	『地球のゆくえ』
1999· 7·20	『兜町の妖怪 —— 世紀末黄金伝説』
1999· 8·25	『恐怖の放射性廃棄物 —— プルトニウム時代の終り』
2000· 6·15	『私物国家 —— 日本の黒幕の系図』
2003· 8·10	『地球の落とし穴』
2004· 3·10	『パンドラの箱の悪魔』
2008· 9·20	『世界石油戦争 —— 燃えあがる歴史のパイプライン』上・下巻
2008· 9·20	『世界金融戦争 —— 謀略うずまくウォール街』上・下巻
2020· 2·25	『日本近現代史入門 —— 黒い人脈と金脈』

——そのほか編書、講演録、および多数の著者との共著、ならびに外国語に翻訳された書は多数あるが、膨大な数なのですべて略す。

私と同時代の40年間、日々、共に活動しながら、原発ゼロの目的を達成する前に、「帰らぬ旅」に出てしまい、物言わぬ世界に入った人が、何と多いことかと驚いている。

北海道の坪谷道子さん、西崎量一さん、青森県の寺下力三郎さん、放出倫さん、熊谷あさ子さん、大下由宮子さん、外崎能子さん、関晴正さん、小泉金吾さん、坂井留吉さん、岩手県の田村剛一さん、宮城県の阿部宗悦さん、阿部康則さん、福島県の織内博さん、茨城県の寺沢迪雄さん、根本がんさん、東京の滝本大助さん、平井憲夫さん、東井怜さん、淵上太郎さん、懸樋哲夫さん、静岡県の神戸泰興さん、長野栄一さん、長野県の坂田静子さん、福井県の磯辺甚三さん、小木曽美和子さん、吉村清さん、石川県の川辺茂さん、橋菊太郎さん・たきさん、三重県の石原義剛さん、山口県の河本広正さん、愛媛県の広野房一さん、斉間満さん、近藤誠さん、渡部伸二さん、大分県の松下竜一さん、福岡県の伊藤ルイさん、鹿児島県の川添房子さん……

学者の武谷三男さん、水戸巌さん、高木仁三郎さん、久米三四郎さん、宇井純さん、山本定明さん、市川定夫さん、原田正純さん、藤田祐幸さん、生越忠さん、室田武さん、小林圭二さん、橋爪健郎さん、荻野晃也さん……

文化人の羽仁五郎さん、藤本敏夫さん、井上ひさしさん、藤本義一さん、永六輔さん、野坂昭如さん、木内みどりさん、中村哲さん……

この精鋭たちの遺志を、生きているわれわれが継がなくてどうする！　三途（さんず）の川を渡りながら、地獄の閻魔（えんま）様から「お前は帰れ！」と言われて娑婆（しゃば）に戻った人間として言わせてもらうが、この人たちに一輪の花をたむけるのは、心の中だけでよい。それより、行動だ。行動だよ!!

著者　広瀬 隆（ひろせ・たかし）

1943年東京生まれ。早稲田大学理工学部卒業。
小説、原発問題、世界史、日本史など、広い分野で執筆を続ける。
主な著書および翻訳書は、本書344〜349頁に掲載。

日本の植民地政策とわが家の歴史

発行日　2020年 7 月20日　第 1 版第 1 刷発行

著　者——広瀬　隆

装　幀——川島　進
発行所——株式会社 八月書館
〒113-0033
東京都文京区本郷2-16-12　ストーク森山302
TEL 03-3815-0672 FAX 03-3815-0642
郵便振替　00170-2-34062
URL:http://www.hachigatsusyokan.co.jp/
印刷所——創栄図書印刷 株式会社

ISBN 978-4-909269-11-9　定価はカバーに表示してあります